国家出版基金项目
NATIONAL PUBLICATION FOUNDATION

中国传统技术的新认知

张柏春 主编

跨洋利器

——郑和宝船的技术剖析

蔡薇 席龙飞 李铖 著

山东教育出版社

图书在版编目（CIP）数据

跨洋利器：郑和宝船的技术剖析 / 蔡薇，席龙飞，李铖
著 . —济南：山东教育出版社，2020.4
（中国传统技术的新认知 / 张柏春主编）
ISBN 978-7-5701-0968-5

Ⅰ．①跨…　Ⅱ．①蔡…　②席…　③李…　Ⅲ．①郑
和下西洋 - 航海技术 - 研究　Ⅳ．①K248.105　②U675

中国版本图书馆CIP数据核字（2020）第012128号

ZHONGGUO CHUANTONG JISHU DE XIN RENZHI

KUA YANG LIQI
——ZHENGHE BAOCHUAN DE JISHU POUXI

中国传统技术的新认知　　　　　　　　　　　张柏春/主编

跨洋利器
　　——郑和宝船的技术剖析　　蔡薇　席龙飞　李铖/著

主管单位：山东出版传媒股份有限公司
出版发行：山东教育出版社
　　　　　地址：济南市纬一路321号　邮编：250001
　　　　　电话：（0531）82092660　网址：www.sjs.com.cn
印　　刷：山东临沂新华印刷物流集团有限责任公司
版　　次：2020年4月第1版
印　　次：2020年4月第1次印刷
开　　本：787毫米×1092毫米　1/16
印　　张：15
字　　数：276千
定　　价：88.00元

（如印装质量有问题，请与印刷厂联系调换）印厂电话：0539-2925659

总 序

　　近百年来，特别是20世纪50年代学科建制化以来，中国科学技术史学家整理和研究中华科技遗产，认真考证史实与阐释科技成就，强调新史料、新观点和新方法，构建科技知识的学科门类史，在许多领域都做出开创性的工作，取得了相当丰厚的研究成果，代表作有中国科学院自然科学史研究所牵头组织撰写的26卷本《中国科学技术史》，以及吸收多年专题研究成果的天文学史、数学史、物理学史、技术史、传统工艺史等具有里程碑意义的学科史丛书。然而，未知仍然远多于已知，学术研究无止境。仅在中国古代科技史领域就有许许多多尚未认知透彻的问题和学术空白，以至于一些学术纷争长期不休。

　　近些年来，随着文献的深入解读、新史料的发现、新方法的发展，学界持续推进科技史研究，实现了一系列学术价值颇高的突破。我们组织出版这个系列的学术论著，旨在展现科技史学者在攻克学术难题方面取得的新成果。例如，郑和宝船属于什么船型？究竟能造出多大的木船？这都是争论已久的问题。2011年武汉理工大学造船史研究中心受自然科学史研究所的委托，以文献记载和考古发现为基本依据，对郑和宝船进行复原设计，并运用现代船舶工程理论做具体的仿真计算，系统地分析所复原设计的宝船的尺度、结构、强度、稳性、水动力性能、操纵性和耐波性等，从科学技术的学理上深化我们对宝船和郑和下西洋的认识。这称得上一个重要的方向性突破，其主要成果是蔡薇教授和席龙飞教授等撰写的《跨洋利器——郑和宝船的技术剖析》。

　　除了宝船的设计建造，郑和船队还使用了哪些技术保证安全远航？下西洋给中国航海技术带来怎样的变化？自然科学史研究所陈晓珊副研究员以古代世界航海技术发展为背景，分析郑和下西洋的重要事件及相关航海技术的来源与变化，指出下西洋壮举以宋元以来中国航海事业的快速发展为基础，船队系统地吸收了当时中外先进的航海技术，其成果又向中国民间扩散，促成此后几个世纪里中国航海技术的基本格局。这项研究成果汇集成《长风破浪——郑和下西洋航海技术研究》，这部专著与《跨洋利器——郑和宝船的技术剖析》形成互补。

北宋水运仪象台被李约瑟赞誉为世界上最早的带有擒纵机构的时钟。关于苏颂的《新仪象法要》及其记载的水运仪象台，学者们做出了各自的解读，提出了不同的复原方案。有的学者甚至不相信北宋曾制作出能够运转的水运仪象台。其实，20世纪90年代，水运仪象台复原的重要问题已经解决，也成功制作出可以运转的实用装置。2001年，台南的成功大学机械工程系林聪益完成了他的博士论文《水运时转——中国古代擒纵调速器之系统化复原设计》。该文提出古机械的复原设计程序，并借此对北宋水运仪象台的关键装置（水轮–秤漏–杆系式擒纵机构）做系统的机械学分析，得出几种可能的复原设计方案，为复原制作提供了科学依据。

指南针几乎成了中国古代发明创造的一个主要标志。王振铎在1945年提出的"磁石勺–铜质地盘"复原方案广为流传。然而，学术界一直在争议何时能制作出指南针、古代指南针性能如何、复原方案是否可行等问题。人们质疑已有的复原方案，但讨论主要限于对文献的不同解读，少有实证分析。2014年自然科学史研究所将"指南针的复原和模拟实验"选为黄兴的博士后研究课题。他将实验研究与文献分析相结合，通过模拟实验证实：从先秦至唐宋，中国先贤能够利用当时的地磁环境、资源、关于磁石的经验知识和手工艺，制作出多种具有良好性能的天然磁石指向器，这一成果被写成《指南新证——中国古代指南针技术实证研究》。

　　宝船仿真设计、下西洋航海技术、擒纵机构复原设计和指南针模拟实验研究等新成果值得推介给学术界和广大读者，以丰富和深化我们对科学技术传统和文明演进的认知，并为将来重构科学技术史添砖加瓦。当然，这些成果还存在这样或那样的不足，敬请广大读者不吝赐教。

                                                      张柏春

                                                  2020年1月8日

                                            于中国科学院中关村基础园区

郑和宝船研究的进展

——代前言

在郑和七下西洋的壮举中,"体势巍然"的宝船,一直是人们视线的焦点。20世纪初,在清政府的压迫下流亡日本的近代学者梁启超,就曾以郑和及其宝船激励国人的爱国热情。他在《祖国大航海家郑和传》中特别指出"有深当注意者二事":

"一曰其目的在通欧西也。……"

"二曰航海利器之发达也。(郑和)'本传'云:'造大舶,修四十四丈广十八丈者六十二,容士卒二万七千八百余人。'吾读此文,而叹我大国民之气魄,询非他族所能几也。"①

现今,凡是研究郑和、研究郑和七下西洋的文集,如1985年人民交通出版社的《郑和研究资料选编》、2004年北京大学出版社的《郑和研究百年论文选》、2005年海洋出版社的《郑和下西洋研究文选(1905—2005)》等,都将梁启超的这一论著列为首篇,其重要性可见一斑。然而,对梁启超的这一研究成果,持批评意见的也不乏其人。

有争议,有不同的学术见解,是好事还是坏事?

以近数十年郑和宝船的研究看,几乎所有的研究进展都是由于不同的学术见解在探讨、争辩中取得的。可以肯定地说,如果没有这许多不同的学术见解,要想取得今日的研究成果是不可能的。

法国汉学家伯希和(Paul Pelliot,1878—1945)于1933年,将马欢的《瀛涯胜览》、费信的《星槎胜览》、巩珍的《西洋番国志》和黄省曾的《西洋朝贡典录》等下西洋纪行著作,经考证、注释后用法文出版,书名为《十五世纪初年中国人的

---

① 梁启超:《祖国大航海家郑和传》,《新民丛报》1904年第3卷第21号,署名"中国之新民"。

伟大海上旅行》。两年后即1935年，冯承钧将该书译为《郑和下西洋考》[①]出版。该书为"造大舶，修四十四丈广十八丈者六十二"句加以注释曰："此种海舶奇大，可参考格仑·威尔德（Groen Veldt）书一六八页。总之每舟平均载四百五十人，其舟显然甚大，关于中世纪中国之大船者，可参考玉耳·戈尔迭（Yule Cordier）之马可·波罗（Marco Polo）书，第二册二五三页，又契丹（Cathay）纪程，第五册二五页。伊本拔秃塔（Ibn Battutal）以为中国之大海舶可容一千人，内水手六百，士卒四百。"[②]

英国学者李约瑟（Joseph Needham，1900—1995）在《中国科学技术史》第四卷第三章中写道："明代文献中有关郑和旗舰的尺度，乍看似乎难以相信，但在实际上丝毫不是'奇谈'。"接着他还对明朝水师加以概括："在明朝全盛时期（公元1420年前后），其海军也许超过了历史上任何时期的亚洲国家。甚至可能超过同时期的任何欧洲国家，乃至超过所有欧洲国家海军的总和。永乐年间，明朝海军拥有三千八百艘舰只，其中包括一千三百五十艘巡逻船，一千三百五十艘属于卫、所、寨的战船，和以南京新江口为基地的有四百艘大战船的主力船队，以及四百艘运粮的漕船。此外，还有二百五十艘远航宝船，每艘宝船上平均规定人数由1405年的四百五十人增加到1431年的六百九十人以上，最大的宝船当然超过一千人。"[③]

日本学者寺田隆信在《郑和——联结中国与伊斯兰世界的航海家》中，不仅盛赞中国的传统造船技术，而且将郑和船队与其后的欧洲船队做了对比。寺田隆信写道："造船技术的优劣，是一个国家生产技术水平的反映。像以上所说的那样，15世纪初的中国，以高超的传统造船技术，建造了难以置信的巨大船舶，接连不断地把它们送入大海之中。对此，所谓'大航海时代'的航海，不仅迟于郑和之后五六十年，而且所乘船舶的尺度、性能，船队的规模，无论哪一样都远不及郑和的船队。瓦斯科·达·伽马的船队，正如前面已叙述过的，而1492年8月出航的哥伦布的船队，也仅有3艘，乘员88名，旗舰圣·玛利亚号只不过才250吨。并且，到达美洲时，已经失去1艘，留下的两艘也落得个满身疮痍。1517年以周航世界为目标而起航的麦哲伦船队，其命运如何，这是众所周知的。伽马、哥伦布和麦哲伦的航海的历史意义，是必须给以充分评价的。然而，造成那样的结果，这是与他们不仅在航海和操船技术方面有问题，而且与乘坐的船舶经不起大洋的风浪不无关系。从总的

---

① 伯希和：《郑和下西洋考》，冯承钧译，商务印书馆，1935。
② 席龙飞：《郑和宝船研究的进展》，《上海大学学报（社会科学版）》1985年第2期。
③ 席龙飞：《中国造船通史》，海洋出版社，2013，第336页。

方面来说，他们的航海是一种探险的、冒险的活动。"①

美国学者李露晔（Louise Levathes）1994年在英国牛津大学出版社出版了*When China Ruled the Seas*（《当中国称霸海上》）一书，其中有"宝船"一章。在全书开头的"楔子"中刊有詹氏（Jan Adkins）所绘郑和宝船与哥伦布旗舰圣·玛利亚号的对照图。两者在尺度与规模上的对比，何其生动鲜明。据知，撰写这部著作时，李露晔不仅到东南亚的许多地方考察郑和遗迹，还专门到剑桥的李约瑟研究所结交李约瑟并做学术交流。作为访问学者在南京大学期间，她曾造访中国的许多城市与为数众多的中国学者进行学术交流。可以说，研究郑和及其宝船，外国学者也参与其中了。

郑和宝船与哥伦布旗舰圣·玛利亚号的对照图②

管劲丞认为梁启超"有'尽信书'之失"，他指出："据'本传'（按：指《明史·郑和传》），船身长四十四丈，阔度倒有十八丈，长阔之比，约为七与三。于此，我们只凭常识为断，就不能无疑。……何致造成违反水性的'短短胖'呢？所以'本传'云云，可说是史官笔下造成的船舶，并不会经过工匠用斧斤，斫大木。"③

周世德从沙船推论郑和宝船"按着江苏外海沙船比例（按：文中示例船型的长与宽之比值为5.11）计算，长44丈，应宽8.6丈"。周先生认为，历史文献所记宝

---

① 寺田隆信：《郑和——联结中国与伊斯兰世界的航海家》，庄景辉译，海洋出版社，1988，第135页。
② 李露晔：《当中国称霸海上》，邱仲麟译，广西师范大学出版社，2004，第4页。
③ 管劲丞：《郑和下西洋的船》，《东方杂志》1947年1月。

船长度"是可信的","颇疑船宽记载有讹舛之处","'广十八丈'颇疑系'广于八丈'之误"①。遂有修改宝船宽度之议。

杨㮽、杨宗英、黄根余在1981年发表的文章《略论郑和下西洋的宝船尺度》②中提出以下要点：（1）船型似以沙船为妥，长宽比就不应太小；（2）《明史·郑和传》中关于宝船的尺度是引自《瀛涯胜览·序》，因此不能说这个尺度是有充分根据的；（3）龙江船厂"从整个厂的布置图看来，是不能造这么大的船"。杨㮽教授的结论是："明史上记载的宝船，长四十四丈，宽十八丈。若将其宽作为长，将长度单位丈改为尺，即改为四丈四广，十八丈长，则与按一般法式估算的尺度就相当接近了。"

杨㮽1983年在《文汇报》著文《郑和的宝船究竟有多大？》③把有争议的问题加以概括：（1）《明史》等所载宝船尺度均源于《瀛涯胜览》一书，实为孤证；（2）据"南京静海寺残碑"推断，郑和的船仅长十余丈；（3）郑和航海不需要特大的船；（4）在明代要在三年内造出几十艘特大的宝船"是不可思议的"。

席龙飞与何国卫于1982年撰成《试论郑和宝船》一文，并将打印稿首先寄呈周、杨两位先生恭请赐正，同时还将文稿寄呈上海海运学院院长陈嘉震教授、厦门大学历史系庄为玑教授、北京水运史学家房仲甫先生等求教。文中提出，由《明史》及其他文献所记，"可知郑和庞大的船队中，绝大多数船舶的长宽比值均在2.5左右。这样小的长宽比虽然与现代造船工作者的认识相距很远，但却为近年在泉州、宁波出土的宋代海船所证实。泉州宋船的长宽比值为2.48或2.65；宁波宋船的长宽比值为2.71或2.8。这样小的长宽比值在历史文献中也能找到"④。像文献《中国沙船考略》《略论郑和下西洋的宝船尺度》那样，为附会"沙船比例"或"一般法式"而去修改宝船的尺度，未免牵强，而且与出土古船的实证相悖。特别是文献《略论郑和下西洋的宝船尺度》，把宽改作长，把长的单位改作尺，毫无科学性可言。这是《试论郑和宝船》的主要论点之一。《试论郑和宝船》的论点之二是：以《明成祖实录》所载明永乐元年至永乐十七年根据上谕建造海船统计表表明，下西洋船舶是在全国各地建造的，船型有多样性。由于文献所记诸多船型的长宽比值较

① 周世德：《中国沙船考略》，载《中国造船工程学会1962年年会论文集》第二分册《运输船舶》，国防工业出版社，1964，第39-63页。
② 杨㮽、杨宗英、黄根余：《略论郑和下西洋的宝船尺度》，《海交史研究》1981年（总第3期），第12-22页。
③ 杨㮽：《郑和的宝船究竟多大？》，《文汇报》1983年10月19日，第3版。
④ 席龙飞、何国卫：《试论郑和宝船》，《武汉水运工程学院学报》1983年第3期。

小，说明宝船的主要船型应是福船而非沙船。这一论点后来也为杨槱教授所赞同①。《试论郑和宝船》认为"郑和宝船的出现合于事物发展规律"，并用和杨槱等三位学者同样的公式核算船体强度，结果表明"可以保证有足够的强度"。

中国航海史研究会1983年在九江举办了郑和下西洋学术讨论会，这在我国是空前的郑和研究盛会，有许多知名专家在这次会议上发表了学术论文，会后出版《郑和下西洋论文集》第一集，引起了海内外的关注，例如日本《朝日新闻》即有报道②。

郑鹤声、郑一钧在九江会议上的论文《略论郑和下西洋的船》中写道："我们认为，南京静海寺残碑中所记一千五百料，二千料海船，应为由'将领官军乘驾'的军舰，广大下洋官兵所乘坐的海船，可以称之为'战座船'。"它是郑和舰队中的主要舰型之一，却不是最大的宝船，应为"郑和、王景弘等领导成员乘坐的旗舰，或为使团重要成员、外国使节，一般行政官员和技术人员等非军事人员所乘坐，以及装载大宗'宝货'的船只"。"在明代以前，中国造船业发达的程度，就接近于能造长四十四丈、宽一十八丈的大船的水平。明朝永乐年间，社会经济的高度繁荣，郑和下西洋所出现的大规模的洲际航海事业，有力地推动了当时的造船业进一步发展，完全可能具有建造大型宝船的技术水平。"郑和宝船主要建造于南京宝船厂，福建也是重要的建造宝船的基地。在文章的结尾，针对文献《略论郑和下西洋的宝船尺度》所说，"过去修史写书的官员，对生产实践一般较贫乏，稍一疏忽，就有可能对船做出错误的描述"，郑鹤声写道："根据明代各可靠的史料，举宝船之大者，为'修四十四丈，广十八丈'，不是反映了过去修史写书的官员对生产实践知识的贫乏，而是反映了明代劳动人民在打造巨型海船上所达到的高超工艺水平，远远超出了今天人们的想象。由于当时的造船技术早已失传，史书上简短的记载看起来真像是特定时代的'奇迹'，从中却也能说明我们中华民族是素以其富有创造性的聪明才智而称著于世的。"③

庄为玑、庄景辉的论文《郑和宝船尺度的探索》认为，郑和下西洋的档案，被当年的反对派付之一炬，宝船尺度却在随行人员马欢的纪行著作中得以保存，这是十分宝贵的。尤其像马欢这样的第一手资料，系记录者直接目击，因此，在没有发掘出更有力的史料之前，马欢所记的宝船尺度不应轻易否定或随意修改。④

---

① 杨槱：《郑和下西洋所用的船舶——从航海与造船的角度考虑》，载《郑和下西洋论文集》第一集，人民交通出版社，1985，第108–118页。

②《详述郑和之航海》，见日本《朝日新闻》1986年1月31日（夕刊）"海外文化"专栏。

③ 郑鹤声、郑一钧：《略论郑和下西洋的船》，《文史哲》1984年第3期。

④ 庄为玑、庄景辉：《郑和宝船尺度的探索》，《海交史研究》1983年（总第五期），第32–46页。

　　文尚光在1984年发表的《郑和宝船尺度考辨》一文是针对杨槱的文章《郑和的宝船究竟有多大?》所写,其中有如下论述:"明白载有宝船尺度的历史文献有明钞说集本《瀛涯胜览》、《三宝征夷集》、《郑和家谱》、《客座赘语》、《西洋通俗演义》、《国榷》、《明史·郑和传》等七种。……按其资料来源可分为三个系统:一是《瀛涯胜览》、《征夷集》和《下西洋通俗演义》;二是《家谱》;三是《明史》、《客座》和《国榷》。尽管它们的资料来源不同,但所载的最大宝船均为长四十四丈(或四十四丈四尺)、宽十八丈,这个数字的可靠性应是毋庸置疑的。有这么多同源与不同源的文献为证,怎么能说是'孤证'呢?"[1]

　　万明在纪念郑和下西洋600周年时,出版《明钞本〈瀛涯胜览〉校注》,在代前言中写道:"现存郑和下西洋三部基本文献,包括马欢《瀛涯胜览》、费信《星槎胜览》、巩珍《西洋番国志》,都是当时跟随下西洋的人所著。其中,马欢《瀛涯胜览》一书,出自亲历下西洋的通事(即翻译)之手,更具原始资料性质,弥足珍贵。……此书久已蜚声中外,不仅是明代一系列有关中外关系记载、清修《明史·外国传》的史料渊薮,也是古代中外交往史上影响最大的史籍之一,在国内外产生了很大影响,英文和日文都已有译本。1978年,印度著名历史学家阿里(Ali)教授在给季羡林先生的信中说:'如果没有法显、玄奘和马欢的著作,重建印度史是完全不可能的。'由此可见此书学术价值之一斑。"[2]万明提到罗懋登的小说时写道:"有学者认为这段文字(笔者按:指宝船尺寸和下西洋官兵人数等)来自罗懋登的小说《三宝太监西洋记通俗演义》,论点建立在万历末年以前的各种钞本、刻本都已散佚上,这一论点已经证明不能成立。"[3]

　　近来有的船舶工程学者开始利用现代科学方法参与郑和宝船的研究。利用多学科协作进行综合研究,发挥各专业所长,比强行去"突破历史学家的结论"要好。在纪念郑和下西洋600周年时提出的"热爱祖国、睦邻友好、科学航海",当是继续研究郑和下西洋及宝船的指导方针。

　　郑和研究的最终目的究竟是什么,简要的回答,那就是"古为今用"。郑和研究涉及社会科学和自然科学的多方面,它是一项重大的系统工程,研究范围广泛,课题众多,需要统筹协调、齐心合作,才能取得更大的成果。

---

[1] 文尚光:《郑和宝船尺度考辨》,《武汉水运工程学院学报》1984年第4期。
[2] 马欢:《明钞本〈瀛涯胜览〉校注》,万明校注,海洋出版社,2005,第2页。
[3] 同上,第28页。

目 录

引 言

第一节 郑和远航的历史意义

郑和七下西洋是由明永乐年间的政治及经济形势所决定的。尽管这一壮举到明宣德年间夭折而未发扬光大，但它对中国甚至世界的影响是不可磨灭的。

一、郑和七下西洋将海上丝绸之路推向鼎盛时期

第一，郑和作为舟师的统帅，建立空前庞大的远航船队。

船队中，二号宝船长37丈、宽15丈，大号宝船的尺度又增大两成：长44丈4尺、宽18丈。根据在福州出土的一把雕花木尺，可确定明代的1尺=0.283 m，则大号宝船的主要要素为[1]：

总长L_{OA}=444×0.283=125.6 m；

水线长L_{WL}=125.6÷1.172=107.1 m；

总宽B_{max}=180×0.283=50.94 m；

型宽$B=B_{max}$÷1.06=48.06 m；

型深D=16.0 m，吃水T=8.0 m；

方形系数C_B=0.43（与泉州古船相同）；

船舶排水量$\triangle=L_{WL}×B×T×C_B$=17 708.3 t。

在明永乐三年（1405年）的第一次远航，动用船只200多艘，大型的和中型的

---

① 席龙飞：《中国造船史》，湖北教育出版社，2000，第273页。

宝船就有62艘。"建造这种超大型船舶，并不仅仅是为了显中国的富强，主要是为了适应装载下西洋应用物资和海外贸易货物的需要。当时的海外贸易是由国家垄断的，并且主要由郑和下西洋船队来进行的。以一支船队来负担一个富强的大国与众多海外国家的贸易，其海洋货运量之大，是可想而知的。"①

第二，"郑和继承和发展了宋元以来的海上航路，形成了多点交叉的综合性的海上丝绸之路网络"②。

为了便于运输、仓储和贸易往来，郑和船队以占城、苏门答腊、锡兰山和古里为四大交通中心站。此外，航行实践中还形成了两个贸易基地，一是东南亚的满剌加，另一个是波斯湾的忽鲁谟斯。在这些中心站和贸易基地，建立齐整的仓库，其排栅有如城垣。将采购的大宗货物暂存其间，用稍小的船舶建立分舟分运各国。将采购的番货贮存其间，可使船舶能多次往返于各贸易国与基地之间。这就能确保船队返航时都能满载而归。

第三，继承宋元以来前代航海的成就，再经郑和船队船员几十年远航实践的积累，绘成代表当时世界上最高航海技术成就的航海图。

此图被收入茅元仪所辑《武备志》第二四〇卷而得以传世。这就是《自宝船厂开船从龙江关出水直抵外国诸番图》，后人省称《郑和航海图》。该图"显示了明代的远洋航行已达到运用海洋知识和多种航海技术的世界领先水平。例如，图上所表示的各种导航目标、针路注记，构成了陆标定位数据；图上的牵星图构成了天文定位数据。针路注记中的深度、底质主注成为测深定位的依据"。总之，"《郑和航海图》是世界上最早的系统航海图集"③。

郑和七下西洋，以其船队的庞大严整、航线的悬远广袤和航海技术的先进，将海上丝绸之路推向有史以来的鼎盛时期。

二、郑和远航及其经济文化交流使亚非广大地区和中国都深受其惠

郑和七下西洋，历时28年，遍历亚非许多国家和地区，大力发展海洋交通运输。庞大的郑和船队运载大批中国的丝绸、瓷器、金银器、铁器、铜器、漆器等工艺品，烧珠、麝香、樟脑，乃至于各类干鲜果品等物与海外各国展开多种形式的贸

---

① 郑一钧：《郑和下西洋与海上丝绸之路的发展》，2004年6月2日，在中央电视台组织郑和下西洋学术研讨会上的演讲（未刊稿）。

② 陈炎：《海上丝绸之路与中外文化交流》，北京大学出版社，2002，第169-170页。

③ 席龙飞、杨熹、唐锡仁主编：《中国科学技术史·交通卷》，科学出版社，2004，第507-510页。

易。一是以"赏赐"的方式与被访国展开朝贡贸易；二是馈赠国王、王后、王妃乃至大臣；三是直接与当地商贾进行平等互惠的交易。郑和船队是以朝贡贸易开道，与当地商贾进行的平等互惠的贸易则是大宗。

每做一笔生意，要会同该国的商人富户和书算会计人员等，在一起看货议价，"议价非一日能定，快则一月，缓则二三月"[①]。由此可见，郑和船队与所到国家做买卖，是大宗货物交易而不是小笔生意；是有计划地与各国通过反复多次的谈判达成交易，而不是不注重经济效益，随便和顺便做点生意，更不是以"厚往薄来"作为对外贸易的原则。

郑和时代的贸易，不仅使南亚、西亚、东非广大地区人民深受其惠，同时也促进了中国的丝绸和瓷器生产。

例如，进口的回青使中国瓷器生产日趋繁盛，不仅提高了质量而且扩大了品种。进口回青的使用，改变了中国瓷釉的化学成分并提高了质量，这在陶瓷史专著中也有反映："永乐时用进口的钴料，从化学分析结果可分两类，……另一类是进口料的回青，其Fe_2O_3/CoO和MnO/CoO均处于中下比值为特点。不同于元代所用高铁低锰的那类钴矿原料，也许是进口回青和国产料混用的结果，这也是色料使用上的创新。"[②]

"郑和在七次出使西洋的过程中，各国向明王朝贡药及郑和船队带回国的药物，有没药、闷虫药、血竭、犀角、羚羊角、龙脑、阿魏、藤黄、肉豆蔻、荜拔、大枫子、木鳖子、藤竭、乌木、苏木、硫黄、芦荟、燕窝等。有可作装饰品又可作药物的珍珠、玳瑁、象牙，有可作香料又可作药物的苏合油、乳香、木香、紫檀香、树香、降香、熏衣香、乌香、柏香等，有可作调料又可作药物的胡椒、丁香等。这些从国外引进的药物，至今仍为我国人民的健康做着贡献。"[③]

三、郑和远航提高了中国的天文航海技术

为做好下西洋的准备，郑和一开始就注意招聘熟悉航路能掌握海上定位和操驾技术的火长、舵工、班碇手、水手等。同时还招募各类技术辅助工匠，包括铁锚匠、木捻匠、塔材匠等。

郑和还广聘了国内的阿拉伯裔和通晓西域语言人员充任通事翻译和航海人员。

① 吴晗：《十六世纪前的中国与南洋》，《清华学报》第11卷第1期；载《郑和研究资料选编》，人民交通出版社，1985，第76页；载《郑和研究百年论文集》，北京大学出版社，2004，第39页。
② 李家治主编：《中国科学技术史·陶瓷卷》，科学出版社，1998，第378页。
③ 徐克明：《郑和船队对祖国医药学的贡献》，载《郑和论丛》第一辑，云南大学出版社，1993，第204页。

如蒲和日（又作蒲日和），是宋末提举泉州市舶使阿拉伯人蒲寿庚之侄，熟悉西域风情，晚年随郑和出使西洋，远达忽鲁谟斯诸国。著名通事人员有浙江会稽人马欢、杭州人郭崇礼，皆信奉伊斯兰教。马欢还著有《瀛涯胜览》。费信，吴郡昆山人，于明永乐宣德间，随郑和至海外四次，经历诸国，二十余年，历览外国风情，著成《星槎胜览》。巩珍，应天（今南京）人，在第七次下西洋时随行，归著《西洋番国志》。此外，郑和还从西安大清静寺聘通译阿语的掌教哈三力作为随行人员。这些精通天文、气象、医药等的高级技术人员，在郑和船队出使西洋过程中，不仅有利于东西方文化交流，而且在对阿拉伯海区的航路探索、航海资料的收集和汲取先进的航海技术方面发挥着重要作用。

郑和船队西行时，自苏门答腊岛以西即需横渡印度洋和阿拉伯海，由于在这一海域，航路漫长，绵邈弥茫，水天连接。"惟观日月升坠，以辨西东，星斗高低，度量远近"（巩珍，《西洋番国志》），所以采取天文导航是最好的选择。或因中国民间海员在这一海区使用传统的量天尺测天的经验积累不多，从而因地制宜汲取和借鉴了阿拉伯航海家使用牵星板测量天体的技术[1]。

航海本身是具有外向性、交流性和世界性的一种事业，故可以认为，《郑和航海图》中所使用的测量量度"指"和"角"，是来源于中国民间航海传统测天计量法，并与阿拉伯人的航海测天技术相交融后加以改进而形成的。

借鉴和学习阿拉伯牵星术，与中国传统的量天尺技术相融合，提高了中国的天文航海技术，这是郑和远航中中外文化技术交流的典型事例之一。

四、郑和的海权观为当今经略海洋的宝贵精神财富

郑和下西洋这一空前壮举，是以明初封建国家政治上的统一与强盛为背景的，也是以整个社会经济发展为基础的。郑和忠实执行明成祖朱棣的既定政策，同时作为杰出航海家和外交家，他在长达28年的航海生涯中形成了他的海权观，实难能而可贵。

郑一钧在《论郑和下西洋》中，披露了法国学者费朗索瓦·德勃雷《海外华人》一书中介绍郑和为说服明仁宗朱高炽保留船队的一段话："欲国家富强，不可置海洋于不顾。财富取之海，危险亦来自海上……一旦他国之君夺得南洋，华夏危矣。我国船队战无不胜，可用之扩大经商，制服异域，使其不敢觊

---

[1] 席龙飞、杨熺、唐锡仁主编：《中国科学技术史·交通卷》，科学出版社，2004，第399–401页。

舰南洋也。"①

　　郑和在长期航海实践中了解海洋、热爱海洋，具有征服海洋的精神与魄力。郑和在这里以他的深刻体会反对狭隘的大陆观，鲜明地揭示了船队、海洋与国家的关系②。在纪念郑和下西洋的时候，我们还要弘扬郑和的海权思想，要把中国建设成一个造船大国和造船强国：要建设一支一流的远洋船队以进行全球的技术经济交流；要为中国海军建设一支高科技的舰队，以彻底结束中国几百年以来的有海无防和有海无权的历史。

第二节　郑和宝船的复原研究

　　综上所述，了解"郑和研究"的最终目的究竟是什么？简要回答，那就是"古为今用"。我们应当总结当时的经验教训，为今天发展文化事业和睦邻友好的国际关系作参考。"郑和研究"涉及社会科学和自然科学的多方面，它是一项重大的系统工程，研究范围广泛，课题众多。

　　近来有的船舶工程学者开始利用现代科学方法参与郑和宝船的研究。其中，蔡薇等人的《郑和宝船的考古学研究及船舶结构力学有限元强度分析》为一次尝试。席龙飞先生认为，在多学科综合研究中这更能发挥船舶工程学者的专业特长，比强行去"突破历史学家的结论"要好。在纪念郑和下西洋600周年时提出的"热爱祖国、睦邻友好、科学航海"，将是我们继续研究郑和七下西洋及郑和宝船的指导方针。

---

　　① 郑一钧：《论郑和下西洋》，海洋出版社，1985，第442页。
　　② 陆儒德：《郑和的海权观与当今的经略海洋》，载《郑和论丛》第一辑，云南大学出版社，1993，第361页。

第一章
郑和宝船尺度及船队规模的文献依据

第一节　记载宝船尺度及船队规模的直接文献依据

记载宝船尺度及船队规模的文献依据有《明史》《国榷》《瀛涯胜览》《三宝征彝集》《客座赘语》《西洋记》《郑和家谱》等7种。

第一种文献是《明史·郑和传》。

记录郑和远洋船队规模、宝船尺度及官兵人数的文献首推《明史·郑和传》。

《明史》为清代张廷玉（1672—1755）等撰，共332卷。该书取材丰富，历经三次订正，在史学界有较好的口碑。被认为是继前三史（指《史记》《汉书》《后汉书》）之后的重要史学著作。

《明史·郑和传》记有："成祖疑惠帝亡海外，欲踪迹之；且欲耀兵异域，示中国富强。永乐三年六月，命（郑）和及其侪王景弘等通史西洋，将士卒二万七千八百余人，多赍金币。造大舶，修四十四丈广十八丈者六十二。自苏州刘家河泛海至福建，复自福建五虎门扬帆。首达占城，以次遍历诸番国。"

《明史》的上述记载，当是指明永乐三年郑和第一次下西洋的盛况。

第二种文献是《国榷》。

这是编年体的明代史，书中所记仍是第一次下西洋的情况："宝船六十三艘，大者长四十四丈，阔一十八丈；次者长三十七丈，阔一十五丈。下西洋官兵人数记为二万七千八百七十人。"①其编撰者谈迁自明天启元年（1621年）起，花费30余年时间，到清顺治十三年（1656年）始告完成。原书在清代未经刊行，向来自有抄本，故未经清人篡改，史料价值较高，直到1958年才正式出版。

第三种文献是明钞说集本《瀛涯胜览》。

该书作者马欢是下西洋随行翻译，曾于第四、第六、第七次3次随行。其中卷首载："宝船六十三号，大者长四十四丈四尺，阔一十八丈，中者长三十七丈，阔一十五丈。"②下西洋官兵人数为27670名。该书撰于明永乐十四年（1416年），所记当然是第四次下西洋情况。说集本卷末有"景泰辛未"一行，说明这是1451年的初印本。

第四种文献是《三宝征彝集》。

该书《天一阁书目》曾著录，法国著名汉学家伯希和也竟然未敢确定其是《瀛涯胜览》的别本。我国著名海外交通史学家冯承钧生前也只闻其名而未睹其书，1935年，他在《郑和下西洋考》序中写道："这部孤本《三宝征彝集》现在或尚存在，若能取以校勘纪录汇编本，必更有所发现。"③1983年春，在九江市召开的郑和下西洋学术讨论会上，山东大学一位攻读中西交通史硕士学位的青年学者邱克，报告了他在北京图书馆见到了这部海内孤本，不仅证实了这是《瀛涯胜览》的早期抄本，更以复印件披露了所载宝船数、尺度、下洋官兵数全用会计数码大写："宝船陆拾叁只，大者长肆拾肆丈肆尺阔壹拾捌丈，中者长叁拾柒丈阔壹拾伍丈计，下西洋官校、旗军、勇士、力士、通士、民梢、买办、书手通共计贰万柒千陆百柒拾员名：（以下从略）"④

第五种文献是《客座赘语》。

该书载有"宝船共六十三号，大船长四十四丈四尺，阔一十八丈；中船长三十七丈，阔一十五丈。"⑤该书作者为明末顾起元（1565—1628），他原籍江苏昆山，与四度随行下西洋并著有《星槎胜览》的费信是同乡。顾起元的著作引费信的行纪及乡里传闻乃意中之事。不过从所记宝船尺度看却与《瀛涯胜览》相同。

---

① 谈迁：《国榷》卷十三，永乐三年条，张宗祥点校，上海古籍出版社，1958，第953-954页。
② 马欢：《瀛涯胜览校注》，冯承钧校注，商务印书馆，1935。
③ 伯希和：《郑和下西洋考》，冯承钧译，商务印书馆，1935。
④ 邱克：《谈明史所载郑和宝船尺寸的可靠性》，《文史哲》1984年第3期，第10-12页。
⑤ 顾起元：《客座赘语》卷一，宝船厂条，金陵丛刻本；另见郑鹤声、郑一钧编：《郑和下西洋资料汇编》上册，齐鲁书社，1980，第219页。

第六种文献是明末罗懋登所著小说《西洋记》。

该书成于明万历二十五年（1597年），虽为文学著作，但古今学者均普遍认为对考订郑和宝船有学术价值。冯承钧曾道："《西洋记》所采《瀛涯胜览》之文可资参证者不少，未可以为小说而轻之也。"向觉明从前也曾取《西洋记》所载古里国的碑文，来校订《瀛涯胜览》古里条所载碑文的错误。《西洋记》第十五回详细记有宝船九桅、马船八桅、粮船七桅、坐船六桅、战船五桅并各种船型长、阔尺寸[①]，具体数据见表1-1。厦门大学庄为玑先生在比较各文献时认为《西洋记》"最详"。

表1-1　罗懋登著《西洋记》所载郑和下西洋5种船型

船　型	桅　数	长与阔尺度	长宽比值
宝船	九	长四十四丈四尺，阔一十八丈	2.4666…
马船	八	长三十七丈，阔一十五丈	2.4666…
粮船	七	长二十八丈，阔一十二丈	2.3333…
坐船	六	长二十四丈，阔九丈四尺	2.55319
战船	五	长一十八丈，阔六丈八尺	2.64706

第七种文献是《郑和家谱》。

该书可参见李士厚撰《郑和家谱考释》[②]。《郑和家谱》载："公和三使西洋。"所指是第一、三、七次，对二、四、六这三次都缺少记载。对宝船则记有："拨舡六十三号，大船长四十四丈，阔一十八丈；中船长三十七丈，阔一十五丈。"

上述7种文献所记下西洋的哪一次以及所到达的国家，皆各不相同，概可证明其资料来源各异。但是最大宝船的尺度均为长四十四丈或四十四丈四尺，宽十八丈，人数和船数也相差不大。据此可以认为关于郑和宝船的尺度和船数的文献依据是充分的、可信的。

据席龙飞先生在其《大型郑和宝船的存在及其出现的年代探析》一文的研究认为：虽然各种文献都一律记载着大型宝船的尺度，但是，"大型宝船（长44.4丈，宽18丈）是在第四次下西洋时的明永乐十一年（1413年）才首次出现的"，而且被马欢记录在其《瀛涯胜览》之中。

① 罗懋登：《西洋记》第十五回，岳麓书社，1994，第104页。
② 李士厚：《郑和家谱考释》，1937年自刊本，同年有云南正中书局版本。

第二节　大号宝船的出现符合舟船发展规律

郑和七下西洋用的长四十四丈大宝船是中国古代先进的造船技术、航海技术及特定历史条件下的必然产物。

其一，早在汉代，就开辟了"海上丝绸之路"，唐代有南方和北方两大国际航线，中国的商船已经活跃在东南亚地区，至宋代，中国的海外贸易已经到了阿拉伯地区、地中海和非洲的东海岸。这为明代郑和七下西洋走熟悉航线奠定了坚实的基础。

其二，宋元时期，中国已经使用了地文航海的航海图。

其三，在宋代，指南针已经是远洋航行必备的导航仪器。

其四，中国对天文的研究非常早，到了明代，已经使用了天文航海的牵星板和过洋牵星术。

其五，中国早就注意季风的规律，利用季风张帆航行。

其六，中国的四爪铁锚、木石锚、橹、舵、可操纵帆、水密舱壁、观风向的"五两"、看风使舵的技术、铁钉、铁箍、挂镴、舱料、桐油等的应用及先进的造船工艺、严谨合理的船体结构和用"托"探水深，用"更"估计船速，用焚香、沙漏计时（元代新安詹希元发明使用了沙漏），为船舶的航行安全提供了技术保障。

其七，郑和远航其主要目的是友好交往、平等贸易。对于远洋运输，船大多装货物才经济，此外，明成祖在初期也带有示富强炫耀之意，船舶大才彰显气派。

船舶是水上建筑物，它与陆地上的建筑物相比较，其受力情况更为复杂，建造要求更高、难度更大，有一从小到大、从难到易的过程。

中华人民共和国成立后，先从几千吨造起，到了20世纪60年代末70年代初，我国成功地建造了万吨级巨轮"跃进"号和"东风"号，在当时，已经是不得了的事情。经过几十年的磨炼和努力，30万吨油轮造了几十条，11 400箱集装箱船建成，38.8万吨散装货船下水，能起重4 000吨的"华天龙"号投入使用。因此，长44丈的大宝船也不是忽然冒出来的，是经过了上千年的技术铺垫才会出现的结果。

我们可以对船舶逐渐向大型化发展的历史做一了解。

公元前1048年和前1046年，周武王伐纣渡盟津，用船47艘，此时船舶已经具有相当规模。

《晋书·王濬传》：王奉命伐吴，造"大船连舫，方百二十步，受二千余人，以木为城，起楼橹，开四出门，其上皆得驰马来往"。连舫指两船相并，方百二十步指周长，晋代1步=6尺，1尺=0.244 5米，得周长176米，即使单船的长宽比取2，船长也约有44米。

隋炀帝巡幸江都，大龙船"长二百尺（隋1尺=0.295 1米，200尺=59.02米），宽五十尺，高四十五尺，楼四层"。《唐语林》载唐代"大历贞元间（766—805年），有俞大娘船最大，居者养生、送死、婚嫁悉在其间，开苑为圃，操驾之工数百"，俞大娘船可载万石，扣除其他载量，还可载约500吨。

北宋孟元老著《东京梦华录》：北宋宣和年间，卞京金明池大龙船"长三四十丈（宋1尺=0.307 2米，三四十丈约92.16~122.88米），阔三四丈"。

北宋陆游著《老学庵笔记》：宋代最大的车船"长三十六丈（宋1尺=0.307 2米，三十六丈即110.592米），阔四丈一尺，高七丈二尺五寸"。

南宋初年钟相、杨幺起义时，荆湖北路安抚使刘洪道据俘获义军袁海的口供，在给宋高宗的奏折中说，起义军"创行打造大车船十五只，每只各长一百步（唐以后1步=5尺，宋1尺=0.307 2米，得100步=153.6米），底阔三丈，高三丈五尺，板厚七寸，各要四月半先造成底，推入水，候五月尽船就"。

北宋徐兢著《宣和奉使高丽图经》：客舟"长十余丈（约30米），深三丈，阔二丈五尺，可载二千斛粟（即2 000石），其制皆以全木巨枋挽叠而成"。神舟又称"万斛神舟"，3倍于客舟。宋10 000斛即宋10 000石，近500吨。

宋代周去非著《岭外代答》：宋代远洋航行的大海船木兰舟"浮海而南，舟如巨室，帆若垂天之云，柂长数丈，一舟数百人"。

大型船从内河船往远洋船发展。元代造船特点是大批量建造，一次就造几千艘。到了明代，从《南船记》《龙江船厂志》《船政》《船书》《兵录》等著作可以看出，明代官方造船已经批量化、规范化，必然出现新的结构形式，新的建造工艺。出土的明初梁山船、蓬莱一、二号古船就是很好的例证。船大时用"全木巨枋挽叠而成"，因船大后，它的龙骨、船板需加厚，木材尺寸、材料加工装配遇到困难，中国造船师发明采用了多重板结构以保证强度，这在出土的泉州湾宋代海船和韩国新安郡出土的中国元代商船上早有实证。

南京宝船厂遗址，在中华人民共和国成立初期，有13个作塘，第六作塘不是最大的作塘。据了解，最大的作塘长500米、宽80米，郑和最大的宝船长四十四丈，阔十八丈，按明1尺=0.313米计算，得最大宝船长137.72米、宽56.34米，难道造最大的宝船有问题吗？

第二章

郑和宝船尺度的文物依据

第一节　南京宝船厂遗址[①]

一、南京明代宝船厂位于长江之滨

《郑和航海图》原名《自宝船厂开船从龙江关出水直抵外国诸番图》[②]，由于收入明代茅元仪所辑《武备志》第二四○卷而流传至今。该图不仅记有宝船厂，而且在图上画出了该厂的确切位置。如图2-1所示，宝船厂设在长江之滨，与江中的太子洲隔夹江相望。

曾任江苏省造船工程学会副秘书长、中国船史研究会副会长的洪长倬先生，在20世纪80年代初，曾对南京明代宝船厂遗址做过踏勘与调查。他绘出的明代造船厂遗址，如图2-2所示。洪先生所绘宝船厂位置图与《郑和航海图》基本上是一致的，并撰文指出："宝船厂是有可能制造宝船的，史书所载宝船的尺度也是无问题的。"[③]

---

① 席龙飞：《从南京宝船厂遗址的发掘成果看郑和宝船》，载郑和下西洋600周年纪念活动筹备领导小组编《郑和下西洋研究文选（1905—2005）》，海洋出版社，2005，第685-689页。

② 茅元仪：《武备志》第二四○卷，天启辛酉年（1621年）刻本。

③ 洪长倬：《宝船厂遗址及宝船尺度问题》，载纪念伟大航海家郑和下西洋580周年筹备委员会编《郑和下西洋论文集》第二集，南京大学出版社，1985，第37-50页。

图2-1 《自宝船厂开船从龙江关
出水直抵外国诸番图》的开头部分

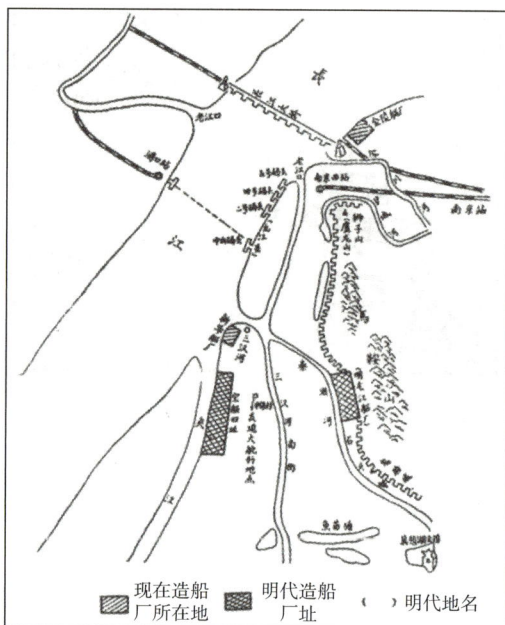

图2-2 南京宝船厂与龙江船厂位置图

　　1985年，为纪念郑和下西洋580周年，中国航海史研究会编辑出版了《郑和史迹文物选》，其中有明代宝船厂遗址中某一个作塘（造船坞）的照片。如图2-3所示[①]，作塘的一端临长江，作塘四周长满树丛，塘内常年充满积水。

图2-3 南京明代宝船厂的作塘常年充满积水

二、南京龙江船厂位于城墙与秦淮河之间且范围很小

　　由于一部《龙江船厂志》，南京的龙江船厂很是有名，甚至在20世纪80年代，

_____

　　① 中国航海史研究会编：《郑和史迹文物选》，人民交通出版社，1985，第36页。

仍有学者将龙江船厂与宝船厂混为一谈："龙江船厂始建于明初洪武年间，至永乐时因建宝船下西洋，故又称宝船厂。"①

宝船厂和龙江船厂，究竟是一个厂还是两个厂，有些人并不很清楚，"龙江宝船厂"的称谓，也时有出现。甚至在2004年秋，在南京市博物馆主持的宝船厂遗址发掘成果专家评审会上，起初报告人还提"龙江宝船厂"这个称谓。

《龙江船厂志》记有："洪武初，即都城西北隅空地，开厂造船。其地东抵城壕，西抵秦淮街军民塘地，西北抵仪凤门第一厢民住廊房基地（阔壹佰叁拾捌丈），南抵留守右卫军营基地，北抵南京兵部菅宿地及彭城伯张田（深叁佰伍拾肆丈）。"②其所附"厂图"分前厂与后厂。"二厂各有溪口，达之龙江，限以石闸、板桥，以时启闭。"图的右上角还注有"秦淮北通江"五字。《龙江船厂志》的文字和附图，均说明该厂临秦淮河，通过秦淮河以达长江，如图2-4所示。

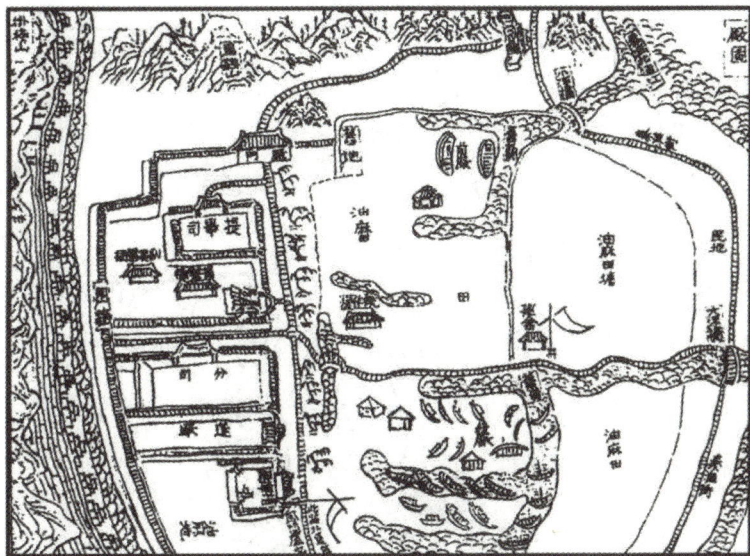

图2-4　《龙江船厂志》的"厂图"

由于龙江船厂厂域不大，如前所述：深为354丈，阔只有138丈，且不临长江，因此有人以龙江船厂图为据，断言宝船不会达到44丈。

现在，人们已经清楚了：设在长江边的宝船厂与临秦淮河且远离长江的龙江船厂并非同一船厂。

---

① 罗宗真：《郑和宝船厂与龙江船厂遗址考》，载纪念伟大航海家郑和下西洋580周年筹备委员会编《郑和下西洋论文集》第二集，南京大学出版社，1985，第28页。

② 李昭祥：《龙江船厂志》，江苏古籍出版社，1999，第97页。

仔细研读《龙江船厂志》也不难明白。

宝船厂在下西洋的任务终止之后，就停止了造船业务。因常年不造船，厂区都长满了茂草，还得"拨匠丁赴厂看守"。看守宝船厂的匠丁要由龙江船厂派出，这几乎成了龙江船厂的负担。在《龙江船厂志·官司志》中，讲述匠丁的编制时还特别提到："宝船厂匠二名。洪武、永乐中，造船入海取宝。该厂有宝库，故取拨匠丁，赴厂看守。今厂库鞠为茂草，而匠丁之输钱者如故。"[①]在《龙江船厂志》中，凡讲到龙江船厂时，一律用"本厂"字样，如"本厂物料丛聚""每遇本厂起船、出船、车水、作坝等务"等等。对宝船厂则使用"该厂"字样。在《龙江船厂志》中有"本厂"和"该厂"之分，充分说明宝船厂不是龙江船厂。

三、南京明代宝船厂遗址的发掘及其成果

为了纪念郑和下西洋600周年，南京市建设宝船厂遗址公园。为了配合工程建设，经国家文物局批准，南京市博物馆的考古专家自2003年8月至2004年7月，对遗址中现存的第四、五、六3个作塘中的第六作塘（造船坞）进行了抢救性发掘，成果十分丰富[②]。

据南京市博物馆考古人员实测，第六作塘的横截面呈倒梯形：上口宽44米，下底宽12～15米。两个作塘间的堤岸也呈梯形：上宽约33米，下宽约60米。这当然是目前的数据，是经过600年淤积的结果。当年的作塘其上口或可能远大于44米，下底也会大于15米。排除积水后的第六作塘如图2-5所示。

图2-5　排除积水后的第六作塘

① 李昭祥：《龙江船厂志》，江苏古籍出版社，1999，第93页。
② 华国荣、祁海宁、骆鹏：《南京发掘明代宝船厂遗址》，《中国文物报》2004年12月29日，第1-2版。

第六作塘底部为松软的淤泥，在这里发现有34处造船"基础"遗迹。每处"基础"都密集地打下直径8~12厘米的木桩（或称地钉），打入生土层约1.2米。这34处"基础"的形状略有差异，多数呈长方形，长约10米许，宽约3米许。站在岸上观察，每处"基础"打木桩百多只。这许多"基础"之间隔，近者不足1米，最远的相隔30米。在船坞底部中心线处，用密集的地钉构成34处"基础"，有相当强的承重能力可以在上面铺墩造船，其中的两处"基础"，如图2-6所示。

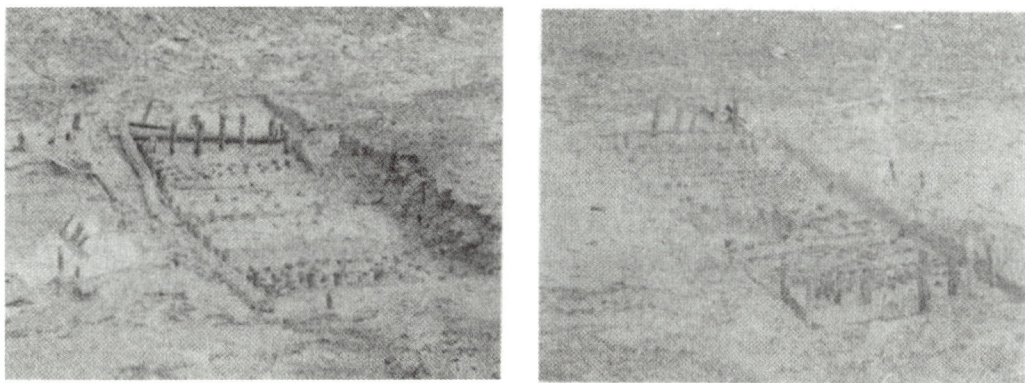

图2-6　第六作塘的"基础"工程

席龙飞先生在2003—2004年曾多次到该遗址参观考察，并曾出席该遗址考古发掘工作的专家评审会议，参观过从遗址发掘出的千余件文物中的大部分。他认为下述6项文物对研究郑和宝船是至为重要的。

（1）在作塘内出土了相当数量的木板，更有长度分别为11米和10.1米的两根舵杆：上端截面呈方形并有2个斜穿方孔，用以装舵柄；下端是扁形，有3个长方形浅槽，这当是用以安装舵叶的。

（2）发掘到相当数量的铁制工具，如斧、锯、凿、锉、钻、锥、刀等，木制的木槌、木桨、夯、刮刀等工具，长钉、短钉、枣核钉、钯钉等各式铁钉。

（3）遗址公园施工过程中，在已被填埋的部分出土了高为1.5米的四爪铁锚，上下各有1只铁环。其制式与明代以来流行的四爪铁锚颇为一致。

（4）发掘出大量棕绳，直径从1.5厘米到11厘米不等。粗棕绳由上百股细小棕索绞合而成，坚固致密。

（5）发掘出数个当年施工中尚未用完的由桐油和石灰糅合而成的油泥坨。水密捻缝技术是中国古代造船技术中的一项发明，以一份桐油和二份石灰相糅合，再用一份黄麻，充填木板的缝隙，水密的效果十分了得。油泥坨的发现最能确证这里是造船遗址。

（6）发掘出近百枚经打制而成的直径为3~12厘米的石球，这可视为石炮弹。

根据对第六作塘所测量的长宽数据和用地钉加固了的基础，结合上述出土文物，可形成以下两点认识：

第一，南京宝船厂遗址确是造船厂遗址，这里是可以方便地建造大型船舶的。当船舶造好之后，将作塘灌满江水，凿开与长江相邻的"坞门"，船舶即可驶进长江。

第二，根据第六作塘现在的宽度，此处似难以建造宽18丈的大型宝船。如果计及600年前未淤积的状况，是否能在第六作塘建造宽18丈的船尚需研究。

在20世纪60年代，中国科学院自然科学史研究所的周世德先生曾展示过大型的宝船厂遗址地图，7个作塘中的第七作塘最宽最大。宝船厂是明永乐年间专为建造下西洋的宝船而建设的，因此可以确信，在此厂是能够建造长44丈4尺、宽18丈的大型宝船的。

第二节　洪保墓

2010年6月16日，南京祖堂山社会福利院在建筑施工过程中发现一座大型砖室古墓。随后，在江苏省文物局、南京市文物局的协调指导下，经过国家文物局的批准，南京市博物馆考古部、江宁区博物馆联合对该墓进行了抢救性考古发掘，并对墓葬周围进行了全面的调查勘探，田野考古工作于7月28日正式结束。据出土的寿藏铭（图2-7）知，墓主为明代都知监太监洪保，他是郑和下西洋使团的主要领导成员之一。

砖室主体部分平面呈"吕"字形，由封门墙、门道、木门、前室、前后室之间过道、石门、后室及挡土墙等部分构成。砖室全长8.2米、宽4.1米、高3.45米，通体以烧制精良的多种规格青砖砌筑。砖室牢固考究，如图2-8所示。

洪保寿藏铭记载："统领军士，乘大福等号五千料巨船"，揭示了郑和船队中确

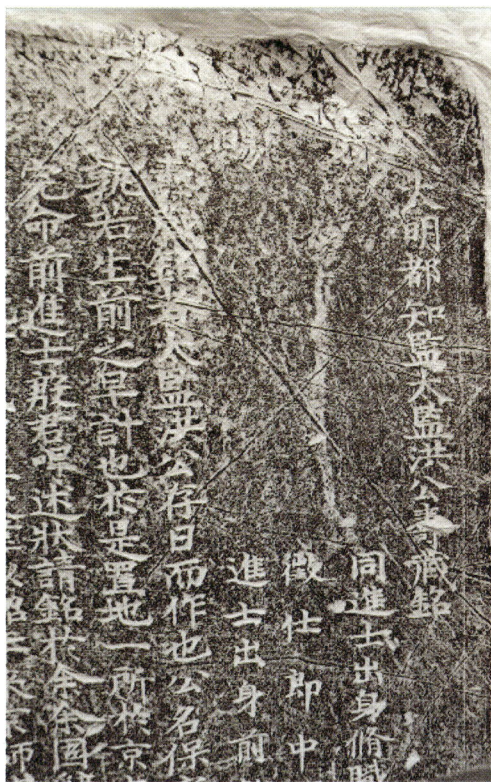

（1）全景

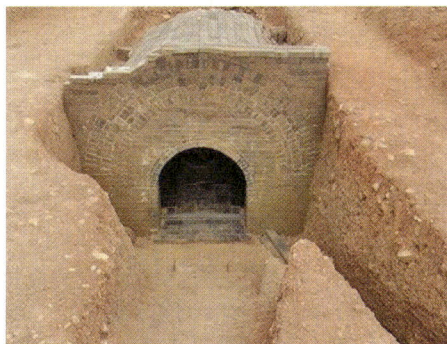

（2）正面

图2-7　寿藏铭石刻拓片　　　　　　　　图2-8　洪保墓

有"五千料巨舶"，并记载了该"巨舶"的准确名称为"大福号"。

这一信息在下西洋研究史上首次见到，可以结束"大号宝船到底有没有"这一学术争论。而且"等"字清楚地告诉我们，五千料"巨舶"绝不止一艘。

在洪保墓被发掘之前，1937年南京发现的静海寺残碑记载："永乐三年，将领官军乘驾二千料海船，并八橹船……永乐七年，将领官军乘驾一千五百料海船，并八橹船……"于是，有学者据此，对史籍上记载的郑和宝船尺寸大小表示了怀疑，认为600年前的明初不可能有如此巨型的木帆船，或认为大号宝船虽然存在，但只是供明成祖检阅的"摆设"，并没有真正出海。更有甚者将碑中所载"二千料海船"错误地当作是郑和宝船，认为郑和宝船只有2 000料而已。现在，洪保寿藏铭直接揭示了郑和下西洋船队中确有5 000料的"巨舶"了。因此，马欢《瀛涯胜览》对长44.4丈以及长37丈等大型宝船的记叙是可信的。

第三节　历次出土的中国古船及其共同规律

　　自从1975年出土了泉州宋代海船、1978年出土了宁波宋代海船和1976—1984年在韩国新安郡海底发掘出中国元代海船之后，人们的疑窦被解开了，因为这3艘宋元时期的中国古船其长宽比值都是很小的。可以说，郑和宝船的长宽比值有了充分的文物例证。表2-1为各研究者在各种文献上给出的已出土中国古船的长宽比值，由此可以看出，郑和宝船的长宽比值与出土文物的比值非常接近。

表2-1　已出土的中国古船的长宽比值[①]

古船名	发掘地址	发掘年份	古船年代	长宽比值	作者及文献发表年份
泉州船	泉州湾	1975	南宋	2.52 2.48	席龙飞、何国卫，1979； 杨槱，1982
宁波船	宁波市	1978	北宋	2.71 2.8	席龙飞、何国卫，1981； 徐英范，1981
新安船	韩国新安郡	1976—1984	元代	2.8 2.61	席龙飞，1985、1994； 李昌忆［韩］，1991

表2-2　永乐元年至十七年建造海船统计表[②]

序号	时间	建造地点	艘数	建或改	明实录卷数	附注
1	元年五月辛巳	福建	137	建造	卷十九	海船
2	元年八月	京卫及浙江、湖广、江西、苏州	200	建造	卷二十一	海运船
3	元年十月	湖广、浙江、江西	188	改造	卷二十三	海运船

---

　　① 席龙飞：《中国造船史》，湖北教育出版社，2000，第263页。
　　② 席龙飞、何国卫：《试论郑和宝船》，《武汉水运工程学院学报》1983年第3期，第9—18页。

序号	时间	建造地点	艘数	建或改	明实录卷数	附注
4	二年正月壬戌 正月己亥	京卫	50	建造	卷二十六	海船
		福建	5	建造	卷二十六	特指遣使西洋
5	三年五月	浙江	1 180	建造	卷三十五	海舟
6	三年十月	浙江、江西、湖广及直隶、安庆	80	改造	卷三十八	海运船
7	三年十一月	浙江、江西、湖广	13	改造	卷三十九	海运船
8	四年十月	浙江、江西、湖广及直隶、徽州、安庆、太平、镇江、苏州	88	建造	卷四十六	海运船
9	五年九月	（命都指挥王浩改造海运船）	249	改造	卷五十二	备使西洋诸国
10	五年十一月	浙江、湖广、江西	16	建造	卷五十四	海运船
11	六年正月	（命工部）	48	建造	卷五十五	宝船
12	六年二月	浙江金乡	33	改造	卷五十五	海运船
13	六年十一月	江西、浙江、湖广及直隶、苏州	58	建造	卷六十	海运船
14	七年十月	江西、浙江、湖广及苏州	35	建造	卷六十六	海船
15	七年十一月	扬州等	5	建造	卷六十七	海运船
16	九年十月	浙江临山、观海、宁波、昌国	48	建造	卷七十九	海船
17	十年九月	浙江、湖广、江西及镇江	130	建造	卷八十五	海运船
18	十年十一月	扬州	91	建造	卷八十六	海风船
19	十一年十月	江西、湖广、浙江及镇江	63	改造	卷八十九	海风船
20	十三年三月	（命都督同知督造）	?	建造	卷九十六	海船
21	十七年九月	（未指明）	41	建造	卷百一十四	宝船

第三章

复原郑和宝船的船型选择与主尺度论证

第一节　郑和宝船的船型①

　　下西洋路途悬远，惊波万里。为了使下西洋的船在深水大洋里能如履平地，安全到达目的地，必然需要对下西洋的船型进行选择。到了明代，中国古船已经形成了成熟的三大船型，这就是广船、沙船、福船。对这些船型，文献都有明确的分析、记载。

一、沙船

　　明代郑若曾的《筹海图编》，谢杰的《虔台倭纂》，惠麓酒民的《洴澼百金方》，何汝宾的《兵录》，王圻、王思义的《三才图会》，以及茅元仪的《武备志》，对沙船均有记载，且叙述内容一致。例如《虔台倭纂》载："崇明有沙，民惯用此舡，因名沙舡。太仓、嘉定亦有之。能斗风使戗出入波如履平地。然便于北洋，不便西洋，便于守港，不便于冲敌。然北洋水浅有滚涂浪，南洋水深有大浪，沙舡底平不能破大浪却不畏滚涂浪，福苍鸟尾等舡底尖畏滚涂浪却能破大浪。"沙船"与福舡相反也"。《筹海图编》还特别指出："若欲赴马迹陈钱等山，必须用福苍及广东鸟尾等船。"古文献是对沙船性能的长期实践的高度概括与提醒。沙船能调戗使风，设2～5根大桅，船两舷设抗横漂的披水板，用矩形帆、平底是其主要特征。南洋及印度洋风大浪高水深，马欢的《瀛涯胜览》书首诗句是这样描述的："鲸

---

　　① 顿贺：《郑和下西洋船舶结构与制造工艺探讨》，《上海造船》2005年第2期，第47-48页。

舟吼浪泛沧溟，远涉洪涛渺无极。洪涛浩浩涌琼波，群山隐隐浮青螺。""舟行巨浪若游龙，回首遐荒隔烟雾。"由此可知，下西洋的船不会是沙船。

二、广船

广船在船体形状上虽然近似于福船，但与福船还是很有区别的：造船材料用贵而坚实的铁力木，舱壁密且加设多道肋骨加强，帆为扇形帆，舵多为开孔舵，能使转舵轻盈。特别是在船舶的中间偏前处所，设中央插板，以抗横漂（作用类似于披水板）。从广船开孔舵的展弦比接近于1.0以及需要用中央插板来抗横漂等项来看，广船的吃水不太深。在郑和下西洋前夕及下西洋期间，无广船建造、征用记载，因此尚不能说下西洋船为广船。

三、福船

据《明实录》记载，"永乐元年五月辛巳，命福建都司造海船百三十七艘"，"永乐二年正月己亥，将遣使西洋诸国，命福建造海船五艘"。同时，宝船厂集中了全国各地技术比较高超的造船工匠。据明李昭祥《龙江船厂志》记载："洪武、永乐时，起取浙江、江西、湖广、福建、南直隶滨江府县居民四百余户，来京造船，隶属提举司，编为四厢。"因此，很难断定由宝船厂制造的宝船一定就是沙船。此外，宝船尺寸特大，而长宽比又特小，只有2.466，非常接近泉州湾出土的宋代海船，即与福船的特征一样，而与沙船的一般法式相去甚远。以常理推测，郑和宝船驶经的是南洋、印度洋，直达波斯湾和非洲东海岸的广深海域，宝船的船型自然会选择适于深海航行的尖底海船福船。从抗风浪性和舒适性两个方面考虑，宝船为福船型最为合理。下西洋期间，不但福建造船"备使西洋"，而且还从福建征调造船师。因此，下西洋船型选的会是福船型。

福船主要建造和航行于浙江、福建沿海并适合远洋航行。文献记载该船型"上平如衡，下侧如刀"，即船身高大、船底尖瘦、尖首方尾、首尾起翘。尖首尖底利于破浪；底尖吃水深，稳性较好，适航性强。福船便于在狭窄的航道和多礁石的航道中航行，尤其适于下西洋所经的广阔海域。

《武备志》载"其底尖，其上阔，其首昂而口张，其尾高耸"，"最下层不可居，惟实土石以防轻飘之患"。福船头小肚大，有明显粗大龙骨和首柱，尾呈马蹄形，有较长尾虚梢，帆用扇形帆。这种船型特征，从现代船舶原理亦可进行分析：由于底尖面阔，使船舶横剖线呈V形或中V形，在波浪中航行，船舶升沉及摇摆由于水线面随吃水增大而迅速增大，在有利于稳性的同时使升沉运动的阻力增大，减少了升沉及摇摆幅值；首昂可以减少甲板上浪，增加了船舶安全性，尾高不但可以减少甲板上浪，增加船舶安全性，而且有利于驾驶视线；下实土石可降低船舶重心，提高稳性；多帆的设置，又使船舶摇摆变缓；加上装有舭龙骨，确属下西洋的优秀船型。

第二节　郑和宝船的型线复原

一、主尺度

郑和宝船总长和总宽按文献记载为44丈4尺和18丈，根据在福州出土的一把雕花漆木尺测得1尺为0.283 m，换算出郑和宝船总长为125.652 m，总宽为50.94 m。统计数据表明，福船（丹阳船、小白底、驳仔船等）宽深比（B/D）在2.5—4，据此宝船深取16 m，宽深比约为3。考虑到宝船船坞的深度，参考历史文献记载古航道深度和通航记载及宝船泊外港的水深资料，取宝船吃水为8 m，这一深吃水比（D/T）大于一般福船，接近国外木船，对于保证宝船的稳性、航行性能和固定高大的船桅都有好处，也符合一般福船的外观比例。综上，主尺度确定为：总长125.652 m；总宽50.94 m；型深16 m；吃水8 m。

二、型线

郑和宝船型线的复原，主要依据考古出土的古代海洋木船的实测型线，并参考近代福船的横剖线变化规律，经过数学变换并进行反复修改后，得到郑和宝船的横剖线图。如图3-1所示。

横剖面保持了福船共有的尖底，圆弧舭部，上口放开，水线宽小于甲板宽的基本特点。结合布置要求和与水下型线的协调配合，郑和宝船的纵剖线图、半宽水线图如图3-2所示。考虑到波浪中的航行性能和宝船地位的特殊性，首部设有1层首楼，与之协调呼应。根据宝船的使用功能，并按照福船的布置特点，尾部设了3层尾楼，但虚梢部分较民间福船处理得较短。这是因为，宝船长度和面积的尺度已足以在其范围内完成虚梢的功能，同时也有利于船体的强度。

郑和宝船的型线具有这样一些特性：体量巨大，视觉有"短胖"特点；前体尖瘦，中部凸起，进流角达到30°。按现代船舶的观点，宝船的快速性和航向稳定性并不是最优的。但是，考虑到中国古代帆船的航速偏低，并不会对快速性带来不利影响。同时，采用福船高展弦比（通常为3.0）的舵叶，也会具有很好的航向稳定性。通过郑和宝船的型线设计和静水力计算，得出的其他相关尺度为：水线长106.69 m；型宽48 m。

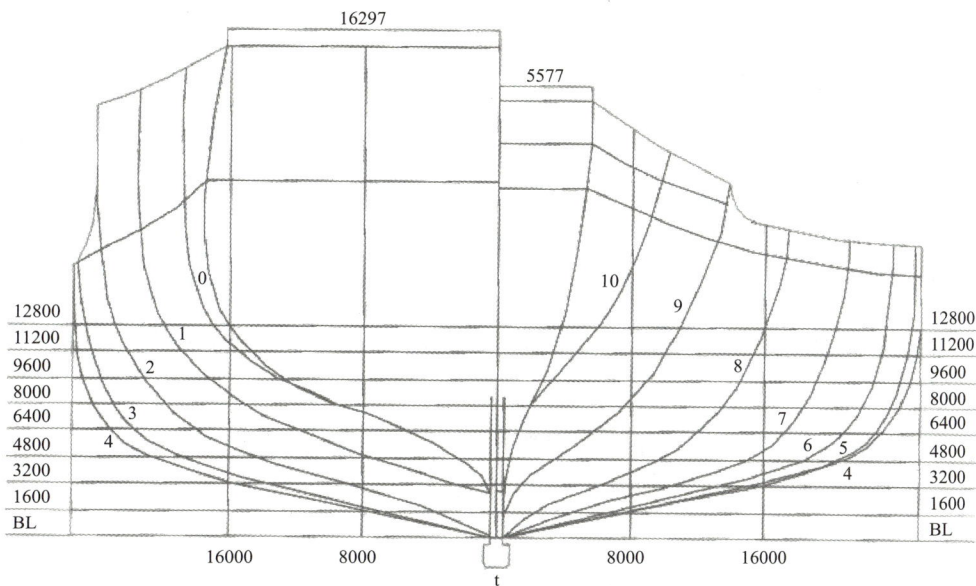

图3-1　横剖线图（单位：mm）

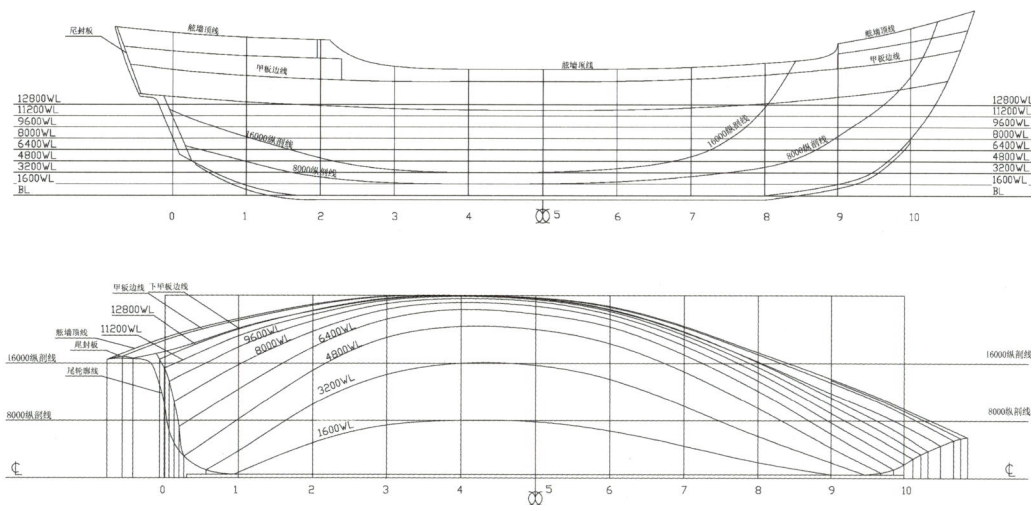

图3-2　纵剖线图、半宽水线图（单位：mm）

第三节   郑和宝船的布置方案

郑和宝船布置的复原是复原工作中不确定因素最多的项目之一。因为除了一部文学作品如《西洋记》外，见于文字而又可操作的史料实在太少，所以，这部分复原工作也是最困难的。

布置方案所涉及的面极广，包括历史、政治、文化、宗教、军事和艺术等方方面面，没有也不可能有统一的标准和约定的规则。因此，复原方案的确定工作主要是通过课题组成员查阅文献，与有实践经验的老船工共同研讨完成的。方案确定主要从下列几个方面考虑：

（1）宝船的政治地位、相关人物及人文背景；

（2）宝船的用途；

（3）布置对结构的主要影响；

（4）远洋船舶航行中所必备的设备和属具。

郑和作为远航船队的政治和军事首领，代表着中国最高统治者的权威和形象，所以，郑和宝船的布局及外观也应体现这一形象。

复原的郑和宝船尾部3层尾楼的间高2.5~2.7 m。尾楼各层甲板前端设有明式栏杆，凭栏可以指挥、观礼、眺望和检阅。每层甲板栏杆前端设置宽达2 m的主梯两个，其结构和装饰依明代皇家宫殿构筑。尾楼各层内分别布置各等人员的居住处所、议事厅堂和政治、外交典礼处所，各种设备、属具、家具均以明代样式构筑。尾部露天甲板上设一天妃宫，宫前设两旗杆。

主体以下为一般船员、军士的居住处所和各种船舶功能舱室以及赐、贡宝物收藏舱室，生活、政事、军事器械贮存空间。

主甲板中部自前而后设置长大的舱口，用来布置人员上下通道和主桅安装施工的必要场地。总布置示意图如图3-3所示。

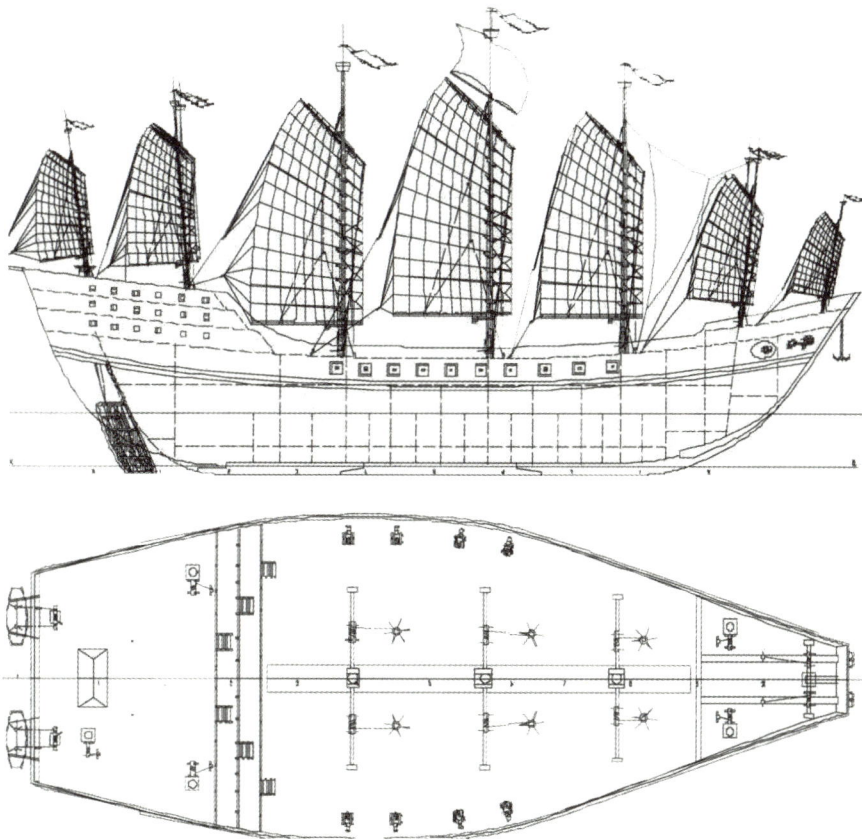

图3-3　总布置示意图

第四章

郑和宝船图纸复原设计说明

第一节 设计概述

郑和宝船复原设计与以往的古船复原设计不同，因缺乏遗存文物，所以在复原设计中进行了大量的科学调查和统计工作。通过对宝船主尺度、线型、总体布置、舱室布置、属具配置、基本结构、结构工艺等方面的研究分析，形成了关于宝船的系列复原方案，并通过现代船舶工程的技术手段对多种复原方案进行分析逐一验证，最后得到合理的复原方案，形成了一套详细设计的图纸文件。

一、方案概述

本船为木质单体、不平衡舵、风力驱动的远洋海船。船型采用福船型，航区为远洋海域。在结构方面，设置贯通全船的龙骨及龙骨翼板。

全船载客数为800人，包括正使1人，副使2人，指挥使2人，副指挥使4人，鸿胪寺卿2人，医官4人，阴阳生2人，千户4人，百户8人，侍卫长2人，侍卫30人，译字2人，买办4人，书手4人，火长1人，总管2人，直库8人，阿班9人，头碇22人，钉手54人，斗兵9人，伙夫21人，舵工20人，水手107人，士兵476人。

全船设置淡水舱容积共计2 400 m^3，在航行中须注意浮态的控制，特别是满载到港和空载到港时，须控制淡水舱的重量以避免船舶发生首倾。

本船稳性和干舷按照中华人民共和国船舶检验局渔船分局1987年颁发的《木质海洋渔船建造及检验规定》的一般要求进行衡准计算。

（1）主要要素

总长	L_{OA}	125.652 m
水线长	L_{WL}	106.690 m
最大宽度	B_{max}	50.940 m
型宽	B	48.000 m
型深	D	16.000 m
设计吃水	d	8.000 m
梁拱	f	1.000 m
舷升高	h	4.844 m

（2）甲板间高

船底板至下甲板	12.000 m
下甲板至主甲板	4.000 m
主甲板至首部露天甲板	2.700 m
主甲板至尾楼甲板	2.500 m
尾楼至尾部露天甲板	2.600 m

二、船体结构

全船为木质、双甲板、横骨架式结构，船以干舷甲板为强力甲板。船体构件均采用松木、杉木、水曲柳、樟木、榆木、楸木、桧木等。

三、总布置

该船布置设计本着恢复郑和宝船原外貌，坚持实用、美观、舒适、方便的原则。船舶风格为仿古形式，设有落舱式甲板室。

在舱底#0—#28设29道水密舱壁，将主船体分为29个舱室，自尾至首依次为：尾部—#0空舱、#0—#1为竹木炭舱、#1—#2为淡水舱、#2—#3为蔬菜舱、#3—#4为粮舱、#4—#5为桅舱、#5—#7为兵器库、#7—#9为货舱、#9—#10为桅舱、#10—#14为货舱、#14—#15为桅舱、#15—#17为货舱、#17—#18为家畜室、#18—#19为贡品收藏室、#19—#20为桅舱、#20—#21为货舱、#21—#22为赐品收藏室、#22—#23为淡水舱、#23—#25为兵器库、#25—#26为桅舱、#26—#27为竹木炭舱、#27—#28为桅舱、#28—首部为锚缆舱。

下甲板的甲板室由于层高过高（4 m），更为了加大货舱容积，故先在舱室内铺一层货物，而士兵和水手居住在货物之上。从尾至首依次设有：尾部—#0为操舵间和舵工居住室，#0—#4两侧为士兵居住室和高级船员居住室、中间布置厨房，#5—#7为客货舱（可作为士兵居住室），#7—#9两侧为客货舱（可作为水手居住室）、中间为大开口、开口周围布置活动栏杆，#10—#14、#15—#19、#20—#24为客货舱（可作为士兵居住室），#24—#25为客货舱（可作为水手居住室），#26—#27为客货舱（可作为钉手居住室）、中间为大开口、开口周围布置活动栏杆。#5—#7、#23—#24，中间以布帘的隔断横向进行分割，避免统舱过大。

主甲板的甲板室，从尾至首依次设有：尾部—#0为阿班、斗兵居室、钉手居室和直库居室；#0—#6，左侧分别设鸿胪寺卿及侍卫长居室、书手居室、译字居室、买办居室、航行设备储物间、百户居室和总管居室；右侧分别设医务室、医官居室、火长居室、阴阳生居室、千户居室、百户居室和储物间；中部分别设正（副）指挥使居室和议事厅。#6—#25为露天甲板，其中部是3道主桅，中部自前而后设置长大的舱口，是人员上下通道和主桅安装施工的必要场地。#25—#27为水手居室和头锭居室，#27—船艏为起锚舱。

尾楼甲板的甲板室，从尾至首依次设有：尾部—#3，左侧分别设侍卫室、神室和副使居室；右侧分别设厨房、餐厅和副使及将官餐厅；中部设郑和居住室、书房和中堂会客厅。#3—#5为进厅兼针房。

尾部露天甲板上设天妃宫，宫前设2旗杆。

宝船设9桅12帆。布置形式由首至尾依次列7道，共9桅，其中中部是3道主桅，首、尾露天甲板上各设2道副桅并各自分别向首、尾外倾，第2和第6道为双桅。

四、船舶设备

1. 锚设备及系泊设备
按照规范要求计算，本船的舾装数为2 311.98，应配备总质量为21 000 kg的首锚2只，配锚绞车2台。本船配系船索6根，破断拉力＞451 kN，每根长200 m。拖索2根，破断拉力＞1 356 kN，长240 m。

2. 舵设备
采用不平衡舵1个，舵面积A＝52 m²。
配舵绞车1台。

3. 将军柱
用作系缆桩，宽450 mm，厚450 mm，全船共8个。

4. 牵星板

牵星板是测量星体距水平线高度的仪器，其原理相当于当今的六分仪。通过牵星板测量星体高度，可以找到船舶在海上的位置。牵星板共有大小12块正方形木板，以一条绳贯穿在木板的中心。观察者一手持板，手臂向前伸直，另一手持住绳端置于眼前。此时，眼看方板上下边缘，将下边缘与水平线取平，上边缘与被测的星体重合，然后根据所用之板属于几指，便得出星辰高度的指数。

牵星板12块正方形木板中最大块边长为24 cm，以下每块边长递减2 cm，板上标有一指、二指，直至十二指。另外，还有1块象牙板，也为正方形，四角缺刻，缺刻长度分别为最小正方形边长的四分之一、二分之一、四分之三和八分之一；上面标有半角、一角、二角、三角，就是说一指等于四角。

5. 指南针

指南针作为一种指向仪器，在我国古代军事上，生产上，日常生活上，地形测量上，尤其在航海事业上，都起过重要的作用。在指南针用于航海之后，不论天色是否阴暗，航向都可辨认。明初航海家郑和七下西洋，为扩大中国的对外贸易，促进东西方的经济和文化交流，加强中国的国际政治影响，增进中国同世界各民族的友谊，做出了卓越的贡献。指南针为郑和七下西洋提供了可靠的保证。

6. 香炉

香炉即是焚香的器具。明代大多数香炉以青花瓷为主，香炉在船上用作焚香并记录时间。

7. 舱室木作及内部装修

本船尽量恢复明代船舶的型制，设置明代栏杆及雕花窗、门及装饰等。

第二节　图纸展示

在船体方面，复原设计的主要图纸目录如表4-1所示。

表4-1　复原设计主要图纸目录

序　号	图　号	名　称
1	WUT801-100-02TM	船体设计图纸目录
2	WUT801-100-03SM	船体说明书
3	WUT801-100-04	总布置图
4	WUT801-100-05	型线图
5	WUT801-100-06	静水力曲线表
6	WUT801-100-07	邦金曲线表
7	WUT801-100-08	横截曲线表
8	WUT801-101-02JS	干舷计算书
9	WUT801-101-03JS	吨位计算书
10	WUT801-101-04JS	稳性计算书
11	WUT801-110-02	典型横剖面结构图
12	WUT801-110-03	基本结构图（内剖视图）
13	WUT801-110-04	船体节点图
14	WUT801-112-01	骨架平面图
15	WUT801-114-01	外板展开图
16	WUT801-114-02	外板连接图
17	WUT801-203-01	锚、舵、系泊设备布置图
18	WUT801-203-02	全船门、窗、盖布置图
19	WUT801-203-03	全船梯道、栏杆布置图

本船的复原设计方案中，总体部分设计图纸如下（详细内容见附件）。

一、型线

复原设计型线图，如图4-1所示。

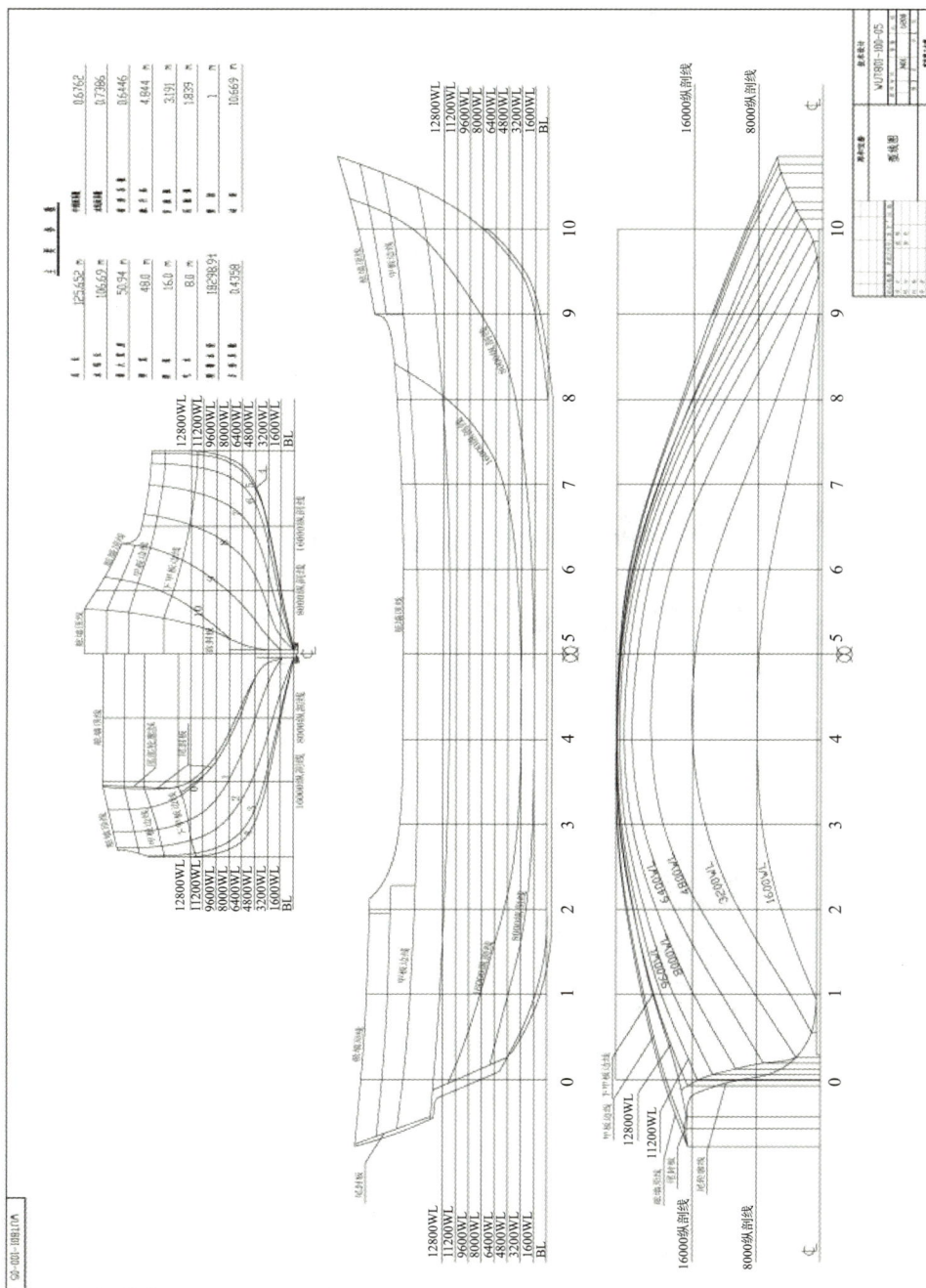

图4-1 复原设计型线图

二、布置

1.尾部、中部、首部布置侧视图

尾部布置侧视图，如图4-2（1）所示。图中，1.操舵室，2.空舱，3.竹木炭舱，4.淡水舱，5.蔬菜舱，6.粮舱，7.桅舱，8、9.兵器库，10.货舱，11、12、13.砂石压载舱。

中部布置侧视图，如图4-2（2）所示。图中，1、3—6、8—9.货舱，2、7.桅舱，10.家畜室，11—18.砂石压载舱。

首部布置侧视图，如图4-2（3）所示。图中，1.贡品收藏室，2、8、10.桅舱，3.货舱，4.赐品收藏室，5.淡水舱，6、7.兵器库，9.竹木炭舱，11.锚缆舱，12、13.砂石压载舱。

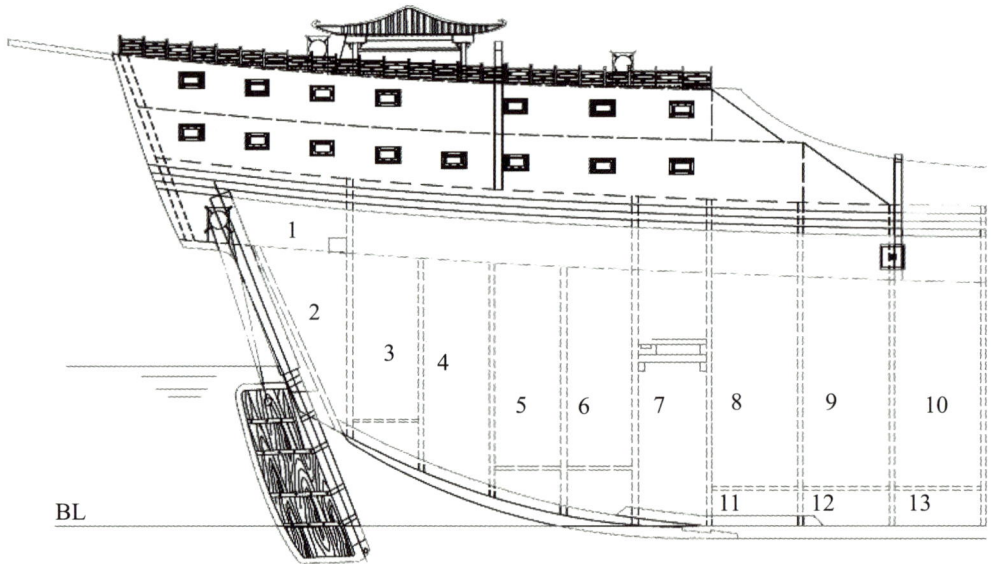

（1）尾部

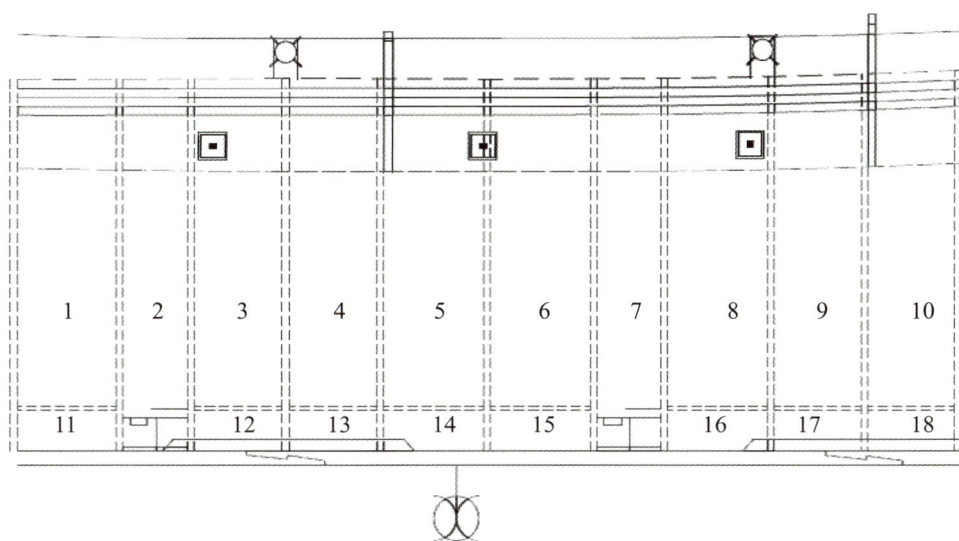

（2）中部

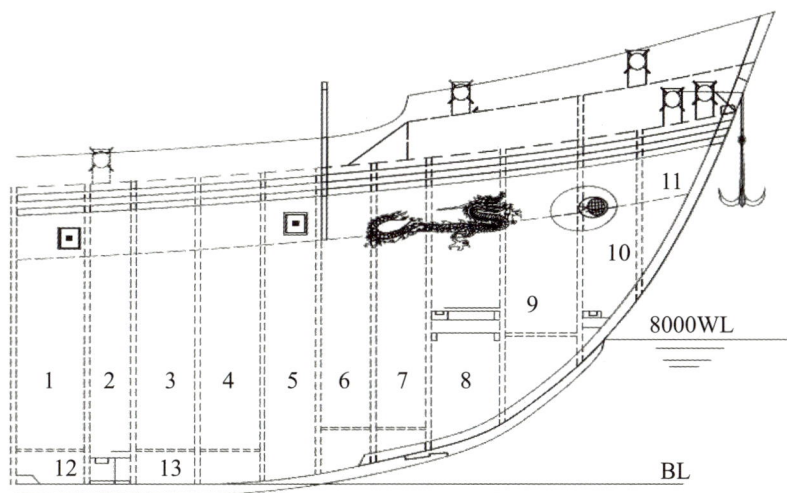

（3）首部

图4-2　尾部、中部、首部布置侧视图

2. 甲板

尾楼甲板平面图，如图4-3（1）所示。图中，1. 郑和居室，2. 书房，3. 中堂会客厅，4. 进厅兼针房，5. 副使居室，6. 神室，7. 侍卫室，8. 副使及将官餐厅，9. 餐厅，10. 厨房。

主甲板尾部平面图，如图4-3（2）所示。图中，1. 议事厅，2. 正指挥使居室，3. 副指挥使居室，4. 钉手居室，5. 总管居室，6. 百户居室，7. 买办居室，8. 航行设备储物间，9. 译字居室，10. 书手居室，11. 侍卫长居室，12. 鸿胪寺卿居室，13. 阿班、斗兵居室，14. 千户居室，15. 百户居室，16. 阴阳生居室，17. 储物间，18. 火长居室，19. 医官居室，20. 医务室，21. 直库居室。

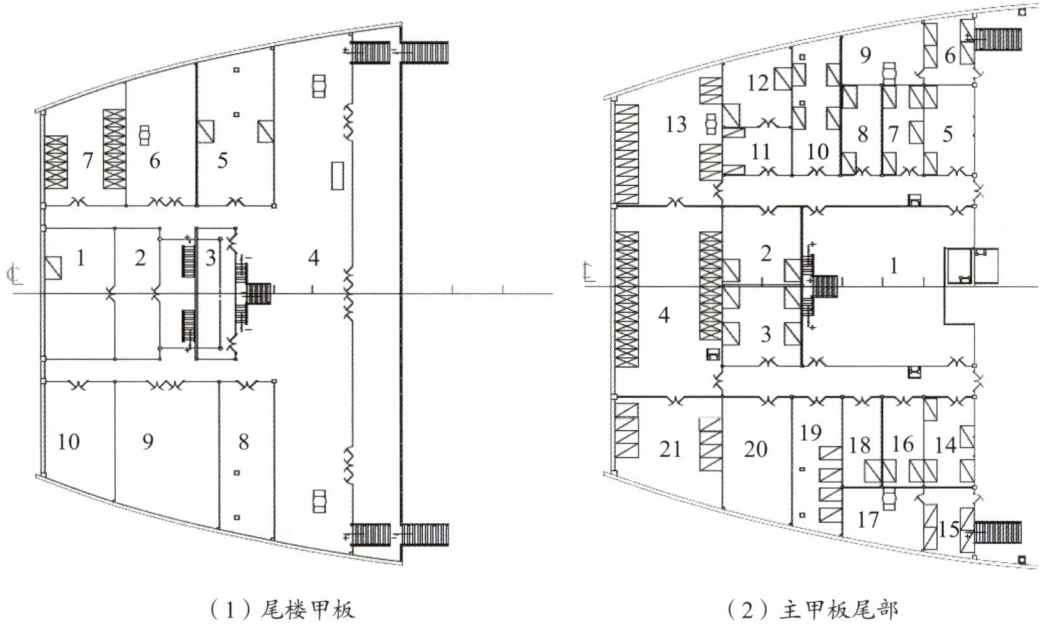

（1）尾楼甲板　　　　　　　　　　（2）主甲板尾部

图4-3　甲板平面图

三、典型结构及连接形式

1. 典型结构

桅座结构图，如图4-4所示。

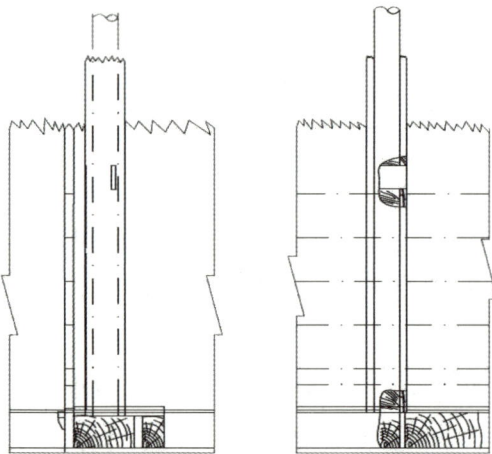

图4-4　桅座结构图

2. 典型结构形式

三重板结构形式，如图4-5（1）所示。横舱壁结构形式，如图4-5（2）所示。

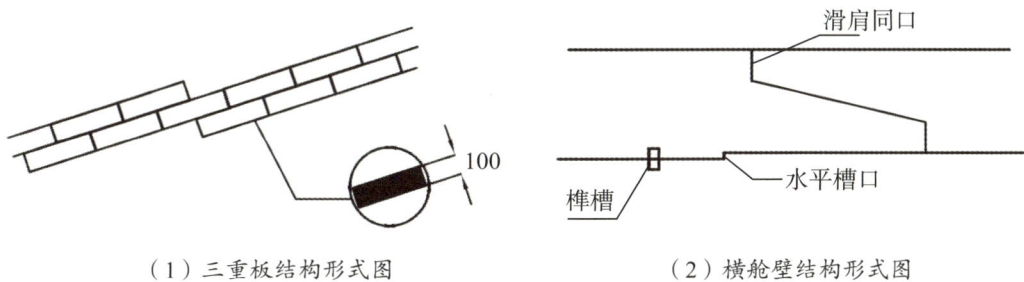

（1）三重板结构形式图　　　　　（2）横舱壁结构形式图

图4-5　结构形式图（单位：mm）

3. 典型连接形式

挂锔连接形式，如图4-6（1）所示。外板同口连接形式，如图4-6（2）所示。

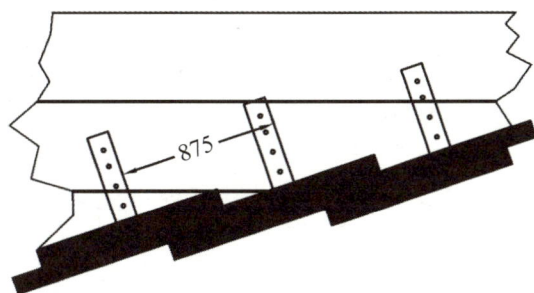

（1）挂锔连接形式图

直角同口　　　　　　　　　　　　　滑肩同口

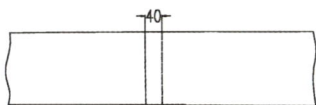

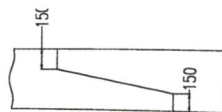

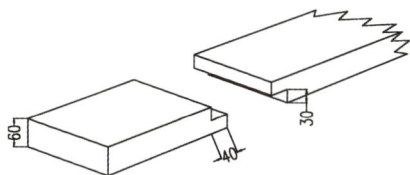

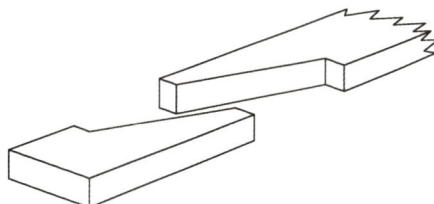

①直角同口　　　　　　　　　　　②滑肩同口

单榫滑肩同口

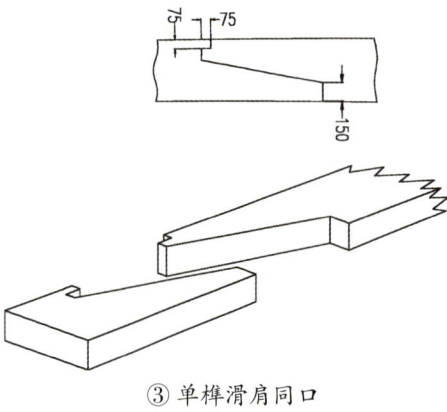

双榫滑肩同口

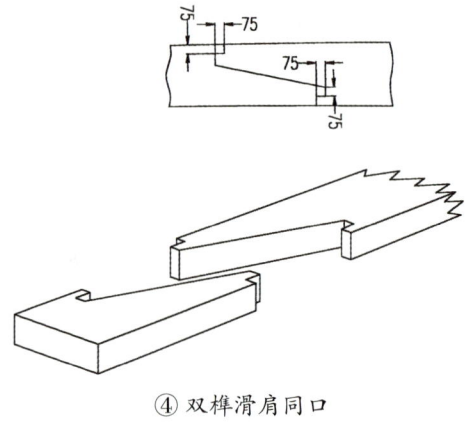

③ 单榫滑肩同口

④ 双榫滑肩同口

钩子同口

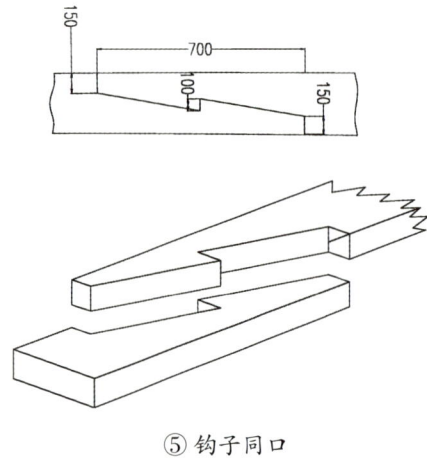

双头钩子同口

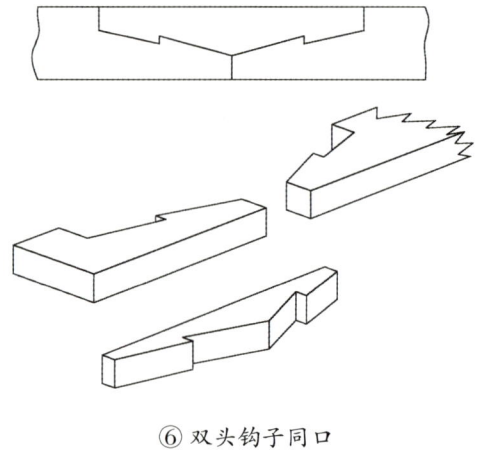

⑤ 钩子同口

⑥ 双头钩子同口

蛇形同口

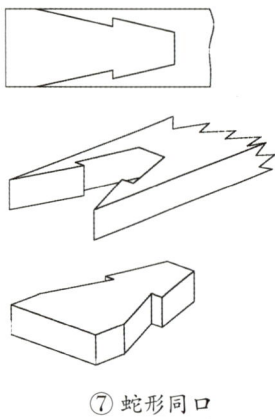

双头蛇形同口

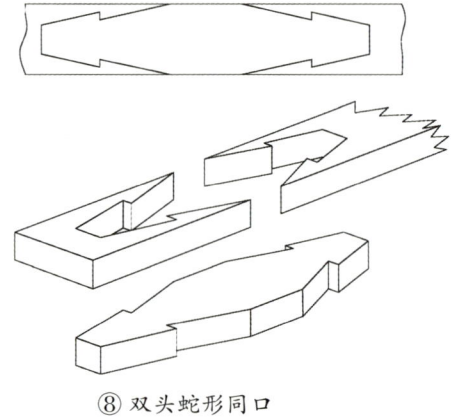

⑦ 蛇形同口

⑧ 双头蛇形同口

（2）外板同口连接形式图

图4-6　连接形式图（单位：mm）

四、装饰

1. 门窗

不同纹饰的门窗，如图4-7所示。

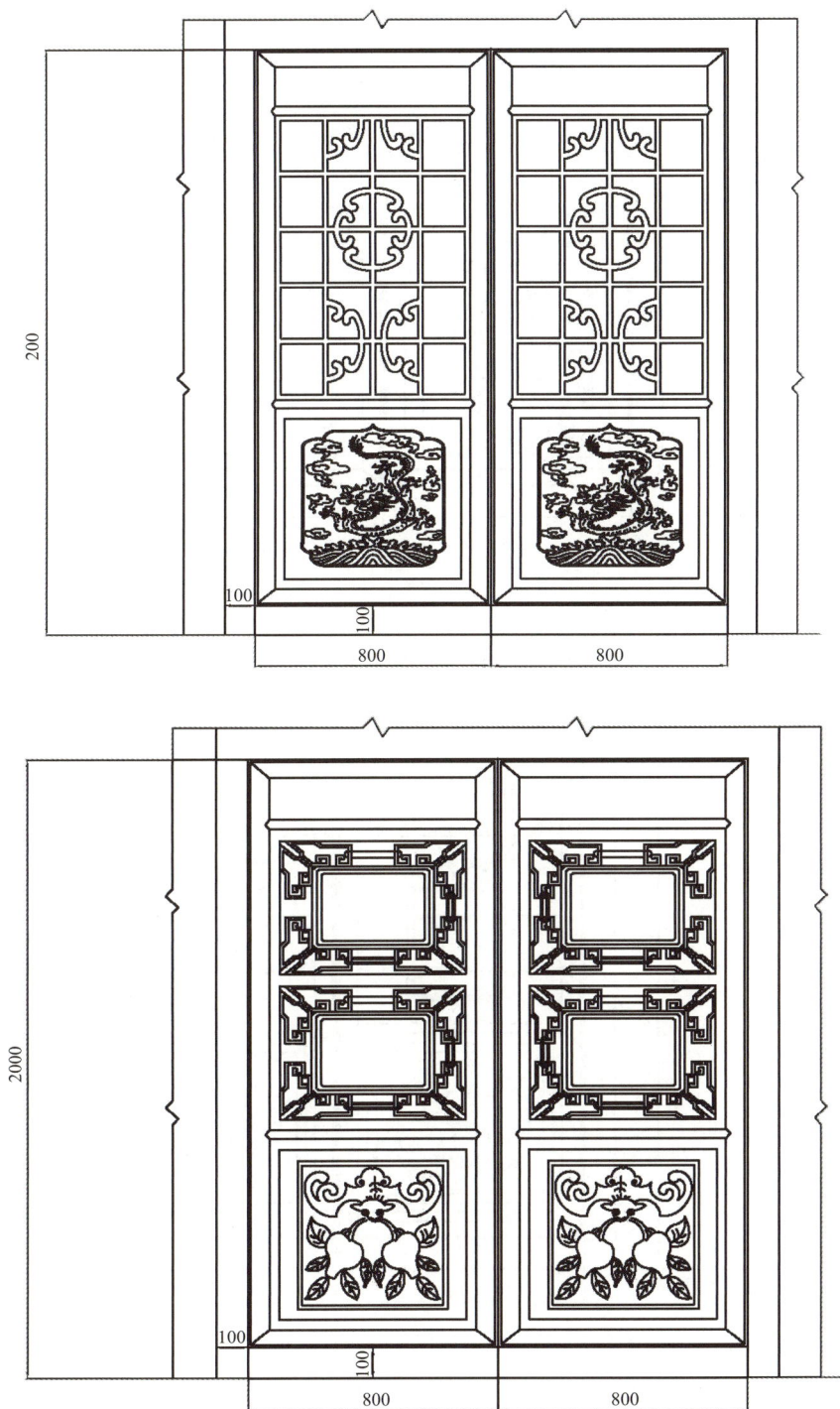

图4-7 不同纹饰的门窗（单位：mm）

2.栏杆

不同形式的栏杆，如图4-8所示。

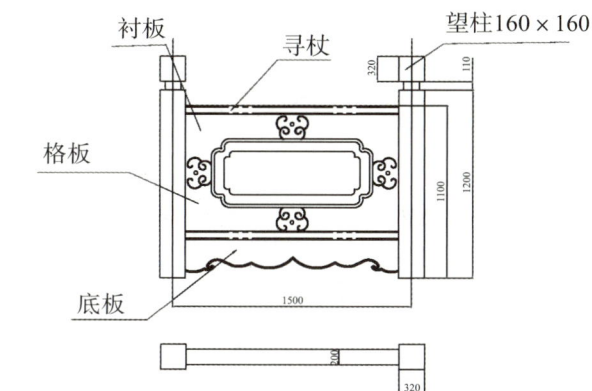

衬板　寻杖　望柱160×160
格板
底板

（1）尾楼露天甲板栏杆结构图

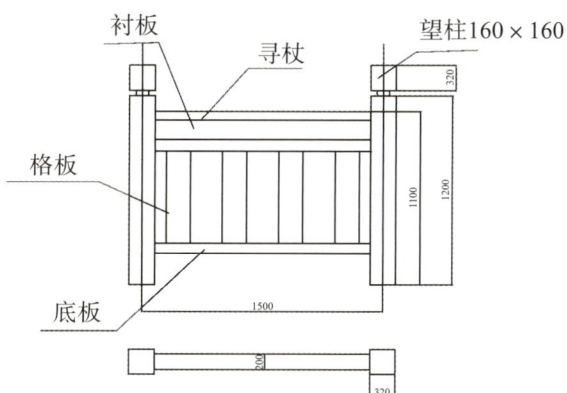

衬板　寻杖　望柱160×160
格板
底板

（2）下甲板舱口处栏杆结构图

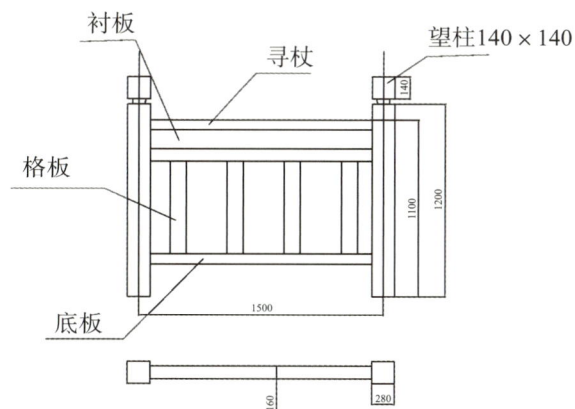

衬板　寻杖　望柱140×140
格板
底板

（3）下甲板舱口处活动栏杆结构图

图4-8　不同形式的栏杆（单位：mm）

3. 外板

尾部外板纹饰，如图4-9所示。

图4-9　尾部外板纹饰

第五章

基于中国古代木船典型结构分析的郑和宝船结构复原与仿真计算

第一节　中国古代木船的特征结构及演变

中国古代劳动人民在漫长的历史中创造了数量众多、技巧高超的木质结构的亭台楼阁、桥梁船舶。从公元前1500年起，就出现了用卯榫连接梁、柱的建筑方法。绵延数千年，发展到宋代，编撰成书的《营造法式》就从建造、结构到施工全面系统地反映了中国古代木结构的体系[①]。而用木板制造舟船，上古时期就出现了独木舟和木筏，至西周时古人就懂得将木板连接成更大的外板，来制造供十数甚至更多的人乘坐的舟楫。

春秋战国时期，木工技术发展到新的水平，为传统造船技术的革新奠定了基础。此时无论是"通商工之业，便鱼盐之利"的齐国，还是濒海而居的吴楚百越都展开了较大规模的水上运输活动。其造船工艺更是有所发展。

先秦之后，在秦汉、唐宋、元明时期出现了三次造船技术发展史上的高峰，造船技术在这期间都得到了显著的发展，各项新技术不断产生并加以完善，最终在明代达到中国古代造船业的巅峰。正是以中国古代精妙的木帆船建造技术为基础，才出现了郑和七下西洋这样的航海伟业。

---

① 樊承谋、王永维、潘景龙：《木结构》，高等教育出版社，2009，第1—2页。

一、木船外板连接结构的发展

中国古代以先进的木构技术著称于世。

在浙江余姚河姆渡遗址，已经出土了距今7 000年前的启口板、带锁钉的燕尾榫（图5-1）。

江苏武进出土的汉代木船和上海川沙县北蔡乡（今属浦东新区）川扬河出土的隋代木船，虽然是汉代和隋代的船舶，但反映了最早期中国古代木船的结构形式。最迟到殷商时期，中国已经出现了木板船。

图5-1　河姆渡出土的木榫构件

到了周武王伐纣时，所用的船舶已经比较大了。当时，木板船应该是以榫结构加竹钉、木钉连接。20世纪70年代河北平山县战国墓里发掘出3艘随葬船，能够让我们一窥先秦时期的造船工艺。这座战国墓所在的平山县三汲乡，正是古代中山国都城灵寿，古城内外有战国墓30座，据考古学界考定一号墓为中山王之墓，随葬船即出土于此墓。这3艘船皆为中山王生前所用，其中最完整的1艘长约13米，在这艘船的周围发现很多铁箍，该船板的连接方式是先在相邻两列船板上各凿一穿孔，以铁片经过穿孔绕扎三道或四道，然后将穿孔的间隙用楔木片填塞，再注入铅液封固，两列船板这样连接牢固可靠（图5-2）。

这种铁箍连接的方法费工费料，是在铁器应用之初，尚缺少对铁钉功效的认识而做出的一种古老方案。铁器使用普及后，铁钉渐渐代替铁箍，一开始是在次要部位使用，后来发现铁钉也具有牢固可靠的效果，便完全取代铁箍了。

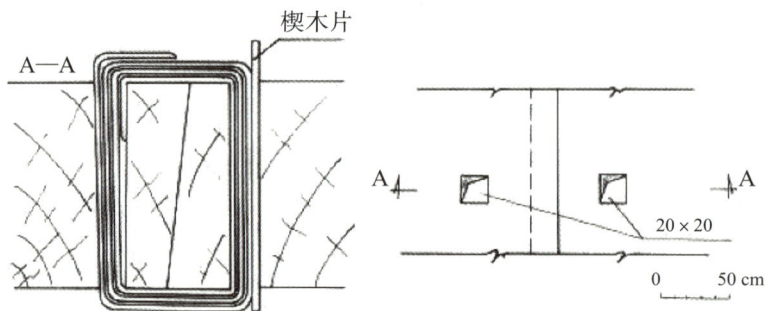

图5-2　用来拼连船板用的铁箍示意图

在长沙出土的西汉木船模型（图5-3），船身由整木雕成，在船身两侧和首尾平板上都发现有模拟的铁钉钉孔。按常理推断，这是该冥器模仿了实船上的具体结构特征制作而成。可以推断，到汉代时人们已经认识到铁钉的作用，并且将其运用到船舶的制造上面用来拼连木板。而且当时铁制工具已经代替青铜器广泛使用，铁器技术足以能够制造铁钉。在广州还曾经确实发现过秦汉时期的铁钉。

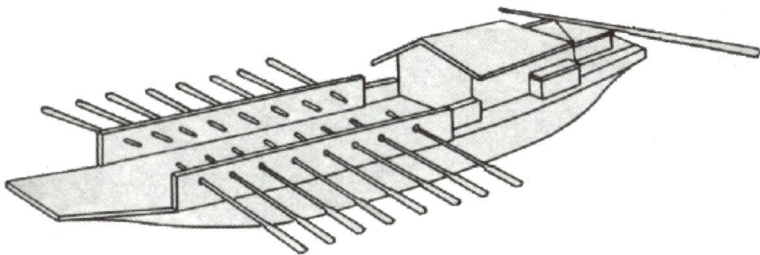

图5-3　长沙西汉木船模型绘制图

在唐代，铁钉连接外板的技法又有极大的发展，1960年在江苏省扬州市施桥镇出土1艘唐代大型木船，外板采用平接法。船内隔舱板及舱板枕木与左右两舷榫接；船舷由4根大木拼成平排钉合；穿钉工艺是先开45°斜孔，用长17 cm、帽径2 cm的铁钉沿孔洞打入，一穿二板，每隔25 cm钉一根，上下两排交错布钉；底部也采用这种平接工艺。这种平接法与搭接法相比，具有连接处不易松动、脱落，船体光顺、减小阻力的优点，而且节省木材，减轻船体自身重量。从木船的建造工艺和技术水平上讲都是很先进的。这种平接法，一直沿用至今[①]。

1973年在江苏如皋发现1艘唐代木船，这艘唐代木船反映出唐代建造船舶的多种先进工艺，其中之一是其两舷和船隔舱板以及船舱盖板均用铁钉钉成。它的两舷共用7根长木料上下叠合，以铁钉成排钉合而成，铁钉共分两排，上下交叉钉成，平均每排隔12 cm一根，上下两排交叉，相隔6 cm。这种重叠钉合的办法，称为人字缝，其中填充石灰、桐油。人字缝方法虽然不及现在木船榫合技术，但当时在世界上已经是十分先进了。

到了宋代，船工使用了更加复杂的端接缝连接方法，1974年福建省泉州市后渚港出土了1艘古代远洋木船，后来据考证为宋代建造。外板纵向的端接缝采用"直角同口""斜角同口"以及"滑肩同口"的形式（图5-4）。

---

① 张奎元、王常山：《中国隋唐五代科技史》，人民出版社，1994，第164页。

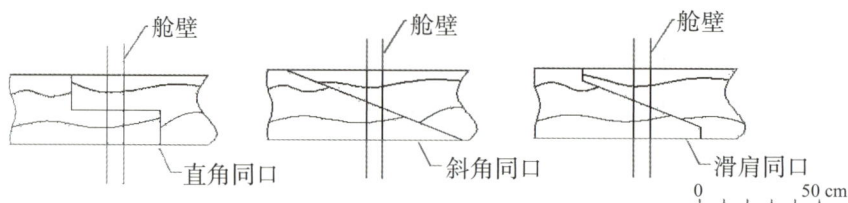

图5-4　泉州宋船上的直角同口、斜角同口与滑肩同口

更加令人感叹中国古代工匠们的智慧之高明之处在于，该船外板采用多重板结构。这是出土木船中，年代最早的使用了多重板结构的木船，其舷侧为三重，船底为两重。所有外板都用大段整木裁制而成。船底外部两边采用搭接且各形成4个台阶：第一级宽约0.5 m，逐级加宽0.1 m，第四级宽约0.9 m。如图5-5所示。

图5-5　泉州宋船的多重外板

多重板的结构形式是非常合理的。船壳板叠成阶梯状，使船在风浪中颠簸时减少左右摇摆，获得较大的稳性。船壳板作为纵向强力构件，必须具有足够的强度，"若用单层板，不仅弯板困难，而且由于板材具有的残留应力而有损于强度，是不可取的"[①]。用较薄的多重板代替厚板，加工弯曲就容易许多，只要保证多重板之间连接紧固，对船舶的总强度就没有多大影响。此外，多重板结构还可以更好地抵御腐蚀。"船的外壳板很容易被海洋生物，如船蛆蛀蚀，必须更换。如在两层板之间

①　席龙飞：《中国造船史》，湖北教育出版社，2000，第165页。

填充防海蛆剂，则船蛆不能进入内层壳板，只要更换外层板就可以了。"①

实际上中国古代造船师们制作的木船的外板，结构合理，有些出土古船，即使经历数百上千年的掩埋，在除去外力后，依然能够回复弹性状态。

在山东蓬莱出土的元代古船外板的连接较宋代已发现的各古船有显著的技术进步。最能引人注意的是：外板板列的端接缝均选在横舱壁处，以舱壁对外板板列的强力支持以增强接缝处的连接强度；特别是采用了带凸凹榫头的钩子同口连接，以尽量减少端缝处在连接强度上的削弱，如图5-6所示。

图5-6 蓬莱古船外板采用的带凸凹榫头的钩子同口实物

古船列板的边接缝采用简单的平口对接，用铁钉钉连：一种是在板厚的中心处钉进穿心钉，其钉长约440～500 mm，呈四棱锥体，根部断面为15 mm×15 mm；一种是在壳板内面钉进铲钉，钉孔距边接缝约为40～50 mm，铲钉间距约150 mm，钉位错开排列成人字形。用穿心钉、铲钉钉连接壳板如图5-7所示。

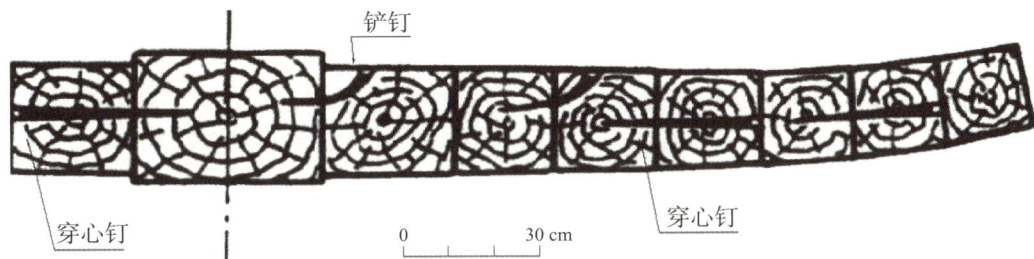

图5-7 蓬莱古船采用的穿心钉及铲钉

从山东省梁山县出土的明初木船来看，明代的木船建造工艺在继承了元代精华的基础上又有所创新。在梁山船的外板端接缝主要为钩子同口，同时又出现了双头钩子同口，以及复杂的蛇形同口和双头蛇形同口（图5-8、图5-9）。

---

① 杨槱：《帆船史》，上海交通大学出版社，2005，第62页。

图5-8　梁山船的外板连接工艺

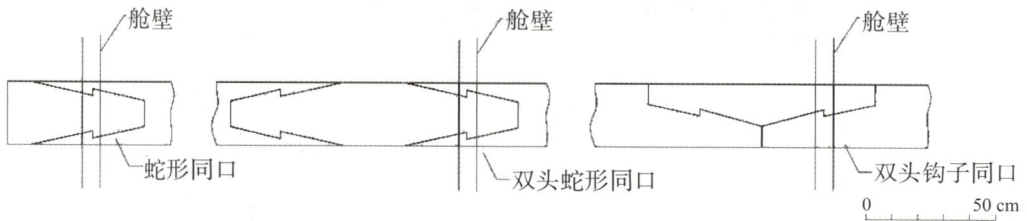

图5-9　梁山船的三种复杂同口形式示意图

二、木船龙骨连接结构的发展

中国到明代已经形成了成熟的三大船型，分别是沙船、广船、福船。其中，沙船为平底，福船、广船为尖底。

江苏武进县（今常州市武进区）万绥镇出土的汉代木船，是独木舟演变成平底船的早期形式。上海川沙县(已撤销，今属浦东新区）川扬河出土的古船，是独木舟演变成尖底船的早期形式。尖底船明显有龙骨，明代文献也称之为舟参，现在福建地区也还将龙骨称为舟参。

中国木船的龙骨一般是由主龙骨、首龙骨和尾龙骨三段构成。尾龙骨、首龙骨与主龙骨的连接，早期是采用榫结构连接的。例如，泉州湾宋代海船采用了直角同口，并将接头选在了弯矩较小的靠近首尾1/4船长处。

到了元明时期出现了用钩子同口或钩子同口加凹凸定位榫的结构。例如，1984年蓬莱出土的一号古船，2005年蓬莱出土的二号古船（图5-10）。

为了保证连接处节点的结构强度，蓬莱一号古船在龙骨的端接处上方设置龙骨补强材，用铁钉将补强材钉连龙骨；在端接处设置横舱壁；在首柱与主龙骨连接部位的补强材上，又设有第1、2、3号舱壁，互相加固。

蓬莱二号古船还在龙骨两侧加装龙骨翼板，如图5-11所示。

图5-10　蓬莱二号古船主龙骨与尾龙骨钩子同口
连接部分的结构

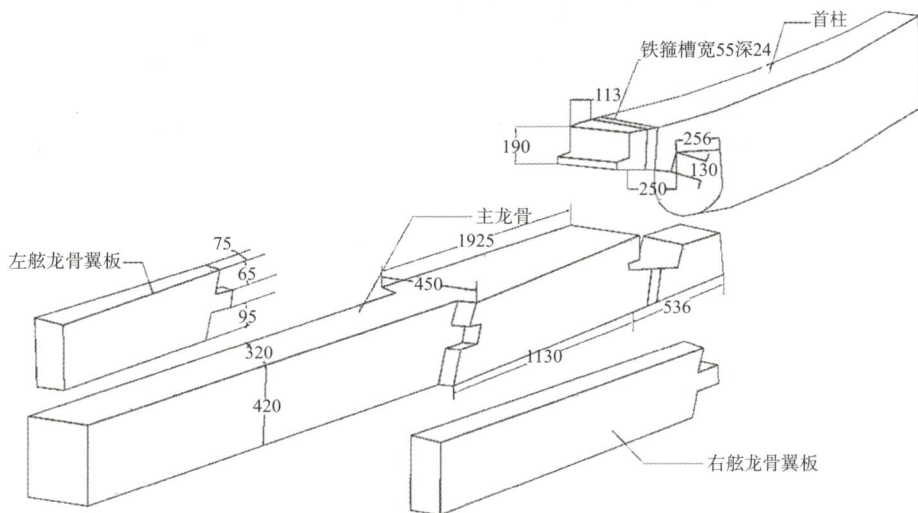

图5-11　蓬莱二号古船主龙骨与首柱以及龙骨翼板的连接形式（单位：mm）

三、木船舱壁结构的发展

船舶的水密舱壁是中国的一项创造。据史料记载，晋代的卢循就建造了有8个分舱的"八槽舰"，这项重大发明已经为唐宋元明清大量出土的中国古船所证实。

1960年在江苏省扬州市施桥镇出土的唐代木船残留5个大舱和若干个小舱，这是目前所能见到最早的水密隔舱的出土文物实证。1973年江苏省如皋县蒲西公社（今如皋市白蒲镇）马港河旁出土的唐代晚期木船分为9个舱，船舱长度在0.92～2.86 m不等。

　　泉州出土的宋代木船体现出水密舱壁技术的先进工艺和技术。全船设12道水密舱壁，在舱壁座上方开不大的流水孔，用木塞塞住可以保证舱壁水密，拔掉木塞可以使舱内水流往最低处，便于及时排除舱内积水。在首部的断水梁（防撞舱壁）和桅舱前后壁不设流水孔。如图5-12所示。

图5-12　泉州宋船留有锔槽的横舱壁以及舱壁后方的肋骨

　　舱壁相邻的两块板列为平接，舱壁与船外板为了加强连接强度，采用了铁锔连接。其中锔钉长约500 mm、宽50 mm、厚6 mm，锔钉上有4个方孔钉在舱壁上。下端折成直角，用以钩住外板。水密的横舱壁即用挂锔连接外板，不但起到使横舱壁支撑外板的作用，而且严格限制了横舱壁的位移。显然，技术上铁锔比木钩钉更为先进。

　　挂锔的根本作用在于将外板拉紧并钉连在舱壁上。做法是，在舱壁上预先开锔槽，在外板开孔缝，把锔钉由外向内打进并就位在舱壁的锔槽内，再用钉将锔钉钉在舱壁上。如图5-13所示。

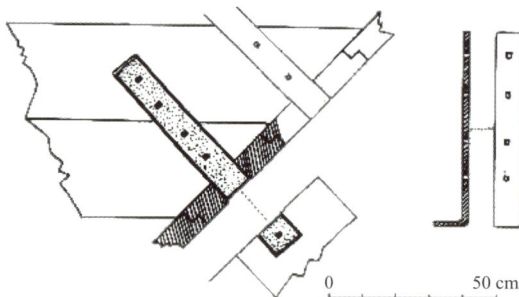

图5-13　泉州宋船所用的挂锔

　　挂锔这种灵活实用的建造古木船的工艺，20世纪80年代仍在江河与沿海建造木船地区使用。

　　泉州宋船另一先进之处在于，

舱壁板与壳板的交界处设有肋骨。值得注意的是，船中以前的肋骨都装在壁板之后，船中以后的肋骨又都装在壁板之前，这有助于舱壁板的固定和全船的整体刚性。近代铆接钢船上的水密舱壁设周边角钢，从功用到安装部位，这肋骨与周边角钢都是一致的，可以说后者是由前者演变而来的。[①]

蓬莱出土的元末古船证实了水密舱壁在元代已经获得普遍性应用，与出土的宋代船舶相比，在技术上更先进的是，相邻的板列不是简单的对接，而是采用凸凹槽对接，相邻板列更凿有错列的4个榫孔。显然，这种精细的结构有利于保持舱壁的形状，从而保持船体的整体刚性，当然也有利于保证水密性。上下壁板之间，薄板用竹钉或枣核钉及铲钉固定。厚板在上下壁板之间打入木榫。铲钉、枣核钉、木榫、倒直角形槽口、倒梯形槽口不但有利于舱壁板保持一个平面，而且极大地提高了横向抗剪切、抗位移的能力。其结构严谨合理、工艺先进，如图5-14所示。

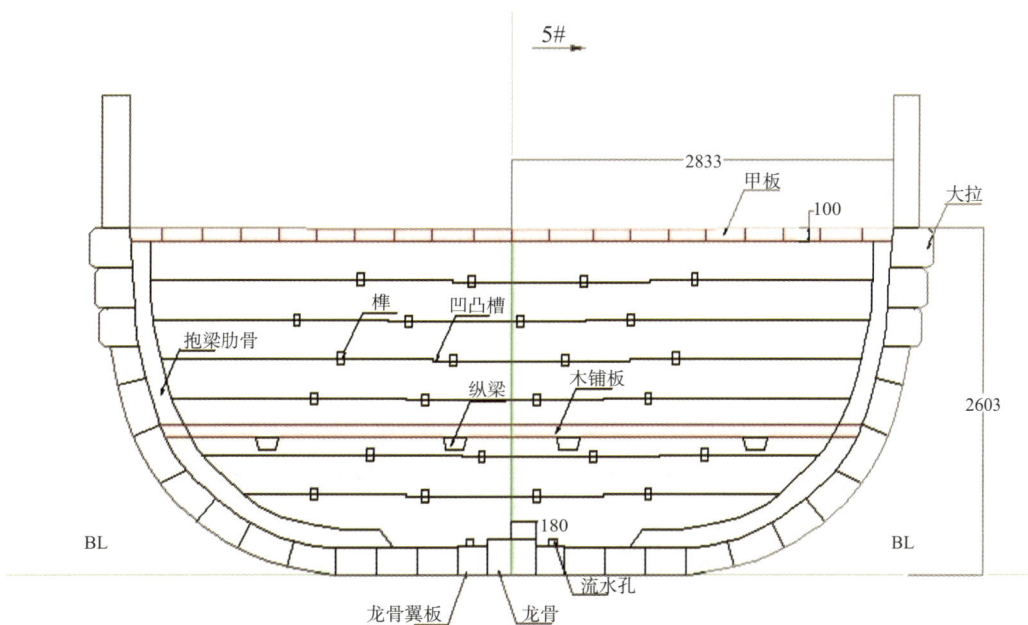

图5-14　蓬莱二号5号舱壁横剖面结构图（单位：mm）

蓬莱元末古船用挂锔连接水密舱壁和外板，在两舷舭转弯均设有局部肋骨，以船体最宽处为中心，凡前于此处的肋骨均设在舱壁之后，凡后于此处的肋骨均设在舱壁之前。其作用显然是为了固定舱壁而有利于船体的刚度与强度，也有利于舱壁

[①] 席龙飞：《中国古代海洋船舶》，海天出版社，2019，第90页。

及外壳板的水密性。这一点与泉州宋船一致，可见，这种建造方法已经是当时的船工所沿袭下来的成法，且普遍用于指导当时船舶的建造。

中国古代木船的舱壁多且间距小，使用水密舱壁有以下几个优点：首先，可以防止出现因某一舱室发生破损进水而殃及邻舱的情况；其次，水密舱壁将船舶内部进行了分舱，这样在货物的装卸和管理时比较方便；最后，由于舱壁板跟船壳板和龙骨紧密连接，加固了船体，不但增加了船舶的横向局部强度，还保证了船体的总纵强度，要是再加上舱边肋骨，船舶就会变得更加坚固牢靠。可以说，水密舱壁的设置不但极有力地增加了船舶强度，而且能使船舶抗沉性大大提高，十分有利于船舶向大型化发展。

四、木船桅结构的发展

中国古代木帆船的桅杆与西方船的桅杆不同。西方船的桅杆通常比较高，当木材长度不够时，是用长木搭接捆扎结成。中国船的桅杆是一根直棍形，当木材长度不够时，采用榫合法接长，并加有多道铁箍，便于帆的升降。西方船升降帆时，人员是靠绳梯上下。中国船帆只有特殊需要时，船员踩篷弓上下。至少在宋代，中国船的桅杆已经使用了可倒式，便于船舶过桥洞，或更换桅杆。在泉州出土的宋船上，保存下来的前桅座和主桅座上都留有两个桅夹柱孔（图5-15），并且在主桅前的第5号舱壁上留有宽300 mm、残高340 mm的方形孔，证实了宋代已经采用了可眠桅、卸桅技术。

（1）前桅座　　　　　　　　　　　　　（2）主桅座

图5-15　桅　座

桅杆在风帆的带动下，使推力作用在固定在桅杆两侧的桅夹上，而桅夹通常延伸到甲板以上，整个桅夹跟舱壁紧密相连，如前文提到，舱壁和船体通过种种手段形成整体，实际上是整个桅夹拉动木船整体向前航行，因此不必担心可眠桅的强度问题。

桅杆有直棍形桅和人字桅。人字桅见于内河船，转轴一般设在上层建筑顶部。直棍形桅桅杆下方设桅夹，桅夹下方设桅座。桅座、桅夹固定于舱壁和船底，桅夹与桅座之间用凹凸榫定位。中国古船的桅座、桅夹都是设置在舱壁的船首一方，当然直棍形桅同样可倒。桅舱的前后壁不开流水孔，这是中国古船的建造规律。桅杆的数量根据船的大小设置多少有所区别，小型船舶1～2个，中型或大型船舶3～7个。郑和下西洋时，最大的宝船是9桅12帆。郑和宝船复原图纸上的桅结构，如图5-16所示。

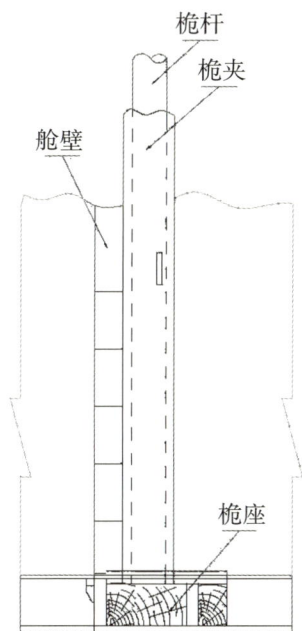

图5-16　复原后的郑和宝船桅杆结构图

第二节　郑和宝船结构的复原图纸再现

郑和宝船结构复原方案的确定主要从已出土古船考古成果、现代木船结构规范等方面来考虑。

一、基于考古成果的郑和宝船典型特点分析

明代初期，古代造船技术和工艺到达巅峰，而之后的海禁使得发达的中国造船业迅速衰败下来。明代木帆船的建造技术既继承了之前诸代的传统，又有所发展，形成中国帆船的如下特色：

中国古帆船总体上采用纵帆型布局、硬帆式结构。远洋航行的船舶采用底尖上阔、首昂尾高的船型，并配有土石压载。李心传撰《建炎以来系年要录》有"粮储器杖，置之簧版下"，《明史·兵志》中写道"其制上下三层，下实土石，上为战场，中寝处"。在土石或货物压载的上面架上纵梁可以铺上"簧版"即木铺板，上面可以供人休息。

中国古船的龙骨通常由主龙骨、尾龙骨和首柱三段构成。其连接处选在弯矩较小的部位，为了保证连接节点处的结构强度，通常是在龙骨的端接部位设置龙骨补强材。龙骨补强材置于龙骨端接处上方、用铁钉与龙骨钉连、在端接处附近设置横舱壁，通常跨搭端接处前后3个舱壁。龙骨补强材首见于出土的元末明初蓬莱一号古船。

中国木船主要是由多而密的舱壁来支持船体结构，提供足够的强度，这些舱壁为水密舱壁，一般在舱壁下方留有流水孔，平时用木塞或麻棉布类堵上，保证舱壁水密。当舱内有少量积水时，水可以经流水孔流至舱内的最低处，以便于排除积水。同时，水密舱壁也提高了船舶的破舱稳性。在舱壁板与壳板的交界处设有舱壁肋骨或局部肋骨。船中以前的肋骨都装在壁板之后，船中以后的肋骨又都装在壁板之前，从而有利于舱壁板的固定和全船的整体刚性。

中国古船的壳板横向的连接缝多是平接与搭接混合使用，纵向则采用"斜角同口""滑肩同口"和"直角同口"等方法。在元末明初还出现了双头钩子同口和带榫

头的钩子同口，以尽量减少端缝处在连接强度上的削弱。值得注意的是，从出土的古船来看，外板板列的端接缝均选在横舱壁处，以舱壁对外板板列的强力支撑来增强接缝处的连接强度。

壳板的钉连技术在唐宋时期已经相当成熟。壳板在连接部位以木榫榫合，并塞入麻丝捻料，还加以铁钉。铁钉的形状多种多样，有铲钉、方钉、枣核钉、爬头钉、扁头钉，适合不同连接结构的钉连。其中最为重要、最具有技术先进性的就是前文提到的由战国时代铁箍拼连技术发展而来的挂锔或称锔钉。以泉州宋船发现的锔钉为例，其长约500 mm、宽50 mm、厚6 mm，锔钉上有4个孔钉在舱壁上，下端折成直角，用以钩住外板。水密的横舱壁即用挂锔连接外板，不但起到使横舱壁支撑外板的作用，而且严格限制了横舱壁的位移。

二、现代木船结构规范与一般木船强度分析

在国际上，适用规范是挪威船级社（DNV）的*Rules for Woodenships*；在国内，适用规范是《中国渔船检验规范》。

1987年中华人民共和国船舶检验局渔船分局颁布的《木质海洋渔船建造及检验规定》对主要构件有如下规定：龙骨、内龙骨大于18 m时，可分成3段组合。龙骨、内龙骨接头的结合面应涂油灰并紧密结合。接头末端为2个螺栓并列。其余螺栓为单列，间距应不大于300 mm。龙骨两侧边缘须开纵沟与龙翼板镶接。

首柱应为整材，直线形首柱允许用二材拼合成组合首柱，拼接缝内为副首柱。曲线形首柱必须嵌接于龙骨上，直线形首柱、副首柱应榫接于龙骨上，两者均须通过首肘材用螺栓紧密连接。首肘材贴合面长度应不少于3～5个肋距。

尾柱应为整材，其下端应榫接于龙骨上，如其上端通至甲板横梁，应用至少2枚螺栓将尾柱与甲板横梁紧固，并通过尾肘材与尾管材紧密连接，并将尾纵中材榫接于尾柱上。尾管材用整材或上下二材组成，如系后一种尾管材，其上下二材在尾管孔两侧用螺栓紧固。尾纵翼材应各桡一整材。尾纵翼材与尾柱、舵柱及填充材之间用贯通螺栓固定。尾纵中材榫接于尾柱上。

舱壁应紧密固定在肋骨侧面和舱壁座上，用扶强材或其他方法加固。舱壁座镶嵌在龙骨面上。

各内部纵通材应贯通船的首尾。船底纵通材、受梁材、舭部纵通材、舷墙内纵通材，可三材镶嵌，但在首中尾部不允许有2个接头。舷侧纵通材，允许四材嵌接。

外部各列板材中龙骨翼板、龙骨副翼板及普通外板，在船中部的长度应不少于

12个肋距，宽度一般不大于板厚的4倍；在船首、尾部的长度应不少于5个肋距，宽度不大于板厚的3倍。

甲板横梁、舱口端梁、短横梁应为一整材。降班横梁的两段与肋骨、受梁材紧密贴合。甲板板的长度除2个舱口间或首、尾端外，应不少于6个横梁间距，宽度不大于板厚的3倍。首、尾设有升高甲板时，其舷墙内外纵通材应延伸到首、尾端，并可兼作升高甲板的受梁材。

基座木应为一整材，左右同一材种。舱口围板、甲板室围壁应装置在甲板横梁和短纵梁上，并用螺栓紧固，螺栓间距应不大于450 mm。舱口应设有舱口盖，木质舱口盖的厚度应不小于35 mm。舱口围板和舱口盖均应设有足够的封舱环（或钩）。

现代船木规范主要是针对肋骨形式的木船做出标准，不适用于中国古代木船的结构形式，仅可以在一定程度上提供参考。

三、郑和宝船典型结构的图纸再现

郑和宝船基本结构如图5-17所示。

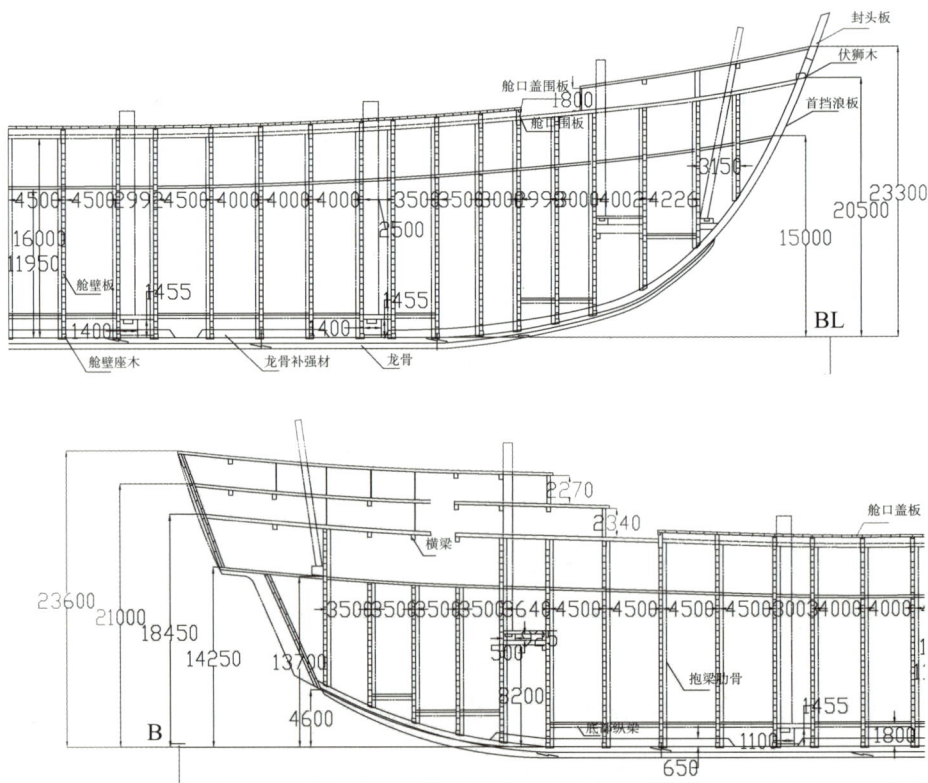

图5-17　宝船基本结构图（纵剖视图　单位：mm）

如图5-18所示，宝船复原后有双层甲板，共设有28道舱壁，除第1、2、3号舱壁延伸至下甲板外，其余舱壁均至主甲板。与许多欧洲古船广设横向肋骨以增强横向强度的模式不同，中国古船是以多数横舱壁来保证横向强度和船舶总体刚性的。在舱壁与外板的交接处，设有舱壁肋骨，以船舶中部最宽处为界，船中以前的肋骨都装在壁板之后，船中以后的肋骨都装在壁板之前。这种装配方式可以保证舱壁不至于向后或向前位移，从而极有利于船舶总体刚性。这种结构在韩国出土的新安船和前文提到的宋朝泉州船上都有体现。

在船舶下方设置两对纵向横梁，上铺木铺板，下方放土石压载，上方可住人或放置货物。

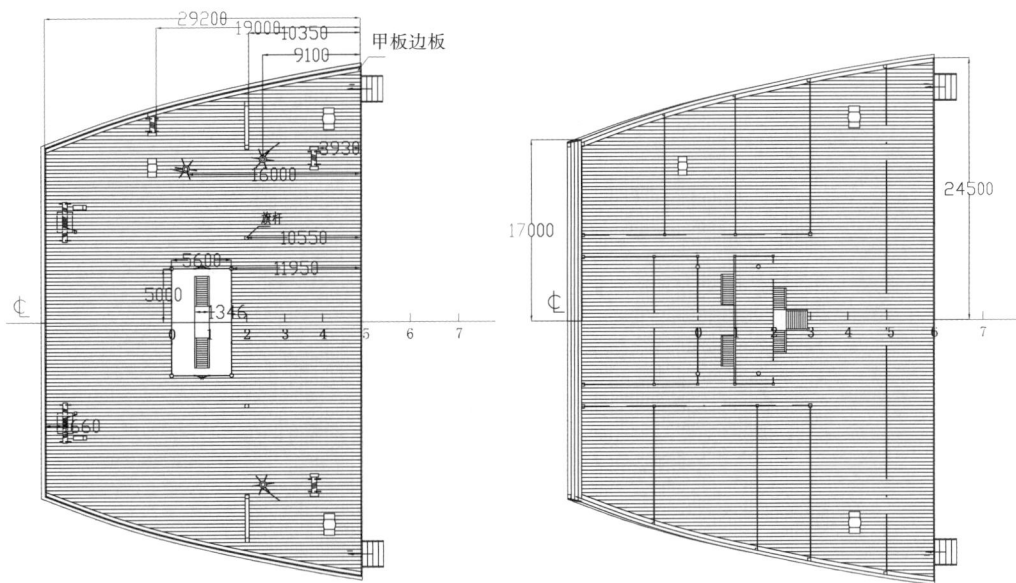

（1）尾楼露天甲板　　　　　　　　（2）尾楼甲板

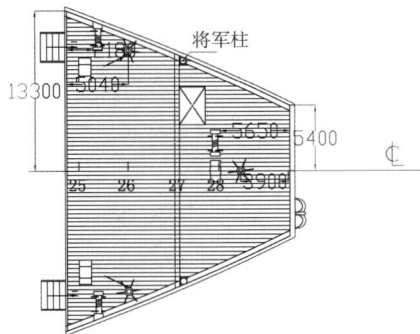

（3）首楼甲板

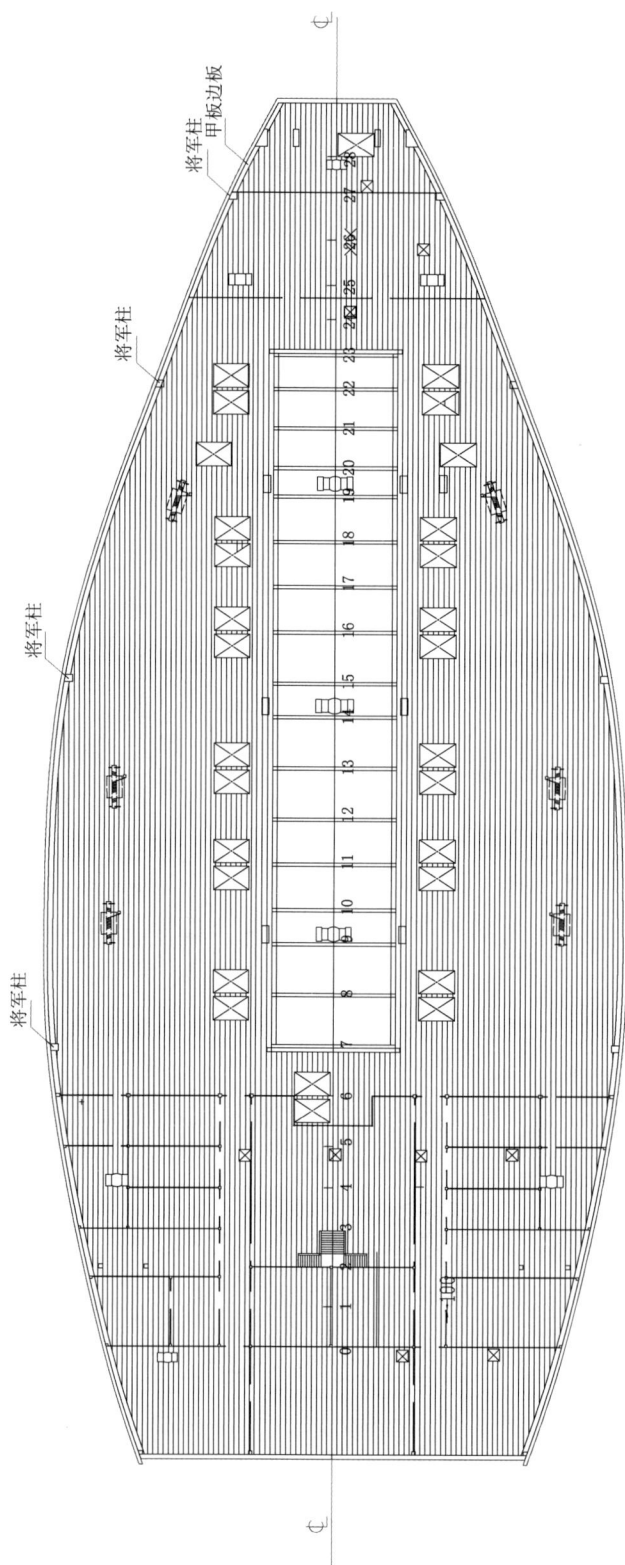

（4）主甲板

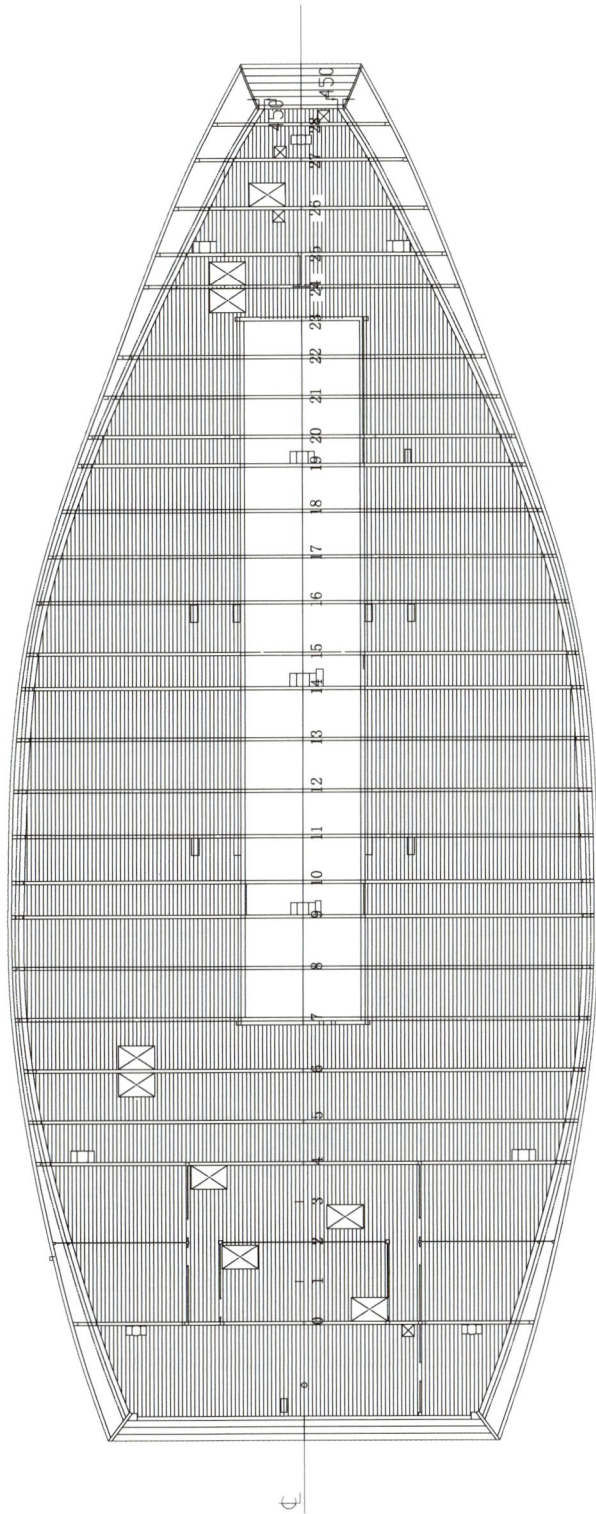

（5）下甲板

图5-18 宝船各层甲板图（单位：mm）

　　宝船上层建筑基本结构图依托于总布置图，用厚35 mm的木板作舱室壁板划分舱室。如图5-19所示。

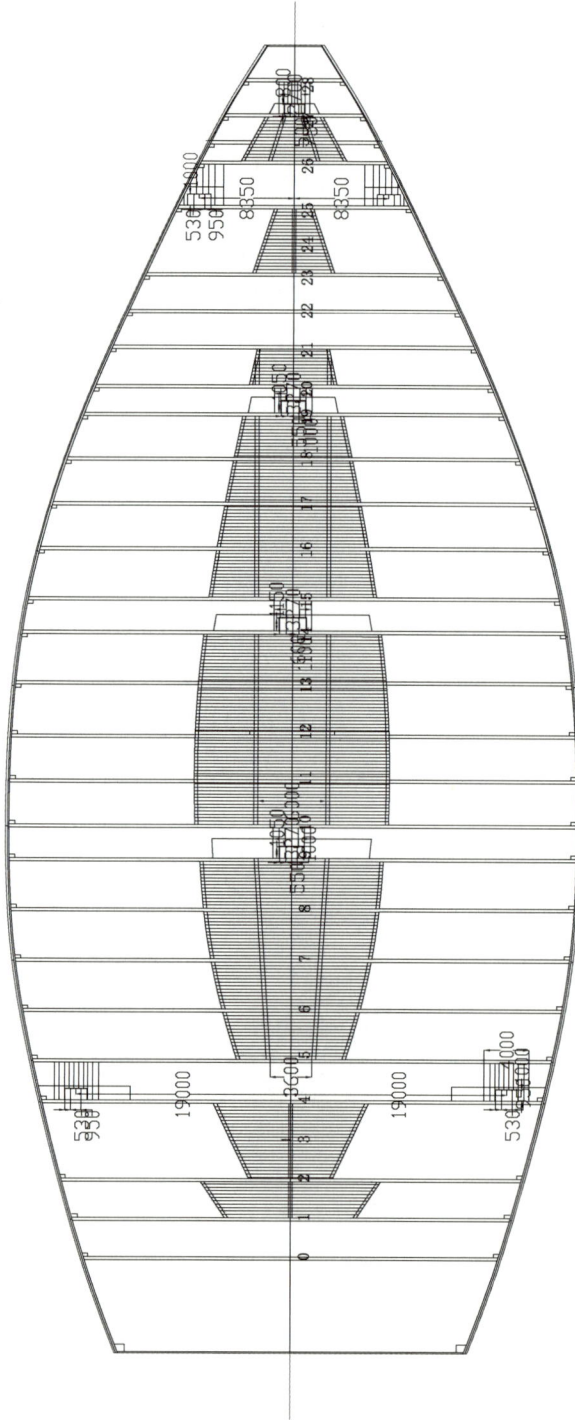

图5-19　舱室基本结构图（甲板与舱底）

主甲板厚300 mm、下甲板厚200 mm、木铺板厚150 mm。揭去木板后，显示骨架平面图，如图5-20所示。

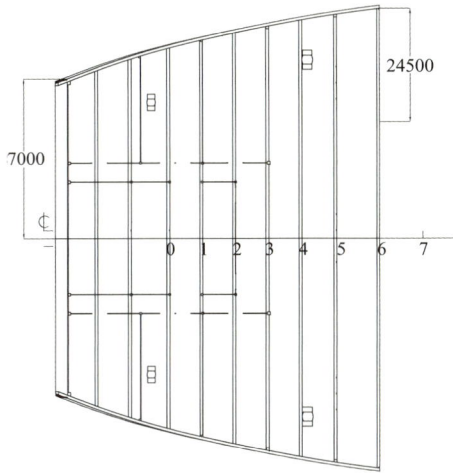

（1）尾楼露天甲板（单位：mm）

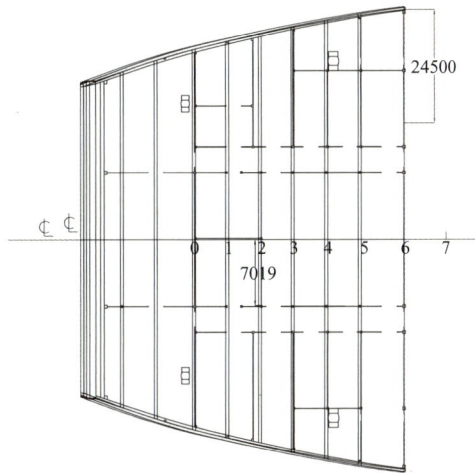

（2）尾楼甲板（单位：mm）

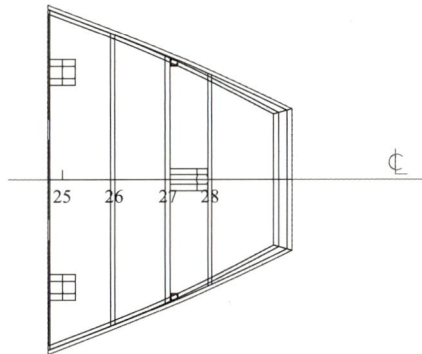

（3）首楼甲板

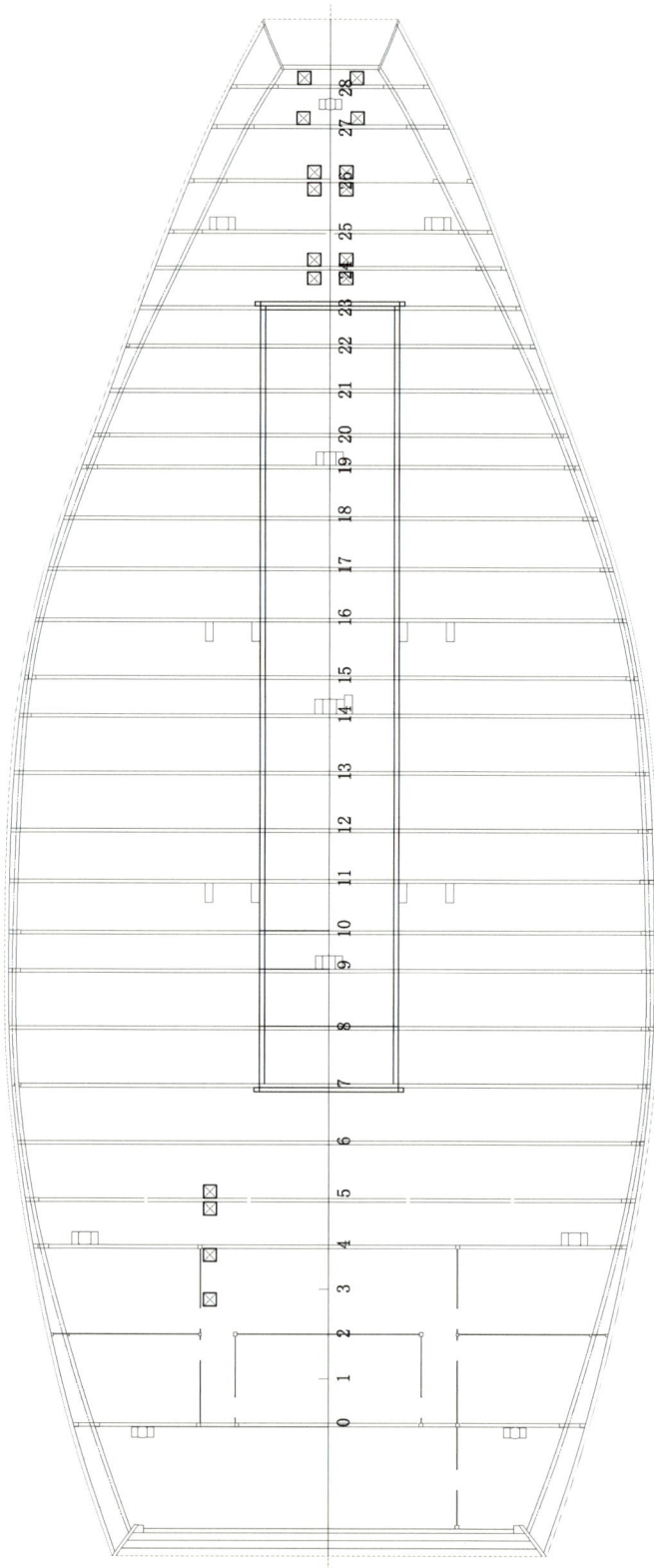

（4）主甲板

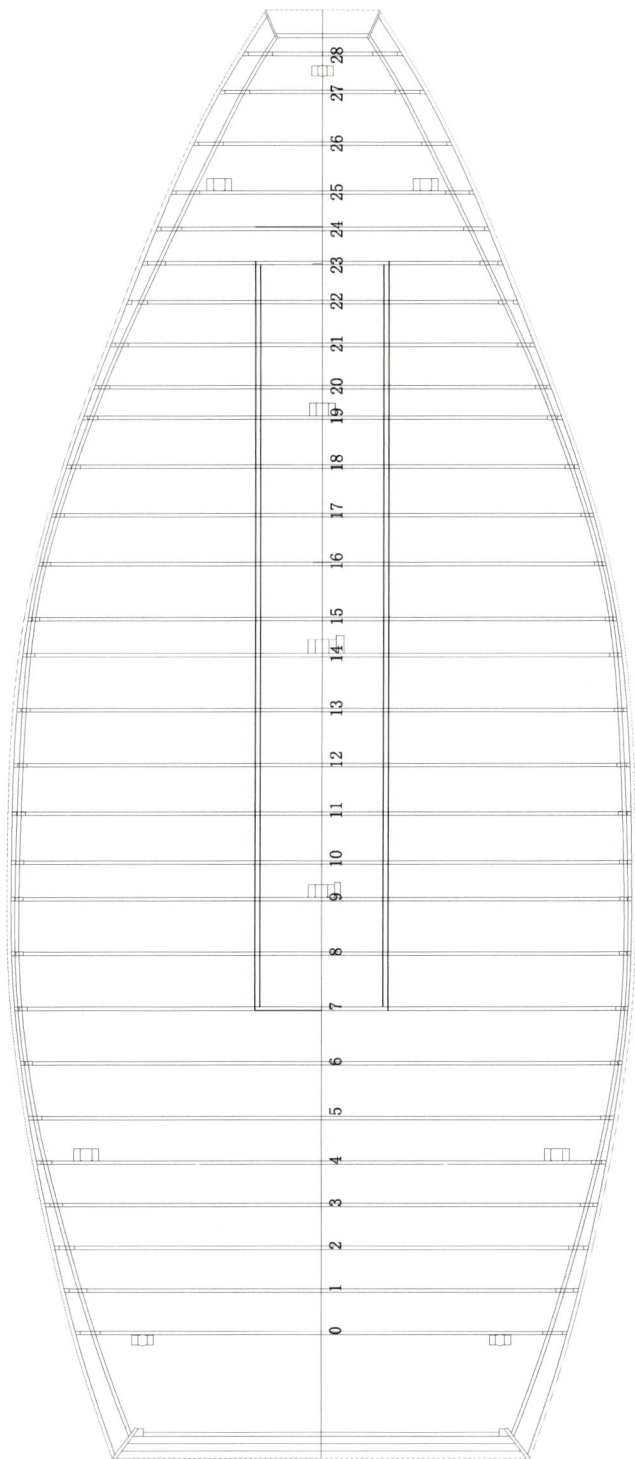

（5）下甲板

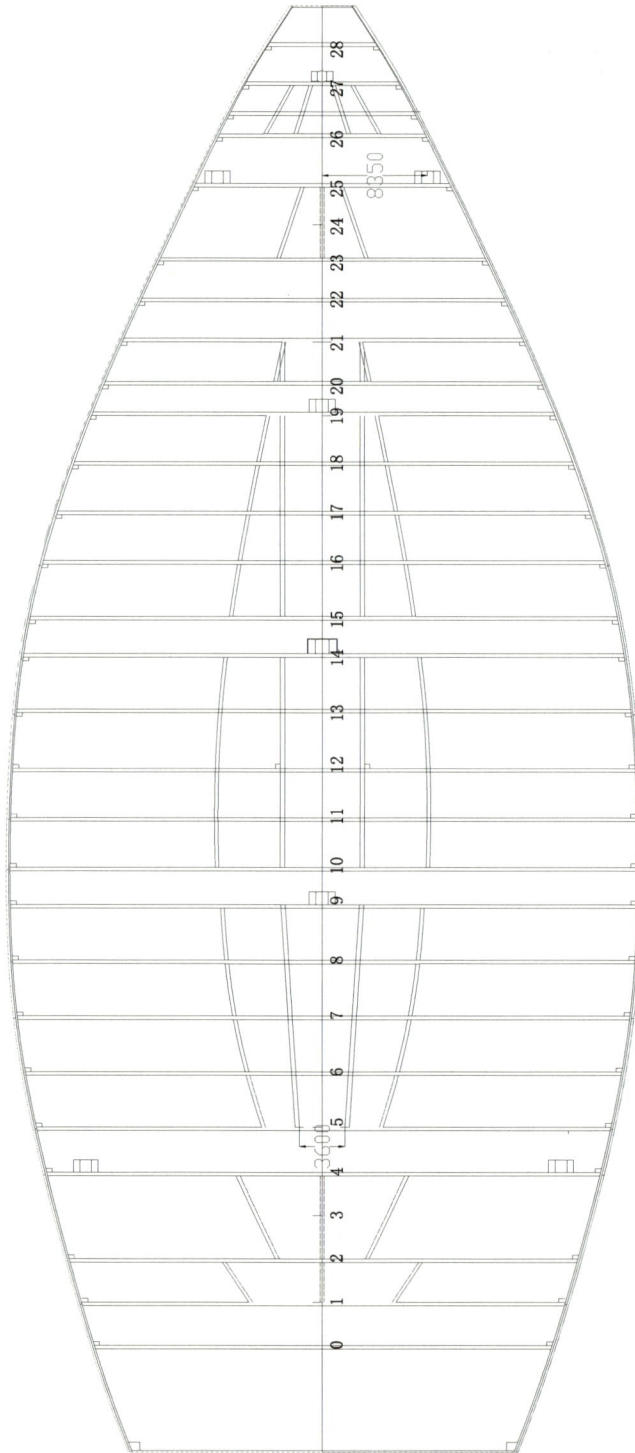

（6）舱底图

图5-20　骨架平面图

宝船第16号舱壁横剖面图，如图5-21所示。图中， 1. 龙骨，2. 排水孔，3. 龙骨补强材，4. 龙骨翼板，5. 龙骨副翼板，6. 木铺板，7. 木铺板纵梁，8. 密封横舱壁板，9. 榫槽，10. 舭龙骨，11. 舭龙骨腹板，12. 下甲板，13. 下甲板边板，14. 抱梁肋骨，15. 横梁，16. 主甲板，17. 主甲板边板，18. 大拉，19. 舷墙。

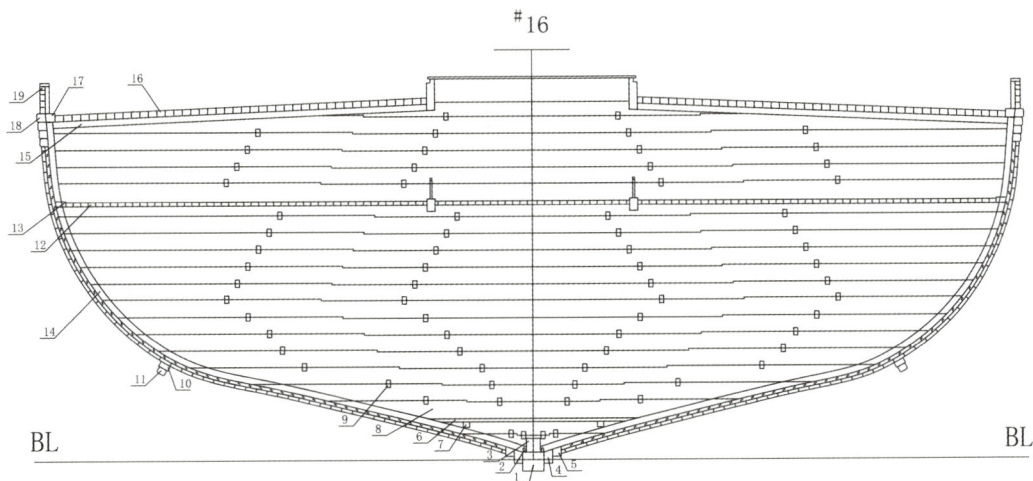

图5-21　第16号舱壁横剖面图

除首尾防撞舱壁、柁舱的前后壁外，每一道水密舱壁下方都留有流水孔，可用木塞或麻棉布堵上。从横剖面图上可见，舱壁相邻板列采用凹凸槽平对接，并凿有4个榫孔，以利于保持舱壁的形状，从而保持船体的整体刚性。

船舶外板采用双重板结构，参考泉州出土的宋代海船，外板内层板采用直角启口板对接，内层板采用平面对接。双重板每层有150 mm厚，从而使外板厚度达到300 mm。船壳板叠成阶梯状，使船在风浪中颠簸时减少左右摇摆，以获得较大的稳性。船壳板作为纵向强力构件，必须具有足够的强度，若用单层板，不仅弯板困难，而且由于板材具有的残留应力而有损于强度，是不可取的。用较薄的多重板代替厚板，加工弯曲就容易许多，只要保证多重板之间连接紧固，对船舶的总强度就没有多大影响。此外，多重板结构还可以更好地抵御腐蚀。如在两层板之间填充防海蛆剂，则船蛆不能进入内层壳板，只要更换外层板就可以了。外板的端接缝均选在横舱壁处，以舱壁对外板板列的强力支撑来增强接缝处的连接强度。

水密横舱壁用挂锔连接外板，不但起到使横舱壁支撑外板的作用，而且严格限制了横舱壁的位移。铁钉有枣核钉和铲钉2种，锔钉上有4个钉孔，用铁钉钉在舱壁上。锔钉下端折成直角，用以钩住双重板中内侧的木板。如图5-22所示。

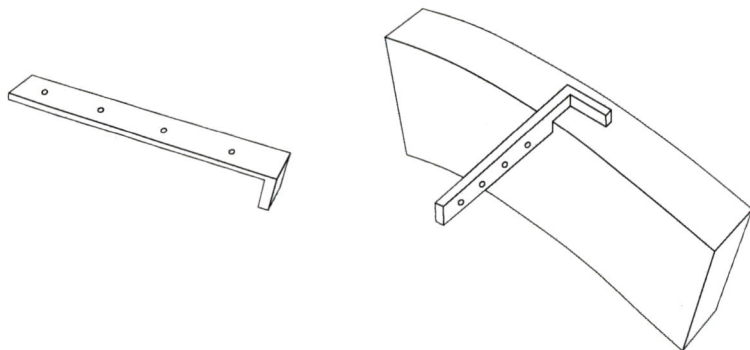

图5-22　铜钉与挂铜的连接形式

　　宝船龙骨采用双重板结构，上下两重板紧密相接，由于船长过长，采用多根木材相接，端接处用钩子同口连接，上下的端接处错开，并且在上方用龙骨补强材加强强度，最前方的补强材与首柱连成一体。如图5-23所示。

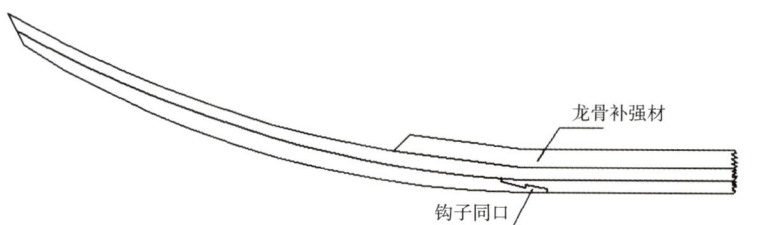

（1）龙骨尾部

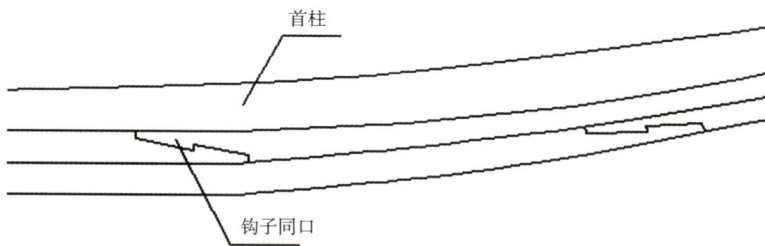

（2）龙骨首部

图5-23　龙骨结构图

　　从出土文物看出龙骨上的补强材长度有一定要求。本复原设计即参照了出土文物，亦参照了现代木船建造规范。文物与规范基本是一致的。

外板在厚度方向上采用前文提到的紧密相连的双重板结构，在纵向上，由于船长很长，曲度较大，将木板纵向拼接，可以采用多种连接方式以满足不同地方的强度要求。但以钩子同口为主。如图5-24所示。

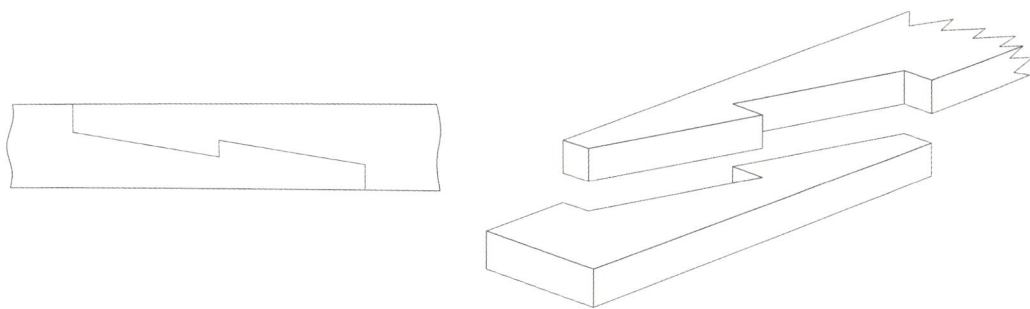

图5-24 钩子同口

复原设计主要构件的尺寸，如表5-1所示。

表5-1 主要构件尺寸表（单位：mm）

构件	尺寸	构件	尺寸
主龙骨	800×900	龙骨翼板	650×400
龙骨补强材	650×650	龙骨副翼板	450×400
舱口纵桁	380×1200	船底板	厚330
主甲板横梁	300×600	舭板	厚360
舱壁肋骨	300×300	舷侧板	厚330
尾楼露天甲板横梁	300×600	舭龙骨	250×500
尾楼甲板横梁	300×600	舭龙骨腹板	300×400
首楼甲板横梁	300×600	头拉	400×400
木铺板纵梁	260×300	二拉	390×400
舱室角柱	300×300	三拉	380×380
将军柱	450×450	四拉	370×370

（续表）

构件	尺寸	构件	尺寸
尾楼露天甲板	200×350	尾楼甲板	200×350
尾楼露天甲板边板	240×450	尾楼甲板边板	240×450
主甲板	300×450	首楼甲板	200×300
主甲板边板	320×450	首楼甲板边板	240×450
下甲板	200×350	木铺板	厚150
下甲板边板	240×450	封头板	厚600
舷墙板	厚200	首挡浪板	厚600
舱室壁板	厚35	机关板	厚390
大舱口盖板	厚200	尾挡浪板	厚390
大舱口盖围板	厚50	水密舱壁	厚290

第三节　郑和宝船结构及强度分析

郑和宝船因尺度和结构的特殊性，现有规范均无法使用。因此，这里采用目前广泛应用的有限元直接计算方法对宝船的整体和局部结构进行强度分析。

中国古代的船舶除了连接用的铁钉和挂锔外，其他船体构件全都是采用各种木材制成。木材、复合材料、多孔材料和混凝土这些典型的非匀质材料，它们的宏观性能与微观结构是密切相关的。而非均质材料的结构往往过于复杂，若不加任何处理和假设，将其理论应用于工程实际就会非常困难，因此首先需要寻找材料有效性能的均质化方法。微观结构呈周期性变化的材料，其宏观性能也是以重复性模式变化的。本方法的基本思想是用等价的均匀连续体替代复杂的周期性微观结构材料的平均特性。经过均质化假设后，木材可以作为正交各向异性材料，就可以通过有限元方法对其进行建模分析。

一、总强度校核分析

1. 基本假定和简化

（1）计算中，假定木船结构处于线弹性工作状态，即满足线性几何关系（小应变、小变形状态）、线性应力–应变关系，且载荷与边界条件不随变形而发生变化。

（2）所有构件之间的连接均为刚性的。

（3）对层板叠合构造，取其平均板厚（假定外板内外边界均为光顺的）。由于各种构件之间均采用刚性连接，模型中忽略了环向肋骨、挂镉、销钉等局部节点的构造。

（4）模型中只考虑了参与总强度的主要受力构件，对于底舱铺板、舱口盖、舱室壁板等非主要受力构件及结构开孔进行了简化。

2. 计算模型的建立

按复原相关布置和结构图纸建立全船有限元模型，由于船体左右布置基本对称，计算时的载荷同样为左右对称加载，故建立全船二分之一模型，如图5-25所示。在对称处添加对称边界条件。

图5-25　全船二分之一有限元计算模型

整个模型共采用了20 089个单元，其中1 481个单元为BEAM188梁单元，用于模拟龙骨、甲板横梁、舱口围板和抱梁肋骨等强构件。其余单元均为shell 181壳单元。整体坐标系X向为船宽方向，Y向为船长方向，Z向为船深方向。如图5-26所示。

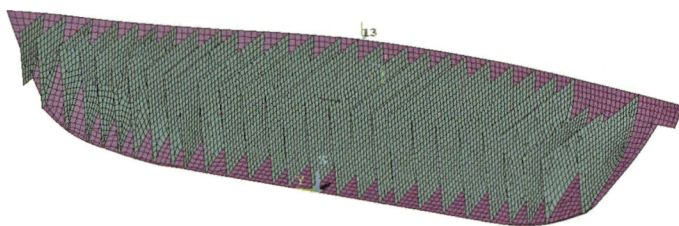

（1）舱壁模型

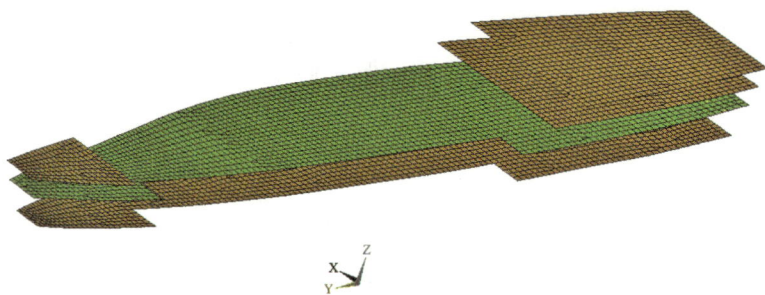

（2）各层甲板模型

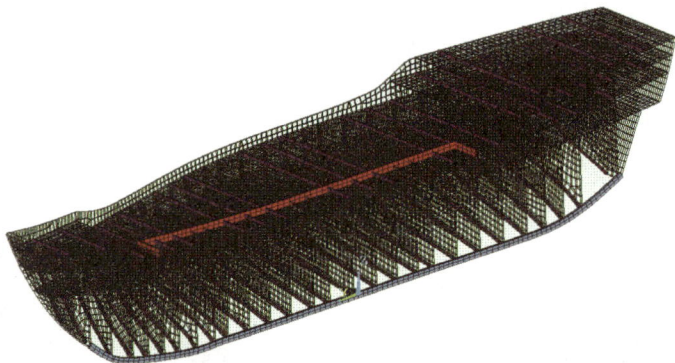

（3）抱梁肋骨模型

图5-26 宝船梁单元模型

3. 构件板材的材料参数

木材在力学性质方面都具有特别显著的各向异性，这是由其特殊的组织构造所决定的。图5-27表示木材的三向轴和三向切面。图中，L—纵向，T—弦向，R—径向，LR—径切面，RT—横切面，LT—弦切面。木材的纵向是指与木纤维平行的方向，即顺纹方向；弦向、径向是指与木纤维垂直的方向，即横纹方向，如图（1）所示。图（2）是从原木中任意截取的一小块，并不完全正交；若是按照图（3）所示的部位进行取材，则木材的三向轴两两正交。这时可将木材作为正交各向异性材料。

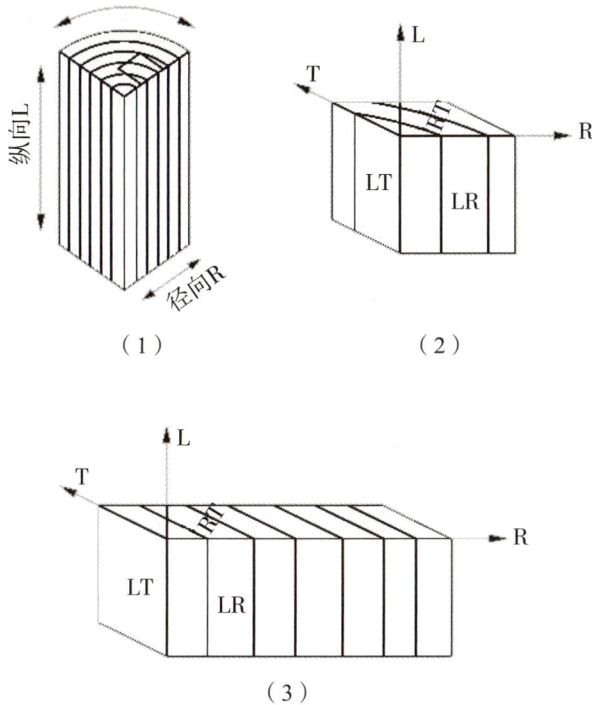

（1）　　　　　　　　　　　　（2）

（3）

图5-27　木材三向轴和三向切面

本节采用ANSYS中的正交各向异性材料对木材进行仿真，材料的具体参数见表5-2。壳单元的板厚按结构复原图纸设置，详见表5-3。由于采用正交各向异性材料，在建模过程中按着木纹方向对单元的方向进行了调整，各构件方向参见表5-4。实船中采用了多种木材，在仿真中统一简化为含水率9.7%的松木。

表5-2　材料属性[①]

材料	松木（含水率9.7%）
密度/（mg/m^3）	540
E_L/（kN/mm^2）	16.61
E_R/（kN/mm^2）	1.12
E_T/（kN/mm^2）	0.58

① KennJensen：DocumentationandanalysisofAncientShips，PhDThesisofDTU（Denmark Technology University），1999

（续表）

材料	松木（含水率9.7%）
v_{TL}	0.44
v_{RL}	0.31
v_{TR}	0.61

表5-3　壳单元属性

编号	板厚/mm	适用构件
1	200.0	横舱壁
2	240.0	船底板
3	200.0	主甲板
4	180.0	上甲板
5	180.0	中间甲板、下甲板
6	240.0	主甲板以上舷侧
7	240.0	舷侧外板及首尾封板
8	350.0	舷顶列板（大拉）

表5-4　板单元方向设置（船宽方向为X向，船长方向为Y向）

构件说明	木纹方向
横舱壁	X
首封板	X
船底	Y
主甲板	Y
下甲板	Y
尾楼甲板	Y
首楼甲板	Y
舷侧外板	Y

（续表）

构件说明	木纹方向
主甲板以上舷侧外板（舷墙等）	Y
尾封板	X

4. 边界条件

在进行整船结构三维有限元强度分析时，除了对船体首、尾节点施加约束以消除船体的刚体位移外，构成船体有限元模型的节点上不施加任何位移约束。在船体尾部中剖面选取一节点约束X、Y、Z的位移，首部中剖面选取一节点约束X、Y方向位移，允许船体沿纵向自由变形，同时保持整个结构模型无刚体变形。计算结果表明，各工况下约束的反力都相对很小，约束对整体结构的变形和应力影响不大。

5. 计算工况和载荷

全船结构重量由程序自动以惯性力计入，工况说明见表5-5。

表5-5　宝船的计算工况说明

编号	工况名	空船重量	货物重量	舷外水压力
1	静水	√	满载	静水
2	波浪中拱	√	满载	波浪中拱
3	波浪中垂	√	满载	波浪中垂

根据排水量计算，全船排水量约为18 300 t左右，除去软件自行计算的船体结构重量，将剩余重量进行平均以节点力的形式施加船体下部内表面。通过适当的重心调整，使重心与船体心位置一致。在中拱和中垂计算中，取波高$h=6.0$ m、波长$\lambda=10^{5}$ m（船体水线间长），波形为规则余弦波（波峰或波谷正好在水线长度的中心——最危险的状态）。

不同工况下的舷外水压力，如图5-28所示。

−842935	−749275	−655616	−561957	−469297	−374638	−280978	−187319	−93659.4 0

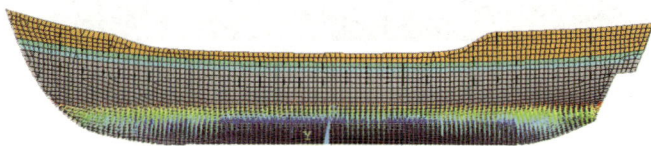

（1）静水条件下的舷外水压力

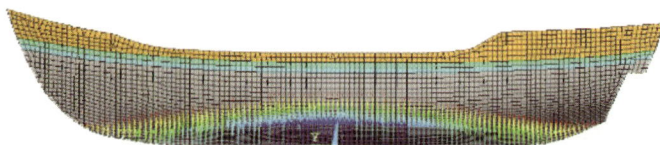

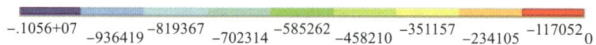

−.1056+07	−936419	−819367	−702314	−585262	−458210	−351157	−234105	−117052 0

（2）波浪中拱条件下的舷外水压力

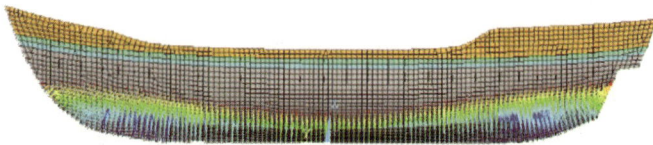

−.1036+07	−916724	−802133	−687543	−572952	−458362	−343771	−229181	−114590 0

（3）波浪中垂条件下的舷外水压力

图5-28　不同工况下的舷外水压力

6. 计算结果

（1）变形的结果

在以上3种工况下，计算得到的模型的变形结果如图5-29所示。

从变形结果可以看出，波浪条件对船体的变形有足够大的影响。

在静水状态，船体为中拱变形（浮力分布中间大两头较小）最大挠度约6.92 cm。

波浪中拱状态，船体的中拱变形加大，最大挠度约13.1 cm。

波浪中垂状态，船体改为中垂变形，最大挠度约为1.14 cm。

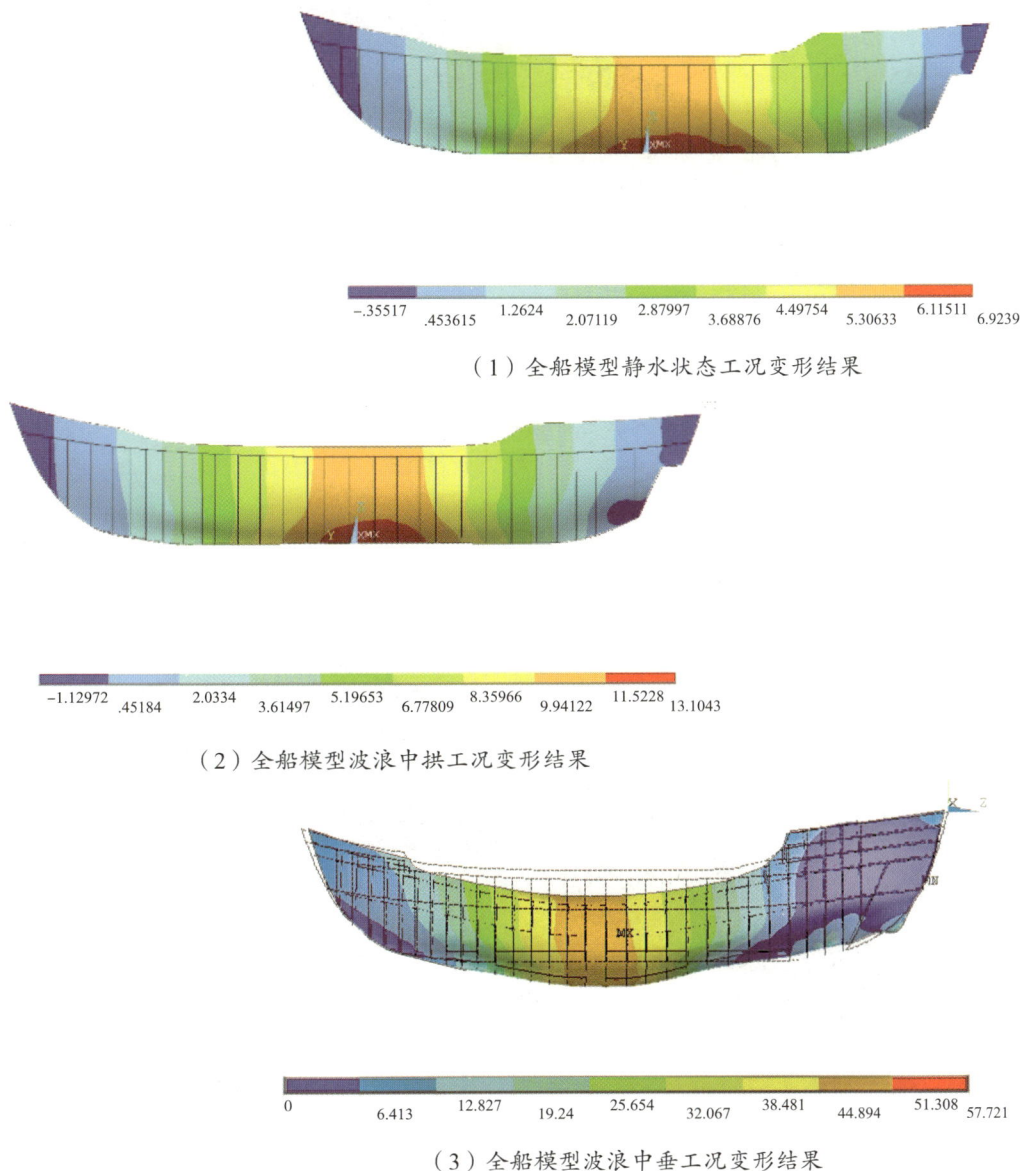

-.35517　.453615　1.2624　2.07119　2.87997　3.68876　4.49754　5.30633　6.11511　6.9239

（1）全船模型静水状态工况变形结果

-1.12972　.45184　2.0334　3.61497　5.19653　6.77809　8.35966　9.94122　11.5228　13.1043

（2）全船模型波浪中拱工况变形结果

0　6.413　12.827　19.24　25.654　32.067　38.481　44.894　51.308　57.721

（3）全船模型波浪中垂工况变形结果

图5-29　不同工况下，全船变形结果（单位：mm）

（2）结构单元应力计算结果

不同工况下，各结构单元方向应力分布如图5-30所示。

TIME=1
SX　　　（NOAVG）
RSYS=0
DMX=16.6371
SMN=-.746E+08
SMX=.770E+08

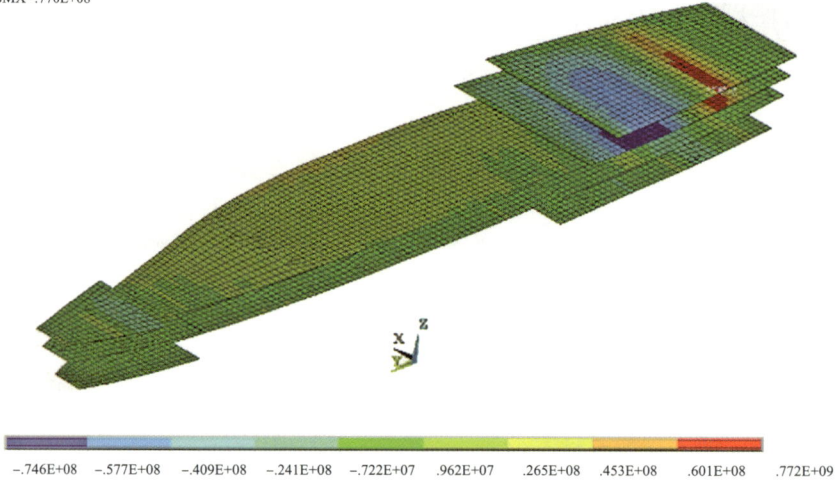

−.746E+08　−.577E+08　−.409E+08　−.241E+08　−.722E+07　.962E+07　.265E+08　.453E+08　.601E+08　.772E+09

（1）静水工况，甲板部分顺纹方向应力分布

SZ　　　（NOAVG）
RSYS=0
DMX=16.6371
SMN=-483569
SMX=501606

−.483569　−374105　−264641　−155177　−45713.5　62750.4　173214　282578　392142　501606

（2）静水工况，甲板部分厚度方向应力分布

SX　　　　（NOAVG）
RSYS=0
DMX=16.6371
SMN=-1.00E+08
SMX=.114E+08

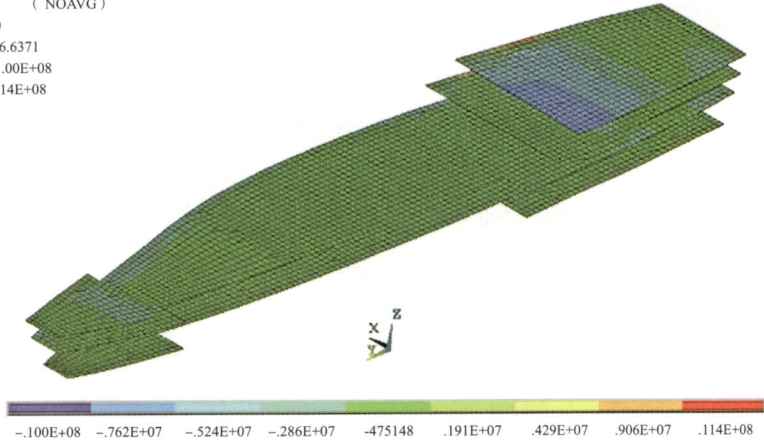

−.100E+08　−.762E+07　−.524E+07　−.286E+07　-475148　.191E+07　.429E+07　.906E+07　.114E+08

（3）静水工况，甲板部分垂直木纹方向应力分布

SX　　　　（NOAVG）
RSYS=0
DMX=6.78075
SMN=-3.40E+08
SMX=.268E+08

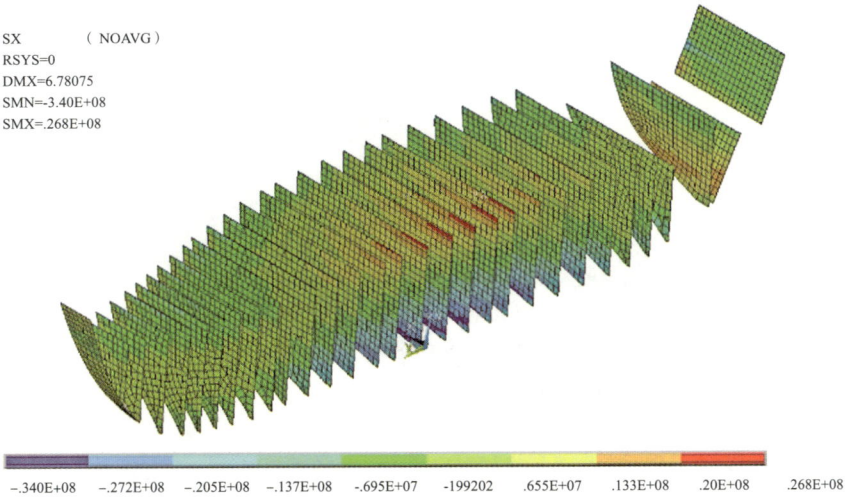

−.340E+08　−.272E+08　−.205E+08　−.137E+08　−.695E+07　-199202　.655E+07　.133E+08　.20E+08　.268E+08

（4）静水工况，舱壁部分顺纹方向应力分布

SZ　　　　（NOAVG）
RSYS=0
DMX=6.78075
SMN=-.875E+07
SMX=.773E+07

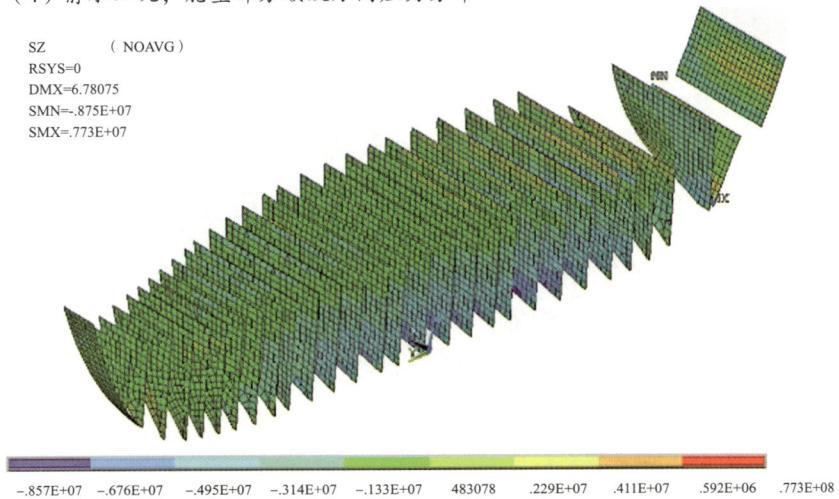

−.857E+07　−.676E+07　−.495E+07　−.314E+07　−.133E+07　483078　.229E+07　.411E+07　.592E+06　.773E+08

（5）静水工况，舱壁部分垂直木纹方向应力分布

SY   （NOAVG）
RSYS=0
DMX=6.78075
SMN=-.178E+07
SMX=.151E+07

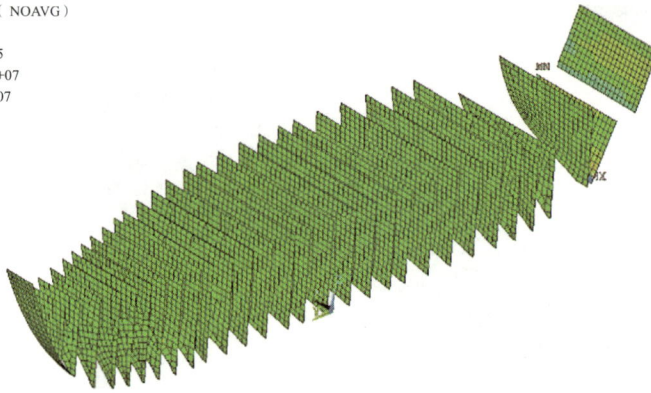

−.178E+07 −.142E+07 −.105E+07 −683384 −317285 48814.8 414914 781014 .115E+07 .151E+07

（6）静水工况，舱壁部分厚度方向应力分布

SY   （NOAVG）
RSYS=0
DMX=6.93905
SMN=-.596E+08
SMX=.494E+08

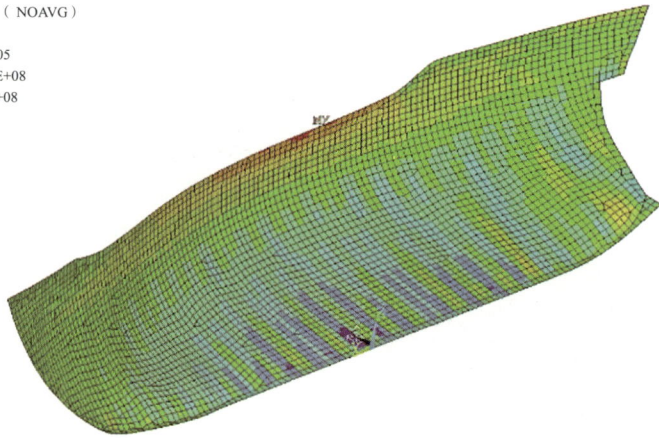

−.596E+08 −.475E+08 −.353E+08 −.232E+08 −.111E+08 979140 .131E+08 .252E+08 .373E+08 494E+08

（7）静水工况，外板部分顺纹方向应力分布

SZ   （NOAVG）
RSYS=0
DMX=6.93905
SMN=-.176E+08
SMX=.171E+08

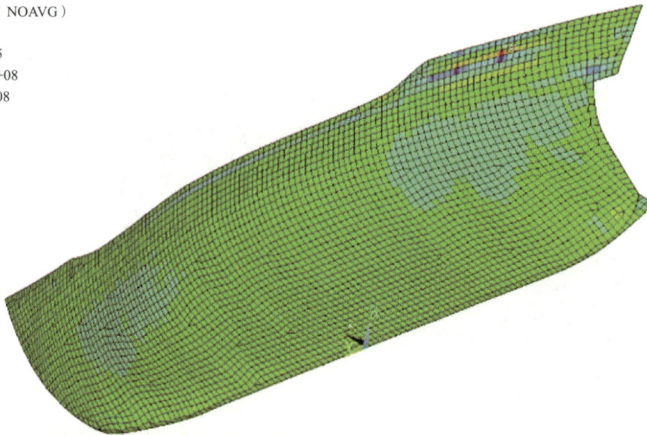

−.175E+08 −.138E+08 −.992E+07 −.607E+07 −.211E+07 .164E+07 .550E+07 .825E+07 .132E+08 .171E+08

（8）静水工况，外板部分垂直木纹方向应力分布

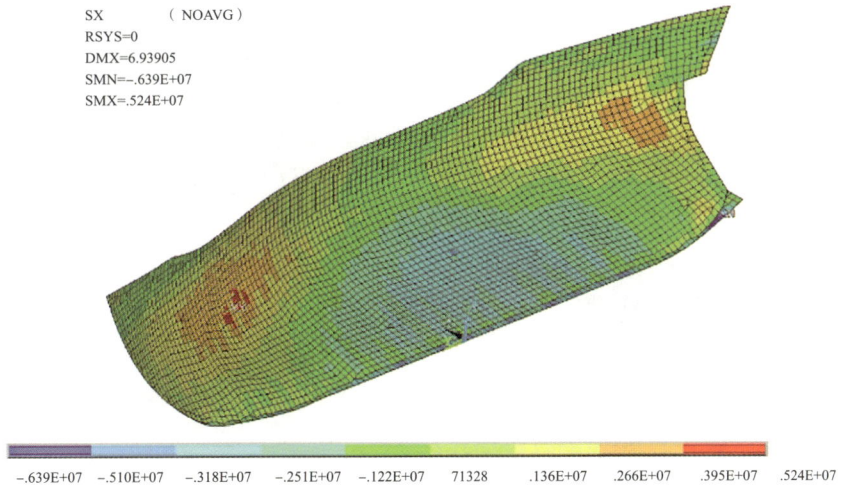

SX   （NOAVG）
RSYS=0
DMX=6.93905
SMN=-.639E+07
SMX=.524E+07

−.639E+07   −.510E+07   −.318E+07   −.251E+07   −.122E+07   71328   .136E+07   .266E+07   .395E+07   .524E+07

（9）静水工况，外板部分垂直木纹方向应力分布

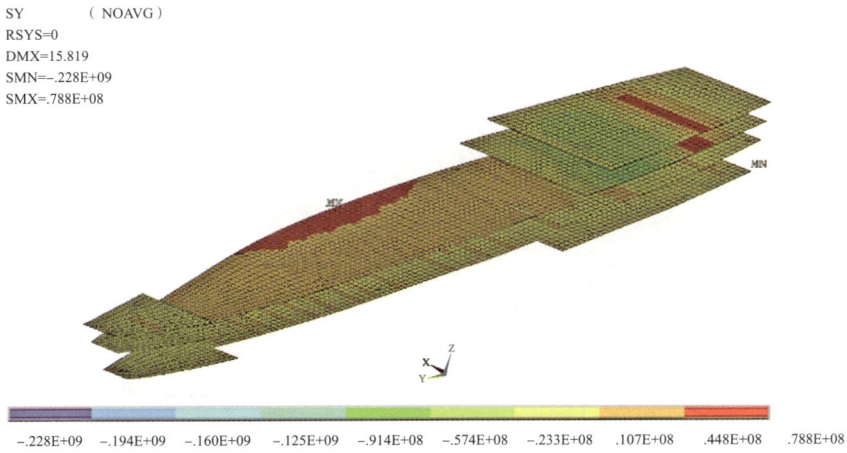

SY   （NOAVG）
RSYS=0
DMX=15.819
SMN=-.228E+09
SMX=.788E+08

−.228E+09   −.194E+09   −.160E+09   −.125E+09   −.914E+08   −.574E+08   −.233E+08   .107E+08   .448E+08   .788E+08

（10）中拱工况，甲板部分顺纹方向应力分布

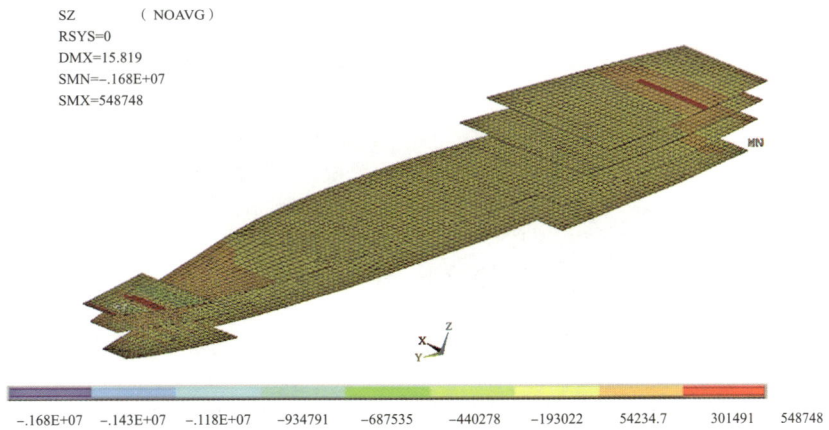

SZ   （NOAVG）
RSYS=0
DMX=15.819
SMN=-.168E+07
SMX=548748

−.168E+07   −.143E+07   −.118E+07   −934791   −687535   −440278   −193022   54234.7   301491   548748

（11）中拱工况，甲板部分厚度方向应力分布

077

SX   （NOAVG）
RSYS=0
DMX=15.819
SMN=−.108E+08
SMX=.117E+08

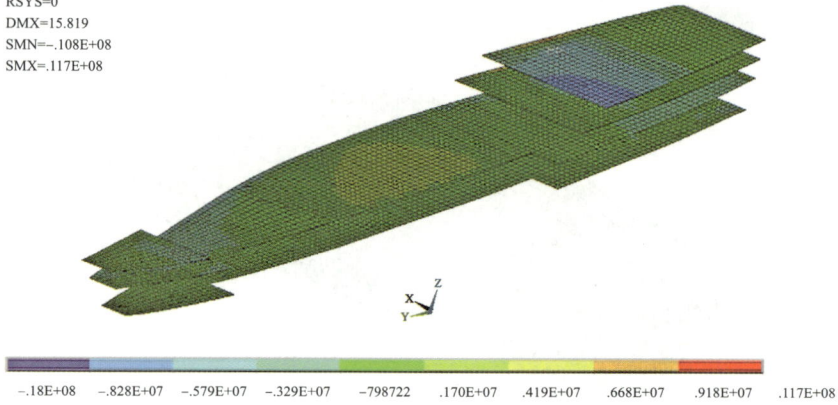

| −.18E+08 | −.828E+07 | −.579E+07 | −.329E+07 | −798722 | .170E+07 | .419E+07 | .668E+07 | .918E+07 | .117E+08 |

（12）中拱工况，甲板部分垂直木纹方向应力分布

SX   （NOAVG）
RSYS=0
DMX=12.8774
SMN=−.107E+09
SMX=.442E+08

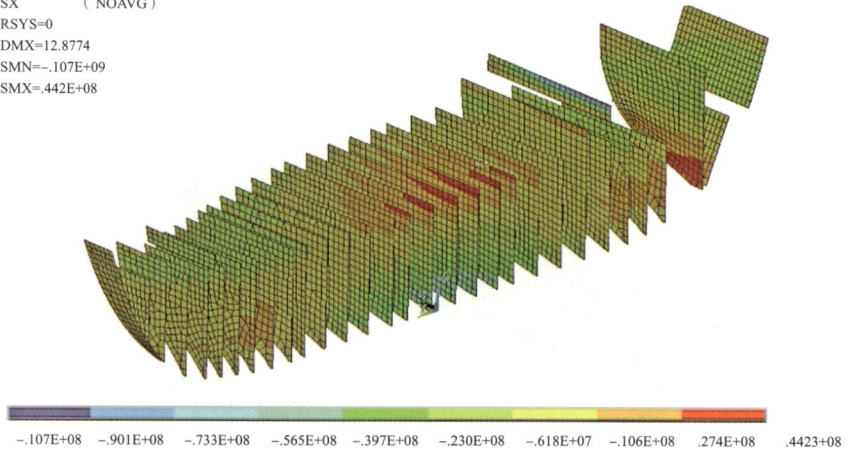

| −.107E+08 | −.901E+08 | −.733E+08 | −.565E+08 | −.397E+08 | −.230E+08 | −.618E+07 | −.106E+08 | .274E+08 | .4423+08 |

（13）中拱工况，舱壁部分顺纹方向应力分布

SZ   （NOAVG）
RSYS=0
DMX=12.8774
SMN=−.190E+08
SMX=.817E+07

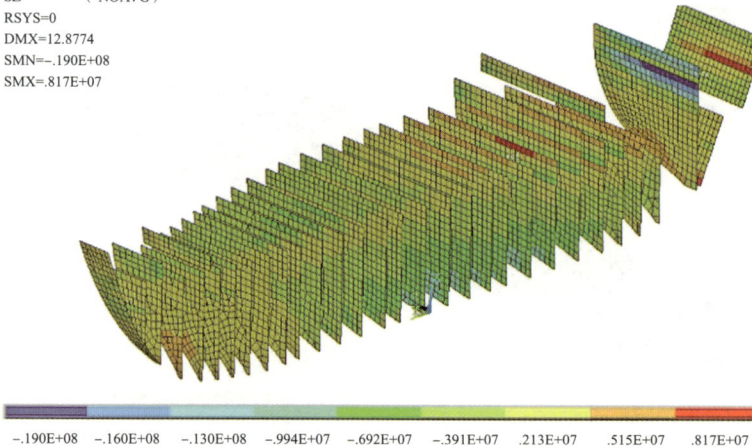

| −.190E+08 | −.160E+08 | −.130E+08 | −.994E+07 | −.692E+07 | −.391E+07 | .213E+07 | .515E+07 | .817E+07 |

（14）中拱工况，舱壁部分垂直木纹方向应力分布

SY　　　（NOAVG）
RSYS=0
DMX=12.8774
SMN=-.270E+07
SMX=.207E+07

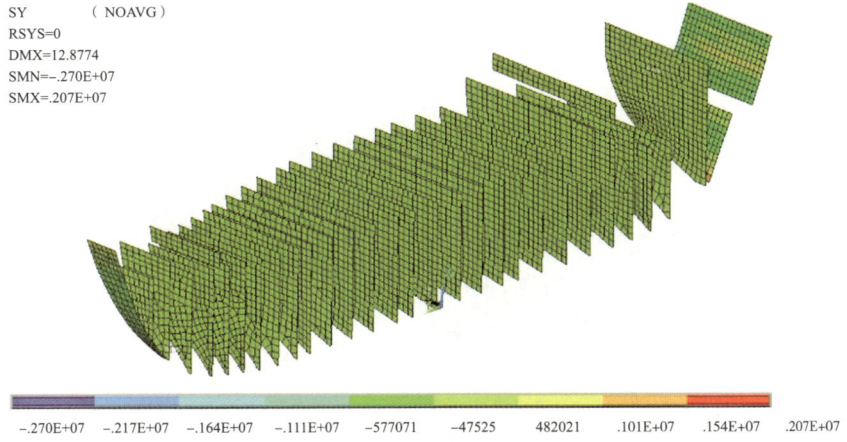

-.270E+07　-.217E+07　-.164E+07　-.111E+07　-577071　-47525　482021　.101E+07　.154E+07　.207E+07

（15）中拱工况，舱壁部分厚度方向应力分布

SY　　　（NOAVG）
RSYS=0
DMX=13.1049
SMN=-.944E+08
SMX=.116E+09

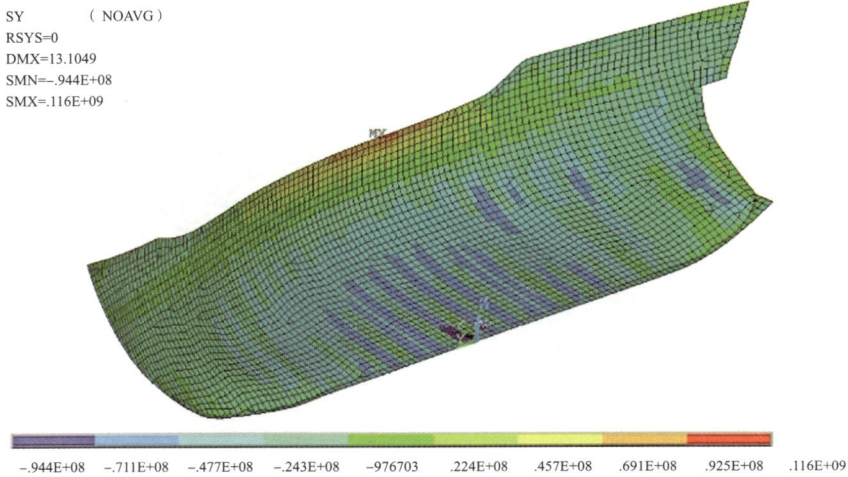

-.944E+08　-.711E+08　-.477E+08　-.243E+08　-976703　.224E+08　.457E+08　.691E+08　.925E+08　.116E+09

（16）中拱工况，外板部分顺纹方向应力分布

SX　　　（NOAVG）
RSYS=0
DMX=13.1049
SMN=-.907E+07
SMX=.110E+08

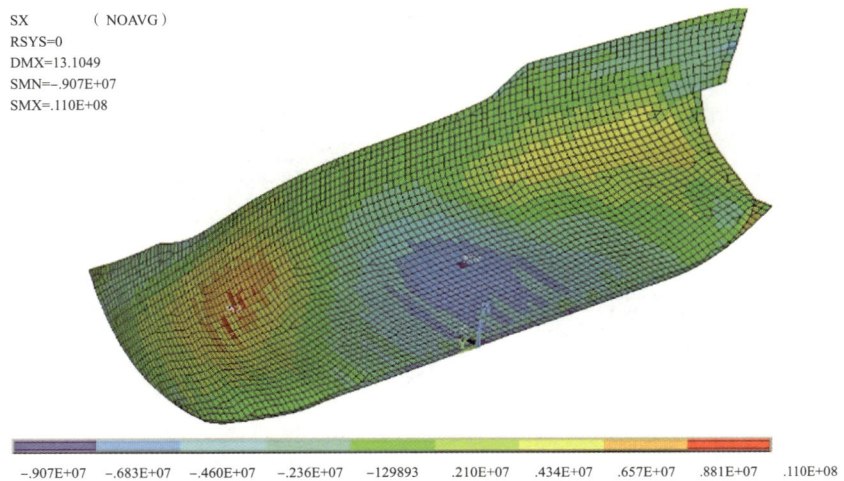

-.907E+07　-.683E+07　-.460E+07　-.236E+07　-129893　.210E+07　.434E+07　.657E+07　.881E+07　.110E+08

（17）中拱工况，外板部分垂直木纹方向应力分布

079

SZ （NOAVG）
RSYS=0
DMX=13.1049
SMN=−.206E+08
SMX=.200E+08

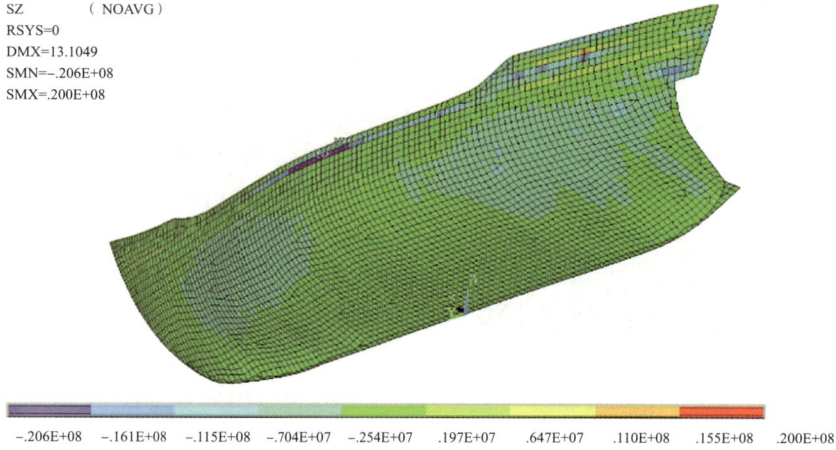

−.206E+08　−.161E+08　−.115E+08　−.704E+07　−.254E+07　.197E+07　.647E+07　.110E+08　.155E+08　.200E+08

（18）中拱工况，外板部分厚度方向应力分布

SY （NOAVG）
RSYS=0
DMX=17.752
SMN=−.800E+08
SMX=.366E+09

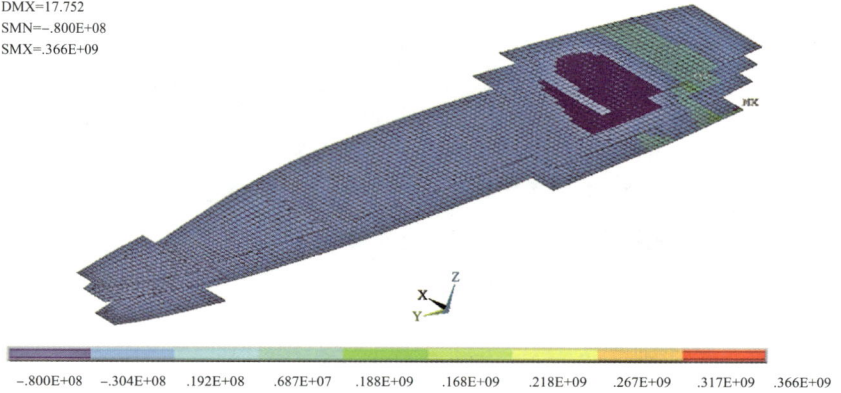

−.800E+08　−.304E+08　.192E+08　.687E+07　.188E+09　.168E+09　.218E+09　.267E+09　.317E+09　.366E+09

（19）中垂工况，甲板部分顺纹方向应力分布

SX （NOAVG）
RSYS=0
DMX=17.752
SMN=−.893E+07
SMX=.112E+08

−.893E+07　−.699E+07　−.445E+07　−.221E+07　26918.3　.227E+07　.450E+07　.674E+07　.893E+07　.112E+08

（20）中垂工况，甲板部分垂直木纹方向应力分布

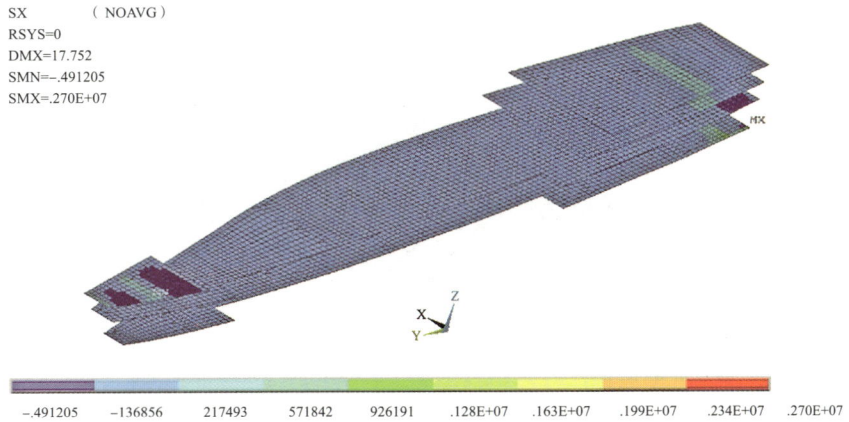

SX　　（NOAVG）
RSYS=0
DMX=17.752
SMN=-.491205
SMX=.270E+07

| -.491205 | -136856 | 217493 | 571842 | 926191 | .128E+07 | .163E+07 | .199E+07 | .234E+07 | .270E+07 |

（21）中垂工况，甲板部分厚度方向应力分布

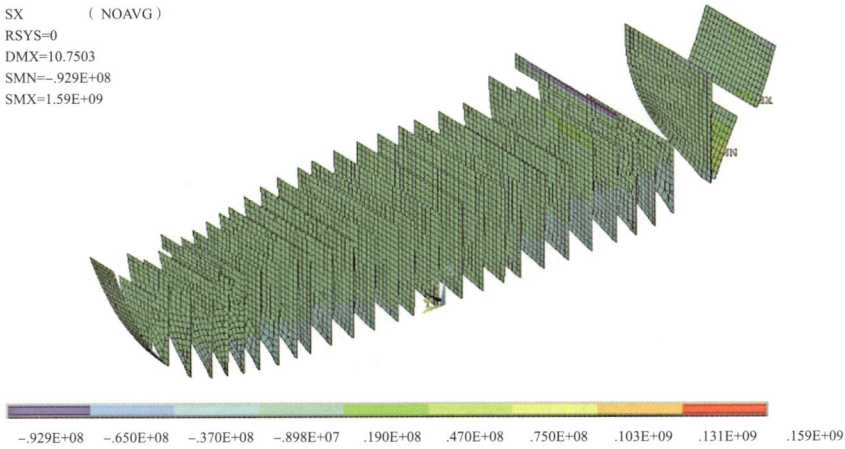

SX　　（NOAVG）
RSYS=0
DMX=10.7503
SMN=-.929E+08
SMX=1.59E+09

| -.929E+08 | -.650E+08 | -.370E+08 | -.898E+07 | .190E+08 | .470E+08 | .750E+08 | .103E+09 | .131E+09 | .159E+09 |

（22）中垂工况，舱壁部分顺纹方向应力分布

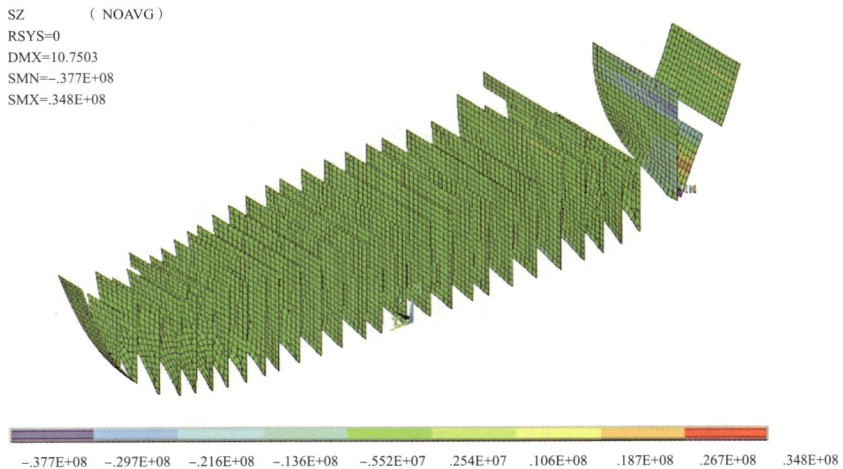

SZ　　（NOAVG）
RSYS=0
DMX=10.7503
SMN=-.377E+08
SMX=.348E+08

| -.377E+08 | -.297E+08 | -.216E+08 | -.136E+08 | -.552E+07 | .254E+07 | .106E+08 | .187E+08 | .267E+08 | .348E+08 |

（23）中垂工况，舱壁部分垂直木纹方向应力分布

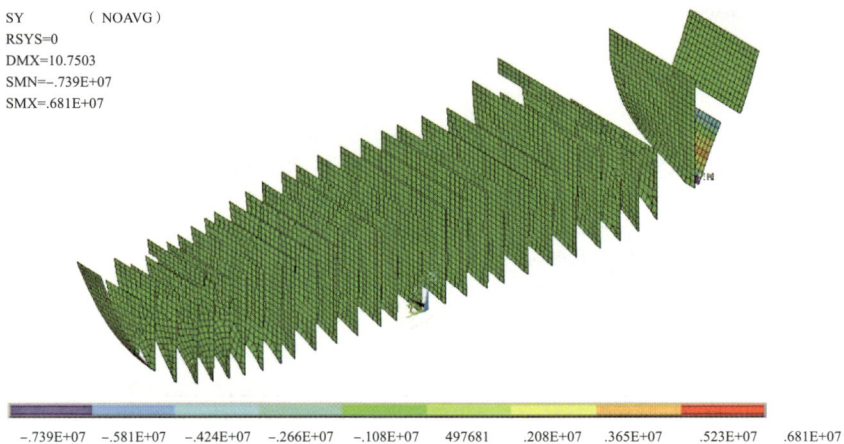

```
SY          ( NOAVG )
RSYS=0
DMX=10.7503
SMN=-.739E+07
SMX=.681E+07
```

-.739E+07   -.581E+07   -.424E+07   -.266E+07   -.108E+07   497681   .208E+07   .365E+07   .523E+07   .681E+07

（24）中垂工况，舱壁部分厚度方向应力分布

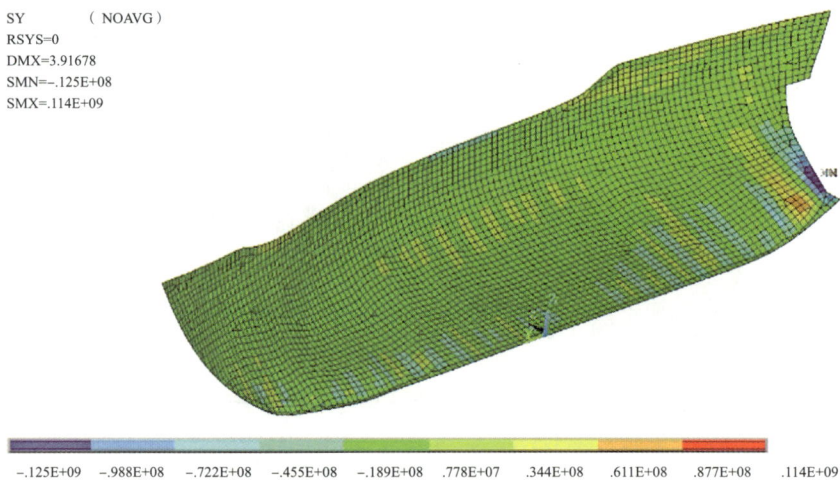

```
SY          ( NOAVG )
RSYS=0
DMX=3.91678
SMN=-.125E+08
SMX=.114E+09
```

-.125E+09   -.988E+08   -.722E+08   -.455E+08   -.189E+08   .778E+07   .344E+08   .611E+08   .877E+08   .114E+09

（25）中垂工况，外板部分顺纹方向应力分布

```
SZ          ( NOAVG )
RSYS=0
DMX=3.91678
SMN=-.234E+08
SMX=.193E+08
```

-.234E+08   -.187E+08   -.139E+08   -.918E+07   -.44E+07   312528   .506E+07   .981E+07   .146E+08   .193E+08

（26）中垂工况，外板部分垂直木纹方向应力分布

SX   （NOAVG）
RSYS=0
DMX=3.91678
SMN=-.152E+06
SMX=.684E+07

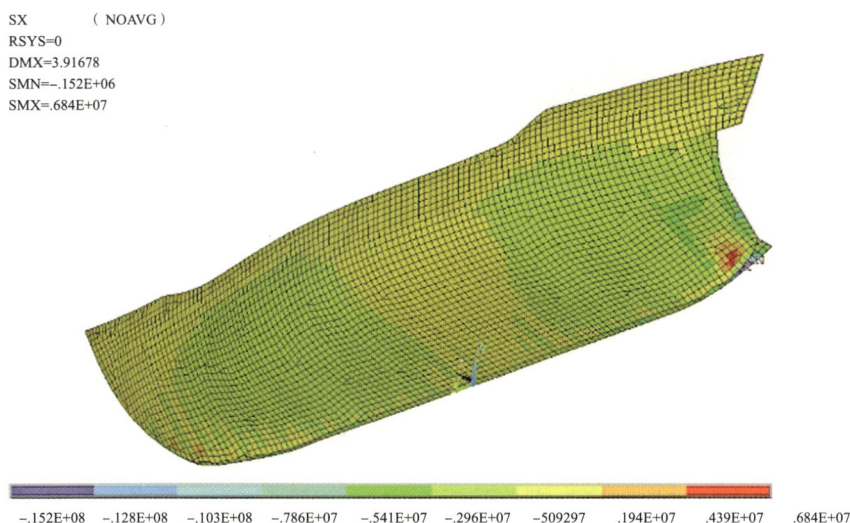

-.152E+08   -.128E+08   -.103E+08   -.786E+07   -.541E+07   -.296E+07   -509297   .194E+07   .439E+07   .684E+07

（27）中垂工况，外板部分厚度方向应力分布

图5-30　不同工况下，各结构单元应力分布

7. 结论

根据3种工况的计算，构件的三个方向的最大拉压应力值如表5-6所示。

表5-6　构件在各工况下最大应力　　　　　（单位：MPa）

	工况	甲板部分			舱壁部分			外板部分		
		静水	中拱	中垂	静水	中拱	中垂	静水	中拱	中垂
顺纹方向	最大拉应力	7.70	7.88	36.6	2.68	4.42	15.9	4.94	11.6	11.4
	最大压应力	7.46	22.8	8.00	5.4	10.7	9.29	5.96	9.44	12.5
横纹方向	最大拉应力	1.14	1.17	1.12	0.77	0.817	1.87	1.71	1.10	1.93
	最大压应力	1.00	1.08	0.893	0.857	1.90	3.77	1.76	0.907	2.34
厚度方向	最大拉应力	0.05	0.05	0.270	0.151	0.207	0.681	0.524	2.00	0.684
	最大压应力	0.048	0.168	0.049	0.178	0.270	0.739	0.639	2.06	1.52

将各工况计算结果按表5-7中松木各方向的强度极限进行衡准。经比较，各构件在3种工况下计算结果均满足强度要求。

表5-7　松木的强度极限[①]　　　　（单位：N/mm²）

密度 $\rho/(\text{g} \cdot \text{cm}^{-3})$	0.49	0.86
σ_t顺纹拉伸	104	196
σ_c顺纹压缩	55	94
σ_t横纹拉伸	3.0	4.4
σ_c横纹压缩	7.7	13.8

二、多重板结构分析

1. 单层板、双重板结构的总纵强度的比较

古船的船体壳板有着独特的平接与搭接的混合连接方式，如图5-31所示为泉州宋船多重板结构效果图。

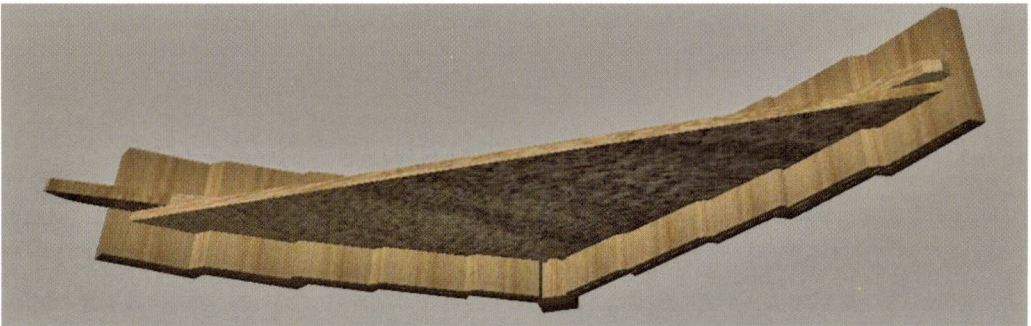

图5-31　泉州宋船多重板结构效果图

利用有限元方法对多重板结构分析如下。

在计算中做如下假定：结构处于线弹性工作状态，即满足线性几何关系（小应变、小变形状态）、线性应力–应变关系，且载荷与边界条件不随变形而发生变化；所有构件之间均为刚性连接。

总纵强度一直都是船体强度校核中的主要组成部分。

本算例中，按照现代船体强度直接计算的方法对采用多重板结构的船体进行了分析。因计算效率的缘故，这里只着重考虑使用双重板结构对船体总纵强度的影响，并与使用单层板的船体进行了对比。

---

① KennJensen：DocumentationandanalysisofAncientShips，PhDThesisofDTU（Denmark Technology University），1999

（1）计算模型

经过合理简化之后，建立了两组简单的箱型梁结构模型，其几何尺寸（单位：m）为：$L \times B \times D = 30.0 \times 10.5 \times 5.0$。

第一组模型中底部为单层板，厚度为120 mm；第二组模型底部为双重板，每层厚60 mm；两组模型的其他部分皆为厚50 mm单层板。两组箱型梁模型中均未设置横舱壁和龙骨等构件。

（2）材料参数

根据陈振瑞的研究，泉州宋船使用的木材主要如下：龙骨用材为马尾松；船底板、舷侧板、隔舱板、舱底板为杉木；肋骨、尾柱、首柱和绞关木用材为香樟[①]。现将材料统一定为松木，除了可以简化计算提高效率外，选择松木的主要原因是目前测试松木弹性常数的实验较多，而且国内外的实验数据也很接近，数据的可靠性较高。在ANSYS中，按照上节中松木的弹性常数来定义线性正交各向异性材料。

（3）单元与网格参数确定

第一组箱型梁中的所有构件都选用shell 63单元，可利用实常数来控制板的厚度。第二组箱型梁中除了shell 63单元外，还使用了接触单元targe 170和conta 173来模拟双重板之间的接触。设置接触时需要注意的是，软件是靠实常数号来识别接触对的，所以应该给targe 170和conta 173单元定义相同的实常数号。

在ANSYS中，有限元网格划分是进行模拟分析时比较重要的一个步骤，它直接影响着后续计算分析结果的精确性。网格数量的多少将影响计算结果的精度和计算规模的大小，网格质量的好坏也直接影响着求解精度。一般比较理想的单元边长比为1，单元的边长比、面积比或体积比以正三角形、正四面体、正六面体为参考基准。

第二组箱型梁有限元模型进行接触非线性分析时，每次计算时间较长。为了避免反复修改网格造成重复计算，必须先确定好网格的大小。

在本算例中，先将第一组箱型梁模型分别按照不同的疏密程度和单元边长比进行网格划分，然后施加同样的边界条件及载荷，计算出应力和变形的结果如表5-8所示。其中，D_{max}表示最大变形位移，单位m；S_{min}和S_{max}分别表示等效Von-Mises应力的最小值和最大值，单位Pa。

---

① 陈振瑞：《泉州湾出土宋代海船木材鉴定》，载福建省泉州海外交通史博物馆编《泉州湾宋代海船发掘与研究》，海洋出版社，1987，第147–150页。

表5-8　不同疏密网格的计算结果

网格大小	D_{max}/Pa	S_{min}/Pa	S_{max}/Pa
4 m × 1 m	0.006 916	17 922	0.381×10^7
3 m × 1 m	0.008 136	17 867	0.381×10^7
2 m × 1 m	0.018 798	17 770	0.381×10^7
1 m × 1 m	0.007 219	17 817	0.382×10^7
1.5 m × 0.5 m	0.012 924	640	0.382×10^7
1 m × 0.5 m	0.006 607	637	0.382×10^7
0.5 m × 0.5 m	0.006 591	637	0.383×10^7
0.6 m × 0.2 m	0.006 507	2793	0.384×10^7
0.5 m × 1 m	0.006 856	605	0.384×10^7
0.3 m × 0.1 m	0.007 554	611	0.386×10^7
0.2 m × 0.1 m	0.006 283	613	0.387×10^7

从表5-8的计算结果可以看出，网格疏密和单元边长比对最大等效应力影响不大，但是对变形影响较为明显。综合比较之下，选定0.5 m×0.5 m的网格进行随后的计算。图5-32为划分网格后的有限元模型。

ELEMENTS

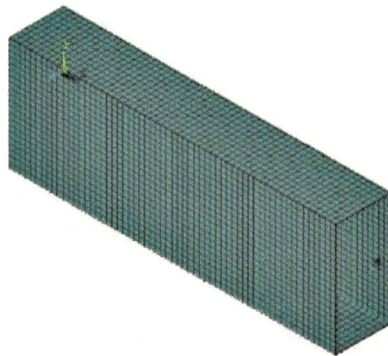

图5-32　箱型梁有限元模型（按0.5 m×0.5 m分网）

（4）加载与计算

对这两组箱型梁模型都施加相同的总纵弯矩。弯矩值大小可按估算公式计算得出，本算例所用弯矩值近似取为1×10^7 N·m。在船体梁两端建立刚性面，并施加端面弯矩于刚性点。如图5-33所示。

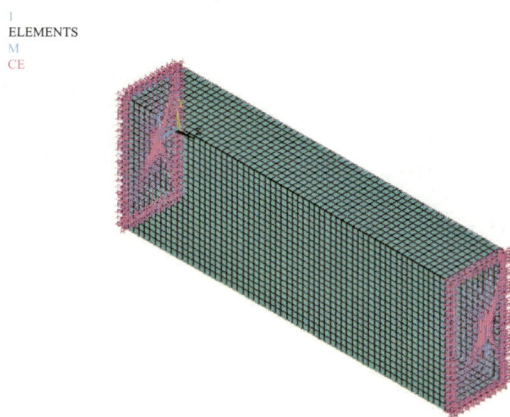

图5-33　箱型梁有限元模型与加载示意图

（5）结果分析

两组箱型梁计算结果如图5-34所示。

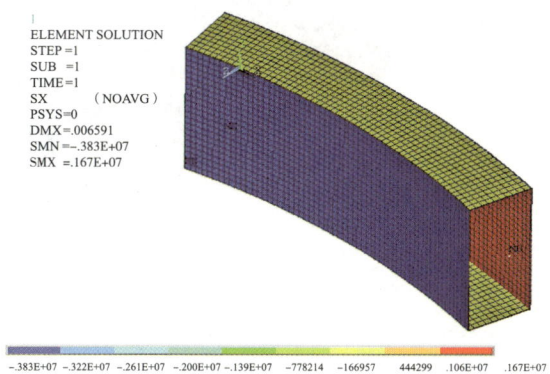

单层板箱型梁σ_x云图　　　　双重板箱型梁σ_x云图

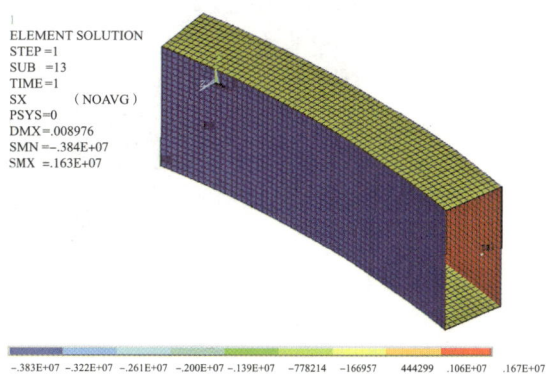

（1）

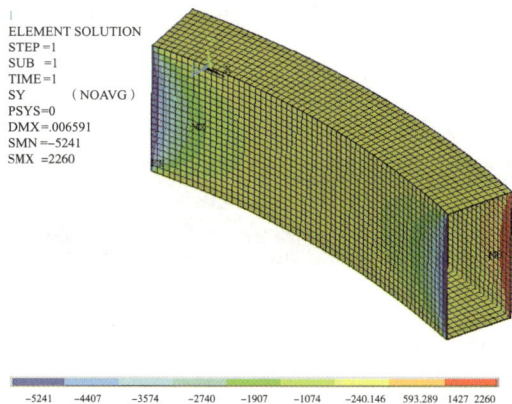

单层板箱型梁σ_y云图　　　　双重板箱型梁σ_y云图

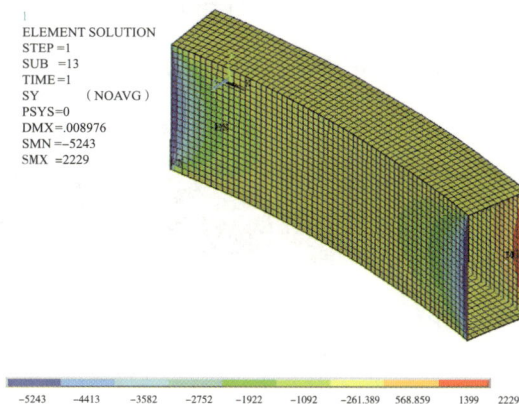

（2）

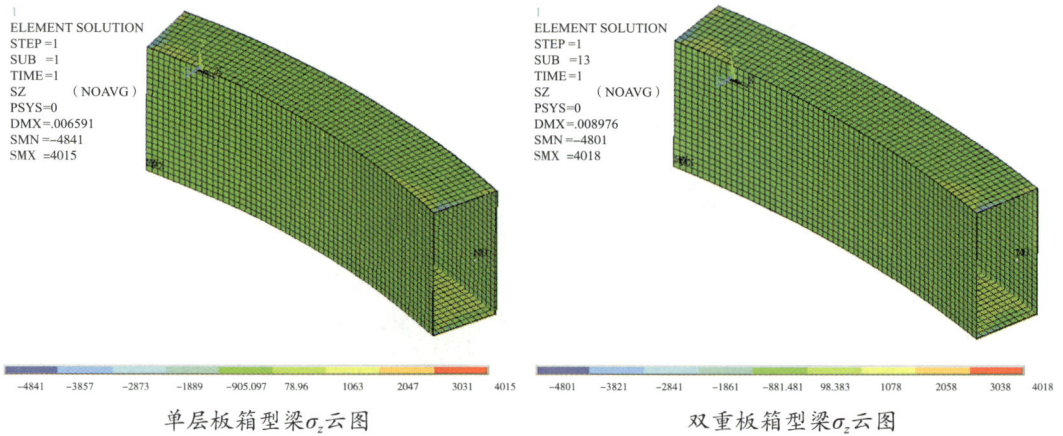

单层板箱型梁σ_z云图　　　　双重板箱型梁σ_z云图

（3）

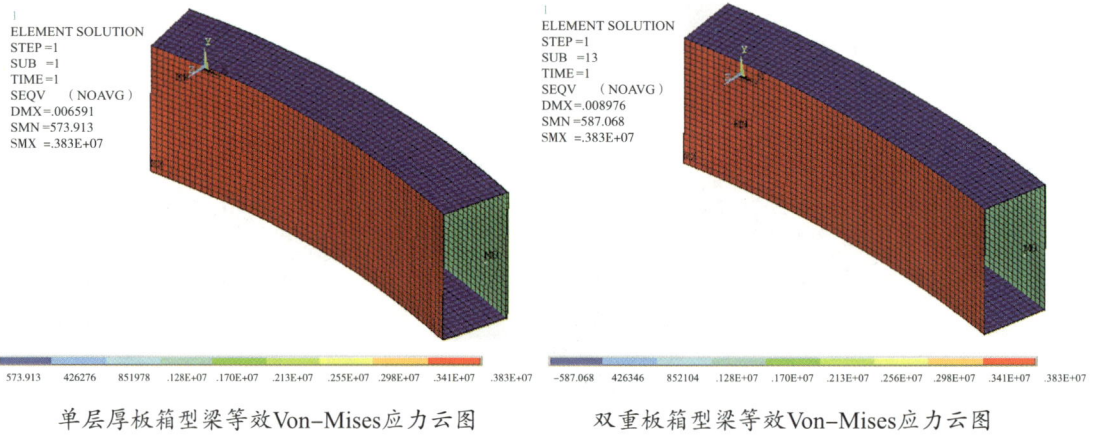

单层厚板箱型梁等效Von-Mises应力云图　　双重板箱型梁等效Von-Mises应力云图

（4）

图5-34　单层板箱形（左）双重板箱型（右）计算结果

两组箱型梁模型计算出的节点应力和单元应力计算结果，如表5-9所示。表中，Se为等效Von-Mises应力。

表5-9　箱型梁模型节点应力和单元应力计算结果

		单层板箱型梁		双重板箱型梁	
		节点	单元	节点	单元
σ_x/Pa	min	-0.383×10^7	-0.383×10^7	-0.384×10^7	-0.384×10^7
	max	0.167×10^7	0.167×10^7	0.163×10^7	0.163×10^7
σ_y/Pa	min	$-5\,241$	$-5\,241$	$-5\,243$	$-5\,243$
	max	$2\,260$	$2\,260$	$2\,216$	$2\,229$

（续表）

		单层板箱型梁		双重板箱型梁	
		节点	单元	节点	单元
σ_z/Pa	min	−4 841	−4 841	−4 801	−4 801
	max	3 379	4 015	3 393	4 018
Se/Pa	min	637	574	644	587
	max	0.383×10^7	0.383×10^7	0.383×10^7	0.383×10^7
D/m	max	0.006 591	0.006 591	0.008 976	0.008 976

将两组箱型梁中底部板节点力的最小/最大等效应力结果提取出来，如表5-10所示。其中，S_{min}和S_{max}分别表示等效Von-Mises应力的最小值和最大值，单位为Pa。

表5-10　两组箱型梁中底部板节点力的最小/最大等效应力列表　（单位：Pa）

	S_{min}	S_{max}
单层板（厚120 mm）	0.152×10^7	0.154×10^7
双重板（每层厚60 mm）	0.081×10^7	0.156×10^7

由上述计算结果可知，双重板箱型梁模型无论是在结构变形上，还是应力大小分布上，与单层板箱型梁模型非常接近。

2. 木质船壳板弯曲残留应力分析

由于所选船材材料的特殊性，古代木质船舶在船体结构强度方面的分析与现代钢质船有着较大区别。钢质船的船材可以通过现代各种先进工艺加工制成所需的形状。而木材的弯曲加工就存在诸多限制，当选择构件的尺寸过大时，加工就会变得极为困难，这也正是古代船壳多重板技术诞生的直接原因。即使是将木材弯曲成形后，木材具有的内应力仍然是存在的，其大小与木质构件的尺寸直接相关。因此，接下来就是对残留内应力进行分析，着重考虑的是船体木质外板弹性弯曲变形后，其残留内应力的变化情况。

在木质船舶建造过程中，船体外板是一块块往外叠加的，并不是将多重板叠在一起进行弯曲，所以在分析时只需考虑不同厚度的单层木板的弯曲情况。

（1）计算模型

选取箱型梁中的底部板结构进行建模，其几何尺寸为：$L \times B$=30.0 m × 10.5 m，如图5-35所示。

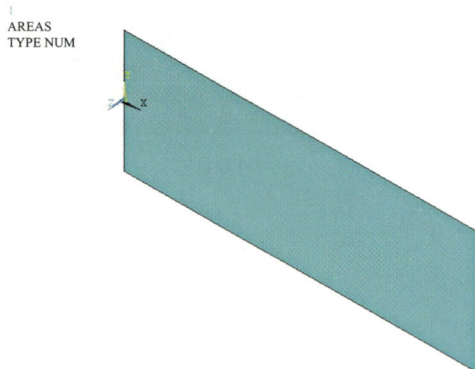

图5-35　底部板的几何模型

（2）单元与网格参数确定

首先利用shell 63单元的实常数来改变板的厚度，再按照不同的边长比划分网格，然后施加相同载荷和边界条件进行计算。结果表明，单元边长比对最大等效应力影响不大，对最小等效应力却影响显著，边长比为1的网格的计算结果应更为可靠。而0.5 m×0.5 m分网的计算结果与0.1 m×0.1 m的结果相同，综合考虑网格密度与计算时间的关系，在本节的后续计算中统一使用0.5 m×0.5 m划分网格。

泉州宋船的三重板足有180 mm之厚，由于shell 63单元不能反映沿板厚方向上的应力变化情况，完全用shell 63单元进行模拟可能不够准确，因此本节中还使用了solid 45单元与shell 63进行对比分析。

（3）加载与计算

因为木船建造过程中会采用合理的外板排列来尽量避免列板既弯曲又扭曲，所以有限元模拟时只考虑了单向弯曲的情况。

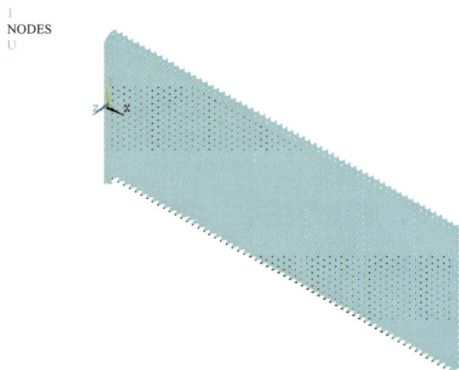

图5-36　底部板有限元模型加约束示意图

对底部板模型施加节点位移约束，如图5-36所示，位移值通过函数方式自动添加，位移函数为沿纵向的一条抛物线，如图5-37所示，其方程为：

$$z=x^2/750-x/25$$

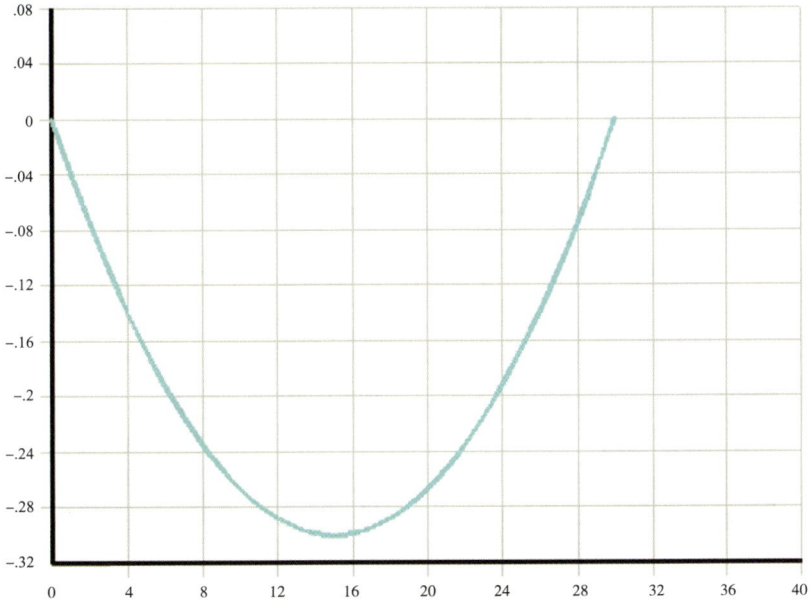

图5-37　位移函数曲线

（4）结果分析

使用shell 63单元，板厚分别等于60 mm和120 mm时的计算结果，如图5-38所示。

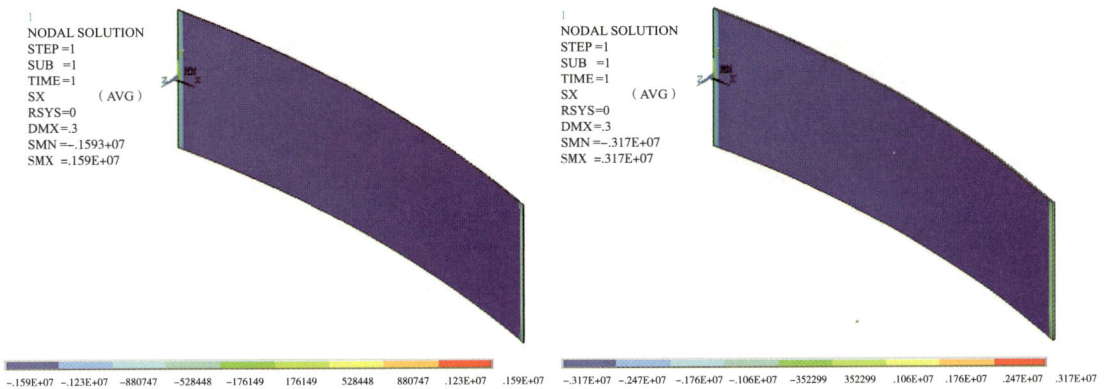

厚60 mm底部板σ_x云图　　　　　厚120 mm底部板σ_x云图

（1）

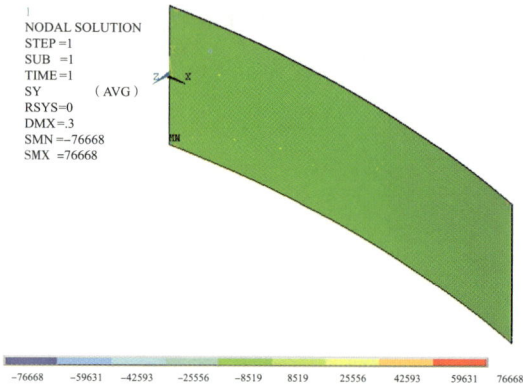

厚60 mm底部板σ_y云图　　　　厚120 mm底部板σ_y云图

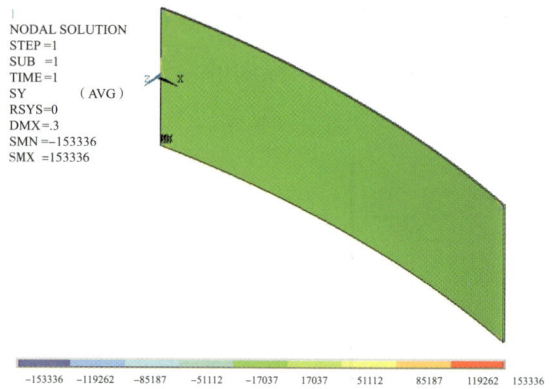

（2）

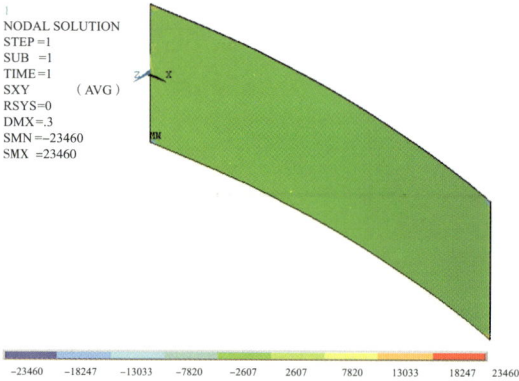

厚60 mm底部板τ_{xy}云图　　　　厚120 mm底部板τ_{xy}云图

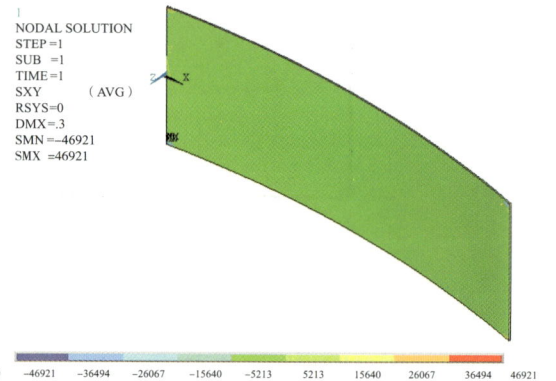

（3）

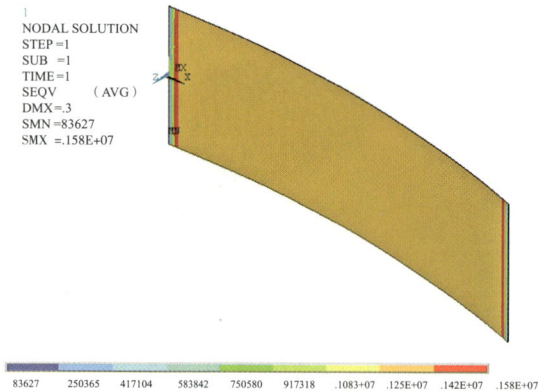

厚60 mm底部板等效应力云图　　　　厚120 mm底部板等效应力云图

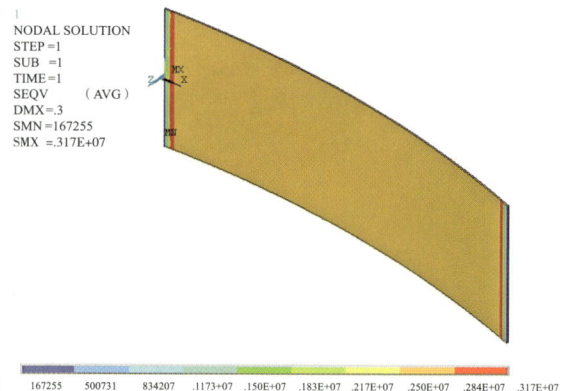

（4）

图5-38　板厚60 mm（左）与板厚120 mm的计算结果

使用shell 63单元计算不同板厚单元及节点应力结果，如表5-11所示。表中，Se为等效Von-Mises应力。

表5-11　底部板节点应力和单元应力计算结果（shell 63单元）

		厚60 mm底部板		厚120 mm底部板	
		节点	单元	节点	单元
σ_x/Pa	min	-0.159×10^7	-0.163×10^7	-0.317×10^7	-0.327×10^7
	max	0.159×10^7	0.163×10^7	0.317×10^7	0.327×10^7
σ_y/Pa	min	−76 668	−76 668	−153 336	−153 336
	max	76 668	76 668	153 336	153 336
τ_{xy}/Pa	min	−23 460	−25 285	−46 921	−50 570
	max	23 460	25 285	46 921	50 570
Se/Pa	min	83 627	61 764	167 255	123 528
	max	0.158×10^7	0.164×10^7	0.317×10^7	0.327×10^7

由上述列表可知，单层的薄板与厚板在进行同样的弯曲变形后，其等效应力大小与板厚尺寸基本呈线性比例关系。

为反映板厚方向的应力变化，同时也用solid 45单元计算出不同板厚结果，并与shell 63单元结果进行对比，如表5-12所示。表中，S_{min}和S_{max}分别表示等效Von-Mises应力的最小值和最大值，单位Pa。

表5-12　solid 45单元与shell 63单元计算结果比较（按0.5 m×0.5 m分网）

网格板厚/mm	solid 45		shell 63	
	S_{min}/Pa	S_{max}/Pa	S_{min}/Pa	S_{max}/Pa
20	130 636	437 166	27 876	528 090
40	238 851	882 820	55 752	0.106×10^7
60	331 857	0.134×10^7	83 627	0.158×10^7

（续表）

网格板厚/mm	solid 45		shell 63	
	S_{min}/Pa	S_{max}/Pa	S_{min}/Pa	S_{max}/Pa
80	415 120	0.179×10^7	111 503	0.211×10^7
100	492 593	0.225×10^7	139 379	0.264×10^7
120	567 112	0.270×10^7	167 255	0.317×10^7
140	640 744	0.314×10^7	195 130	0.370×10^7
160	714 742	0.357×10^7	223 006	0.422×10^7
180	790 289	0.400×10^7	250 882	0.475×10^7
200	867 549	0.440×10^7	278 758	0.528×10^7

经过比较可以发现，使用实体单元solid 45能够反映板厚方向上的应力分布情况，在模拟中厚板时比壳单元shell 63更为细致。使用shell 63单元计算应力值普遍较大，但从计算效率和设计安全性的角度来说，使用壳单元来校核也是合理的。两种单元在板厚等于200 mm时计算结果的局部对比，如图5-39所示。

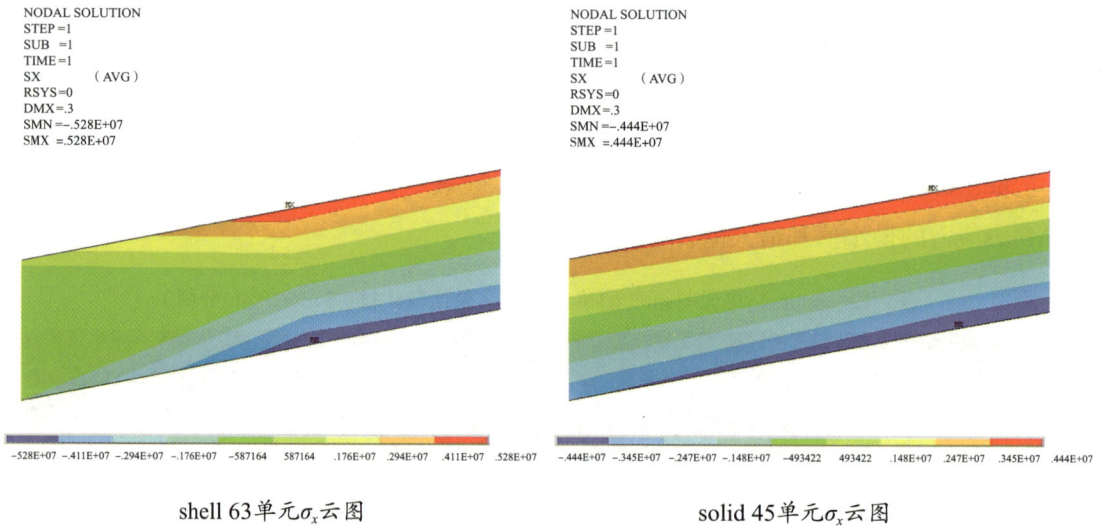

shell 63单元σ_x云图   solid 45单元σ_x云图

（1）

NODAL SOLUTION
STEP =1
SUB =1
TIME =1
SY   (AVG)
RSYS=0
DMX=.3
SMN =-255561
SMX =255561

−255561　−198769　−141978　−85187　−28396　28396　85187　141978　198769　255561

NODAL SOLUTION
STEP =1
SUB =1
TIME =1
SY   (AVG)
RSYS=0
DMX=.3
SMN =-8202
SMX =8202

−8202　−6379　−4557　−2734　−911.316　911.316　2734　4557　6379　8202

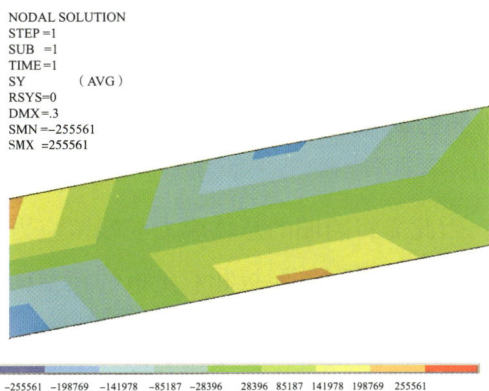

shell 63单元σ_y云图　　　　　　　solid 45单元σ_y云图

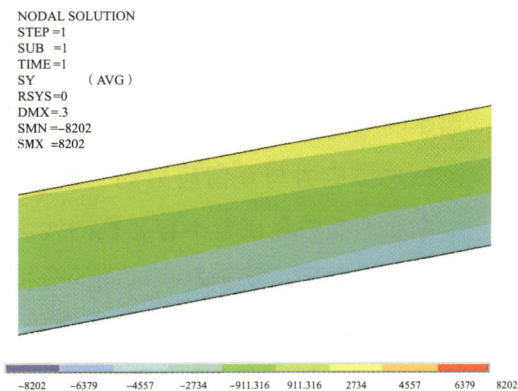

（2）

NODAL SOLUTION
STEP =1
SUB =1
TIME =1
SXY   (AVG)
RSYS=0
DMX=.3
SMN =-78201
SMX =78201

−78201　−60823　−43445　−26067　−8689　8689　26067　43445　60823　78201

NODAL SOLUTION
STEP =1
SUB =1
TIME =1
SXY   (AVG)
RSYS=0
DMX=.3
SMN =-1221
SMX =1221

−1221　−950.01　−678.578　−407.147　−135.716　135.716　407.147　678.578　950.01　1221

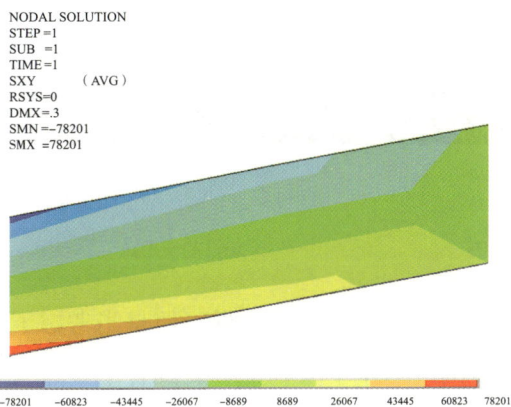

shell 63单元τ_{xy}云图　　　　　　　solid 45单元τ_{xy}云图

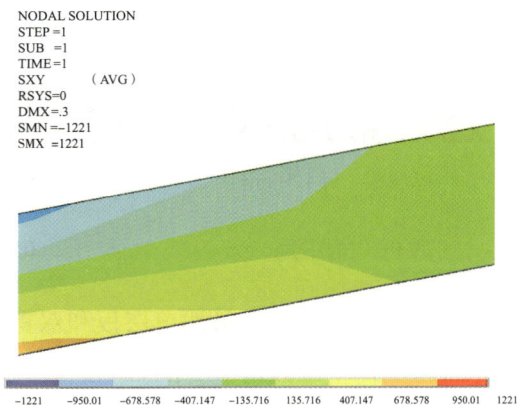

（3）

NODAL SOLUTION
STEP =1
SUB =1
TIME =1
SEQV   (AVG)
DMX=.3
SMN =278758
SMX =.528E+07

278758　834551　.139E+07　.195E+07　.250E+07　.306E+07　.361E+07　.417E+07　.473E+07　.528E+07

NODAL SOLUTION
STEP =1
SUB =1
TIME =1
SEQV   (AVG)
DMX=.3
SMN =867549
SMX =.440E+07

867549　.126E+07　.165E+07　.205E+07　.244E+07　.283E+07　.322E+07　.362E+07　.401E+07　.440E+07

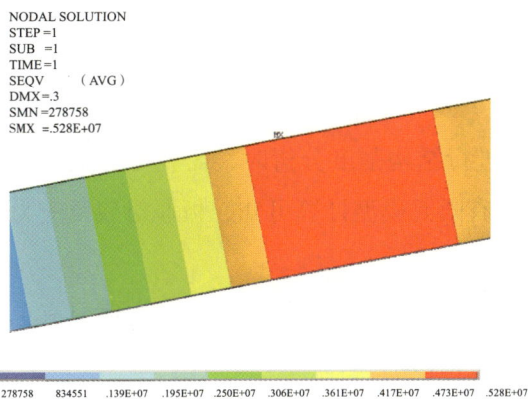

shell 63单元Von-Mises应力云图　　　　　　solid 45单元Von-Mises应力云图

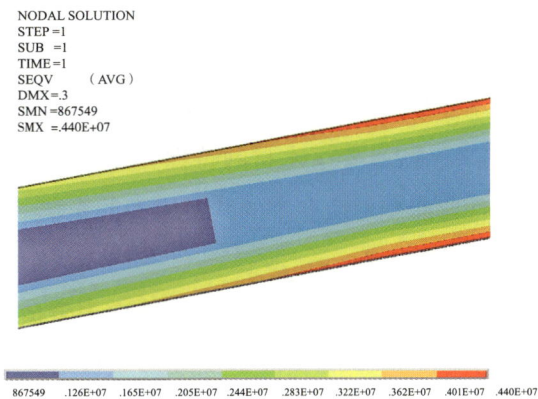

（4）

图5-39　shell 63单元（左）、solid 45单元（右）板厚200 mm时的计算结果

通过以上分析可看出，木板残留内应力随着厚度的增加呈线性增长。即使是很薄的木板在弯曲后发生弹性变形而产生的残留应力也是不容忽视的，因此在进行木质船舶的结构强度分析时，有必要将这种应力的影响考虑在内。

3. 总体应力与残留应力的合成

木质船舶中存在着不容忽视的残留应力，因此需将船舶的总体应力与残留应力结合在一起考虑。基于本章前面的分析结果，分别将采用单层板和双重板的箱型梁底部板的节点力进行了合成。

具体过程是：先将各个节点的三个主应力进行叠加，再根据公式计算出各个节点等效应力值。表5-13为最小/最大值计算结果，$S_{\min}$和$S_{\max}$分别表示等效Von-Mises应力的最小值和最大值，单位Pa。

表5-13　应力合成后等效应力最小/最大值计算结果 （单位：Pa）

	$S_{\min}$	$S_{\max}$
单层板（厚120 mm）	0.169×10^7	0.415×10^7
双重板（每层厚60 mm）	0.091×10^7	0.272×10^7

由表5-13可知，虽然单层板和双重板结构在总体应力上很接近，但是当考虑了木板弯曲产生的残留应力的影响之后，双重板的应力水平大幅下降，其各个节点与单层板对应节点的等效应力比值的平均值约为0.67。

4. 结论

根据以上分析，可以得出以下几个结论：

（1）木质船舶在采用船壳多重板结构后，无论是在结构变形上，还是应力大小分布上，与单层板结构的结果都非常接近。

（2）鉴于木材的特性，在对木质船舶进行结构强度分析时，需要考虑板材弹性弯曲变形后产生的残留应力的影响。通过有限元模型计算可知，板厚对残留应力有较大影响。

（3）将残留应力和总体应力合成之后，多重板结构的等效应力平均值只有单层板结构的0.67倍。这说明多重板结构更加先进合理。

（4）中国古船多重板结构在工艺上先进可行，在结构强度上可靠，这让古代大型船舶的建造得以实现。

三、连接同口结构分析

1.同口结构分析模型

在已出土的蓬莱二号船外板上大量使用钩子同口连接。外板与外板的连接使用了穿心钉，间距100～535 mm不等，当穿心钉间距大时，两钉之间出现了铜钉槽，说明加有铜钉。

外板的纵向连接同口，一般设置在舱壁处。表5-14是对几艘出土的古代木船上，外板在每道舱壁处存在的所有纵向连接同口的数量统计，其中明显是由于船舶在使用过程中损坏而产生的修补痕迹不计入其中。

表5-14　古代木船连接同口数量统计　　　　（单位：个）

舱壁号 船名	1	2	3	4	5	6	7	8	9	10	11	12	13	14
宋代泉州船	0	1	2	3	0	4	4	6	6	4	2	0	—	—
蓬莱一号	0	0	2	5	6	4	0	4	4	4	6	6	0	0
蓬莱二号	0	0	4	6	4	4	2	4	6	2	2	2	0	0
明代梁山船	0	4	5	3	0	2	1	4	3	5	4	0	—	—

古代制式船舶在连接布置上有以下规律：

（1）外板连接都布置在舱壁上。

（2）相邻外板的连接至少相隔2个舱壁的距离。

（3）连接一般对称分布。

出土古船经过复原后，对其连接部分进行测量。为方便计算，参照实际结构，将尺寸近似取整，如表5-15所示。

表5-15　蓬莱二号各舱壁处钩子同口尺寸　　　　（单位：mm）

舱壁号 名称	3	4	5	6	7	8	9	10	11	12	13
板厚	120	135	138	140	150	150	140	140	130	120	120
板宽	160	180	184	186	200	200	186	186	178	160	160
同口长度	392	441	450	457	490	490	457	457	424	392	392
接口宽度	56	63	64	65	70	70	65	65	62	56	56

以7号舱壁处连接为例，钩子同口具体形状尺寸如图5-40所示。

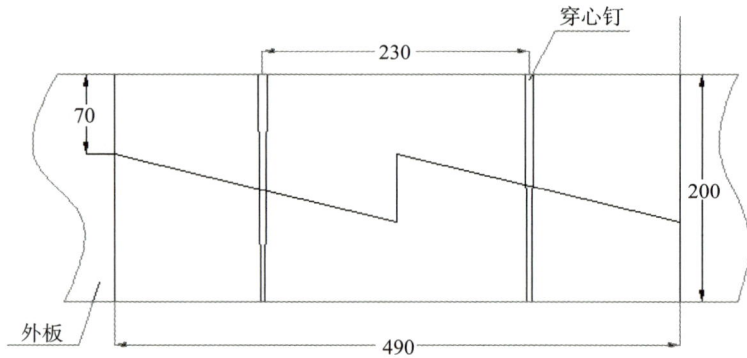

图5-40　蓬莱二号7号舱壁处的钩子同口（单位：mm）

选择具有代表性的7号舱壁和桅座、货舱、尾楼这样特殊位置的舱壁，各选出一个同口作为建模依据，相似舱壁处的外板同口不再重复计算。表5-16为所需选用的蓬莱二号同口。

表5-16　蓬莱二号同口

编号	1	2	3	4	5	6	7	8
舱壁号	3	4	5	6	7	10	11	13
从龙骨向船舷板列数	5	4	3	2	5	5	6	6
距离基线高度/mm	605	247	96	96	605	110	400	700
备注	货舱	货舱	货舱	货舱	桅座	货舱	货舱	尾楼

蓬莱二号3号舱壁的钩子同口的有限元模型示意图，如图5-41所示。

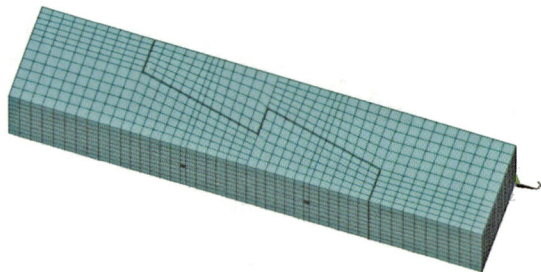

图5-41　蓬莱二号3号舱壁的钩子同口的有限元模型示意图

2. 边界条件与加载

在模型中，对于外板的上下两列板，在结构上施加板的高度和厚度方向上的刚性固定约束。同时，在板的长度方向上存在极大的摩擦，将这个力均匀施加在模型的两个端面上，方向与可能运动方向相反。对所选定的8个具有相似结构尺寸的蓬莱二号同口结构进行施加的载荷，即由全船内应力和舷外水压力组成，如表5-17所示。表中，同口所受力的方向，"+"为压应力、"–"为拉应力。部分结构有舱内压载。

表5-17　各连接结构所受应力　　（单位：MPa）

编号	1	2	3	4	5	6	7	8
舱壁号	3	4	5	6	7	10	11	12
中拱	−2.12	2.64	3.17	3.69	−3.96	3.43	2.91	−2.38
中垂	2.47	−2.96	−3.95	−4.93	5.19	−5.42	−4.44	3.45
舷外水压力	1.5	1.6	1.8	1.8	1.8	1.6	1.7	1.5

3. 计算结果与分析

8个舱壁节点的等效Von-Mises应力计算结果，如图5-42至图5-49所示。由于钉子在木板之中，单独将其显示。

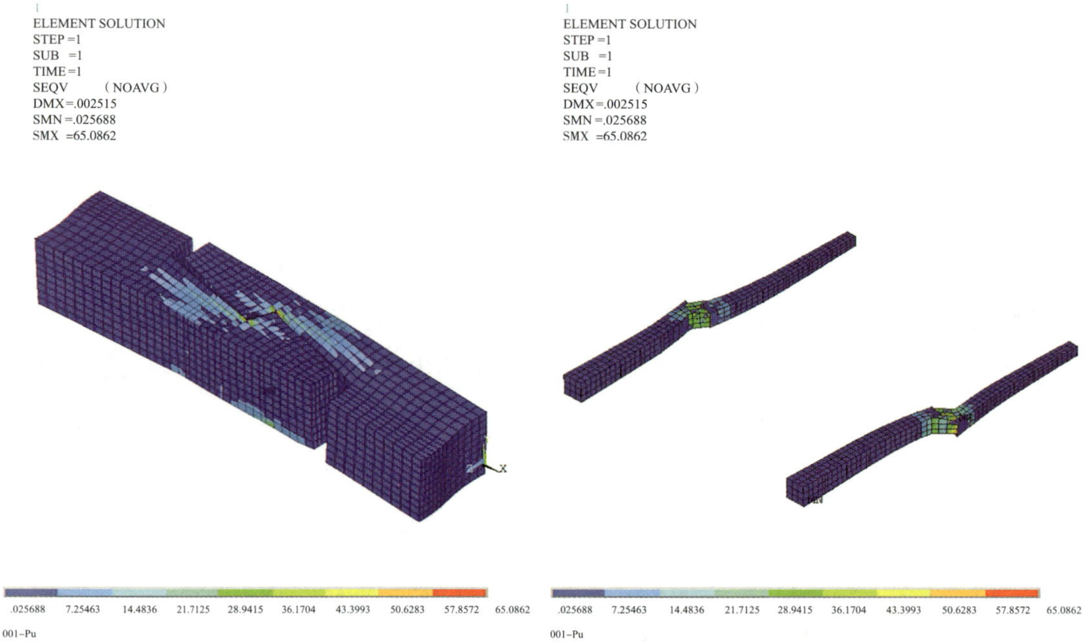

ELEMENT SOLUTION
STEP =1
SUB =1
TIME =1
SEQV （NOAVG）
DMX =.002515
SMN =.025688
SMX =65.0862

ELEMENT SOLUTION
STEP =1
SUB =1
TIME =1
SEQV （NOAVG）
DMX =.002515
SMN =.025688
SMX =65.0862

.025688　7.25463　14.4836　21.7125　28.9415　36.1704　43.3993　50.6283　57.8572　65.0862
001-Pu

.025688　7.25463　14.4836　21.7125　28.9415　36.1704　43.3993　50.6283　57.8572　65.0862
001-Pu

（1）3号舱壁连接结构中拱状态下应力云图

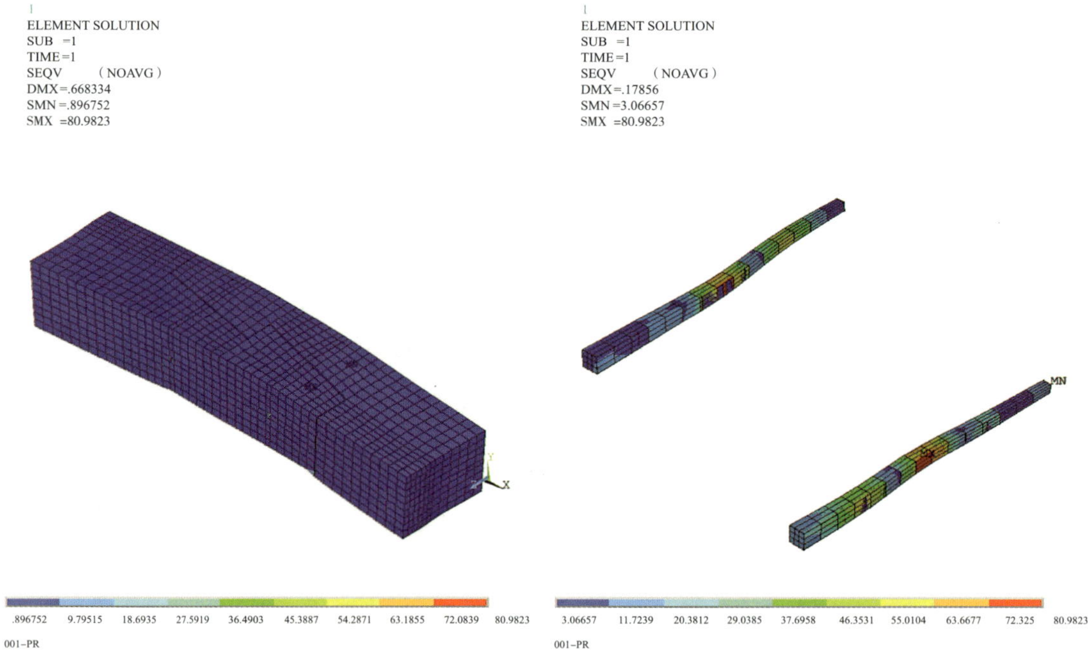

ELEMENT SOLUTION
SUB　=1
TIME =1
SEQV （NOAVG）
DMX =.668334
SMN =.896752
SMX =80.9823

ELEMENT SOLUTION
SUB　=1
TIME =1
SEQV （NOAVG）
DMX =.17856
SMN =3.06657
SMX =80.9823

.896752　9.79515　18.6935　27.5919　36.4903　45.3887　54.2871　63.1855　72.0839　80.9823
001-PR

3.06657　11.7239　20.3812　29.0385　37.6958　46.3531　55.0104　63.6677　72.325　80.9823
001-PR

（2）3号舱壁连接结构中垂状态下应力云图

图5-42　3号舱壁应力

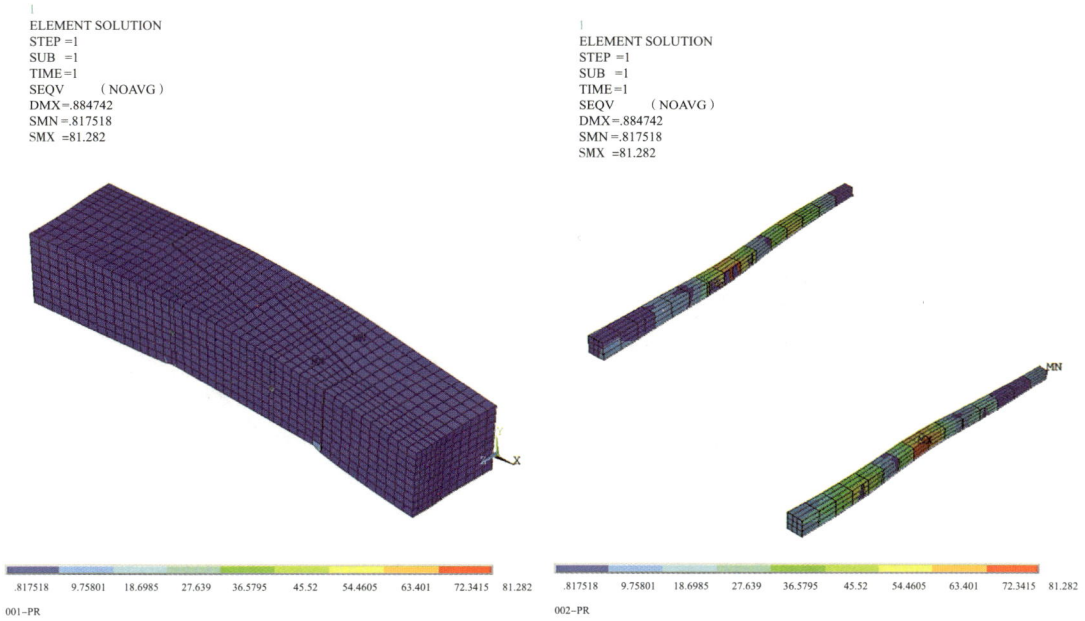

ELEMENT SOLUTION
STEP =1
SUB =1
TIME =1
SEQV （NOAVG）
DMX=.884742
SMN=.817518
SMX =81.282

ELEMENT SOLUTION
STEP =1
SUB =1
TIME =1
SEQV （NOAVG）
DMX=.884742
SMN=.817518
SMX =81.282

.817518   9.75801   18.6985   27.639   36.5795   45.52   54.4605   63.401   72.3415   81.282
001-PR

.817518   9.75801   18.6985   27.639   36.5795   45.52   54.4605   63.401   72.3415   81.282
002-PR

（1）4号舱壁连接结构中拱状态下应力云图

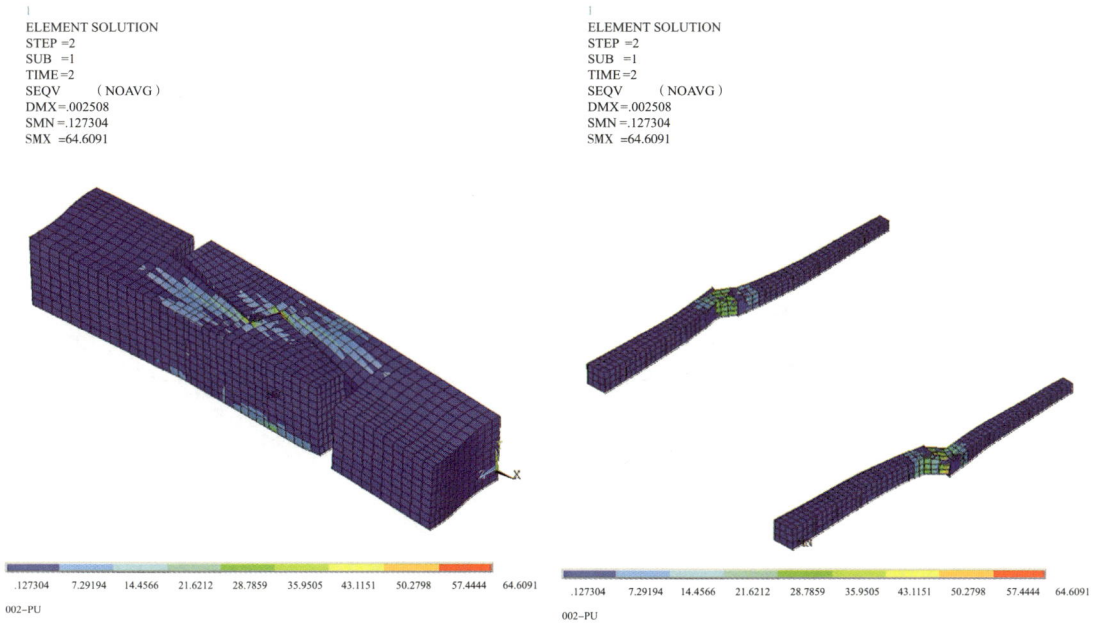

ELEMENT SOLUTION
STEP =2
SUB =1
TIME =2
SEQV （NOAVG）
DMX=.002508
SMN=.127304
SMX =64.6091

ELEMENT SOLUTION
STEP =2
SUB =1
TIME =2
SEQV （NOAVG）
DMX=.002508
SMN=.127304
SMX =64.6091

.127304   7.29194   14.4566   21.6212   28.7859   35.9505   43.1151   50.2798   57.4444   64.6091
002-PU

.127304   7.29194   14.4566   21.6212   28.7859   35.9505   43.1151   50.2798   57.4444   64.6091
002-PU

（2）4号舱壁连接结构中垂状态下应力云图

图5-43　4号舱壁应力

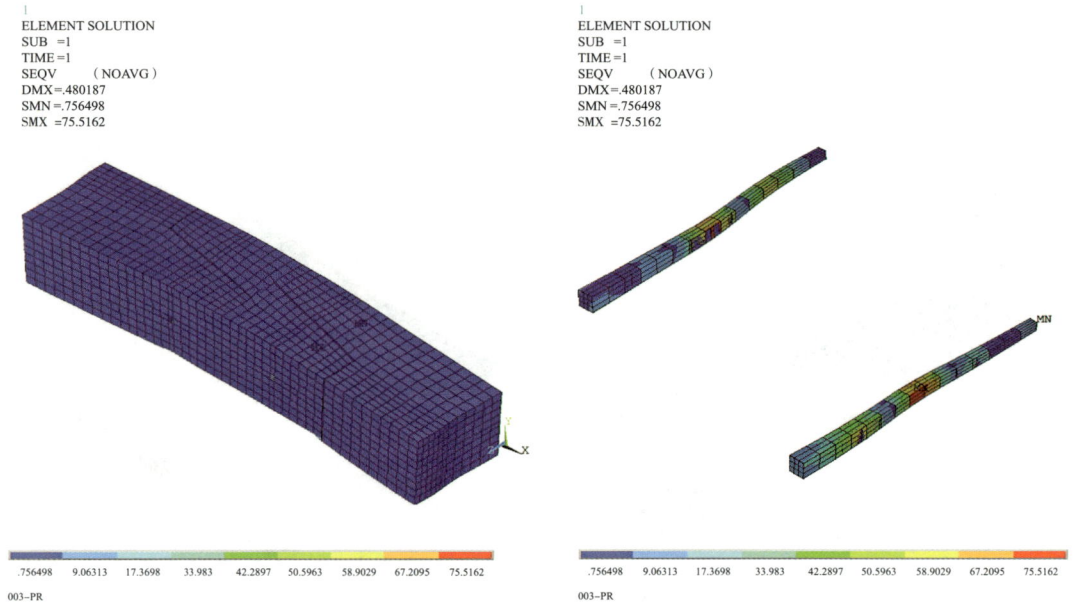

（1）5号舱壁连接结构中拱状态下应力云图

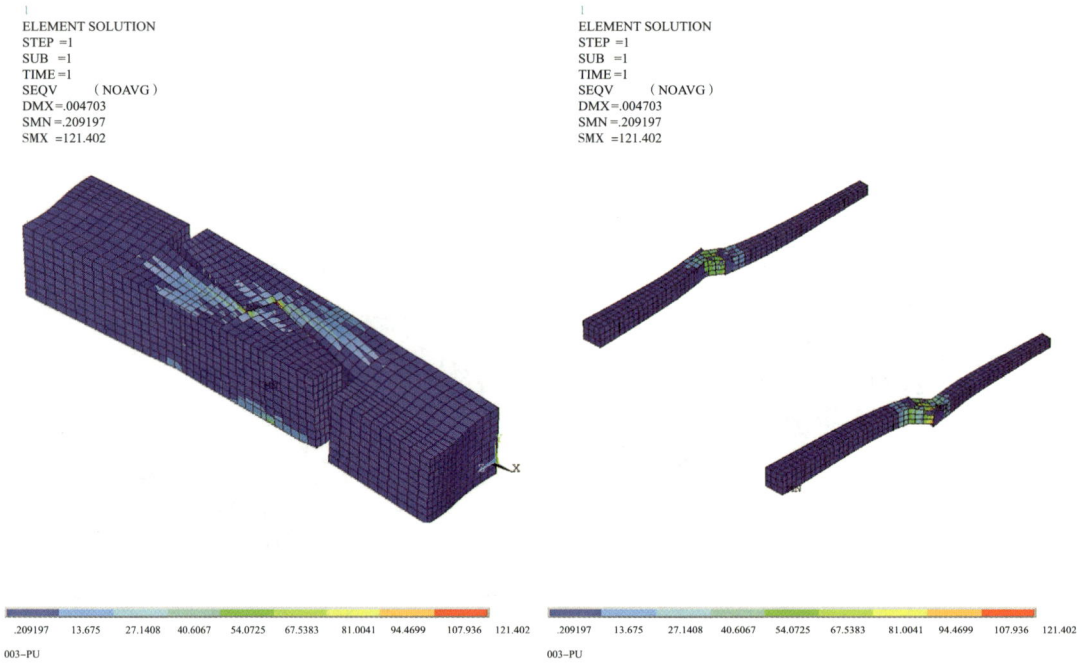

（2）5号舱壁连接结构中垂状态下应力云图

图5-44　5号舱壁应力

ELEMENT SOLUTION
STEP =1
SUB =1
TIME =1
SEQV （NOAVG）
DMX =.512903
SMN =.826376
SMX =121.43

ELEMENT SOLUTION
STEP =1
SUB =1
TIME =1
SEQV （NOAVG）
DMX =.512903
SMN =.826376
SMX =121.43

.826376 13.2267 25.6271 38.0275 50.4279 62.8282 75.2286 87.629 100.029 112.43

004–PR

.826376 13.2267 25.6271 38.0275 50.4279 62.8282 75.2286 87.629 100.029 112.43

004–PR

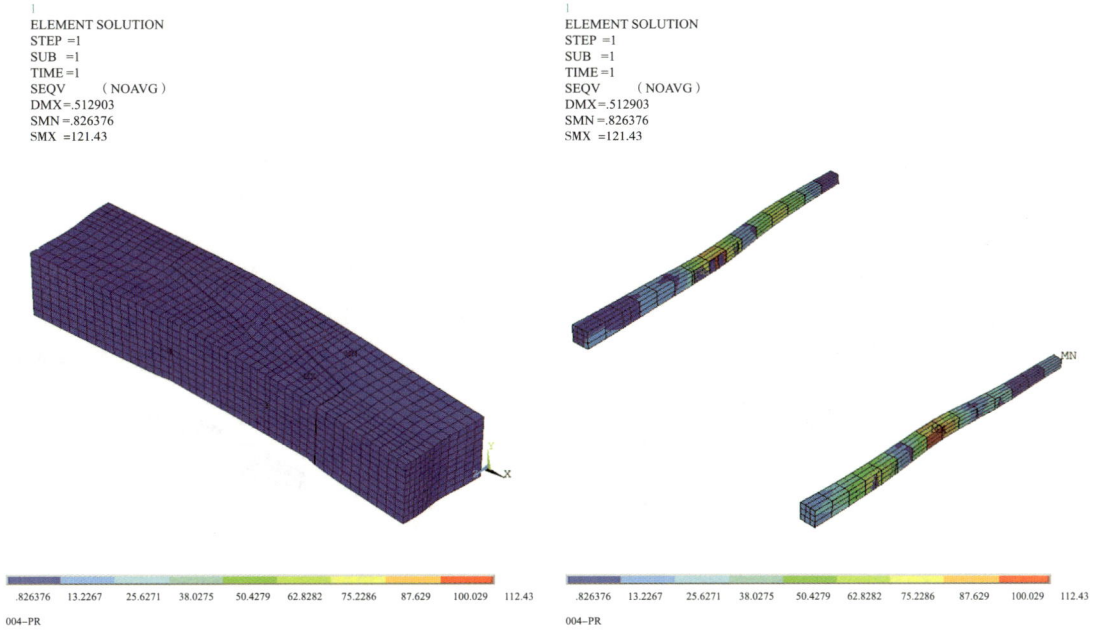

（1）6号舱壁连接结构中拱状态下应力云图

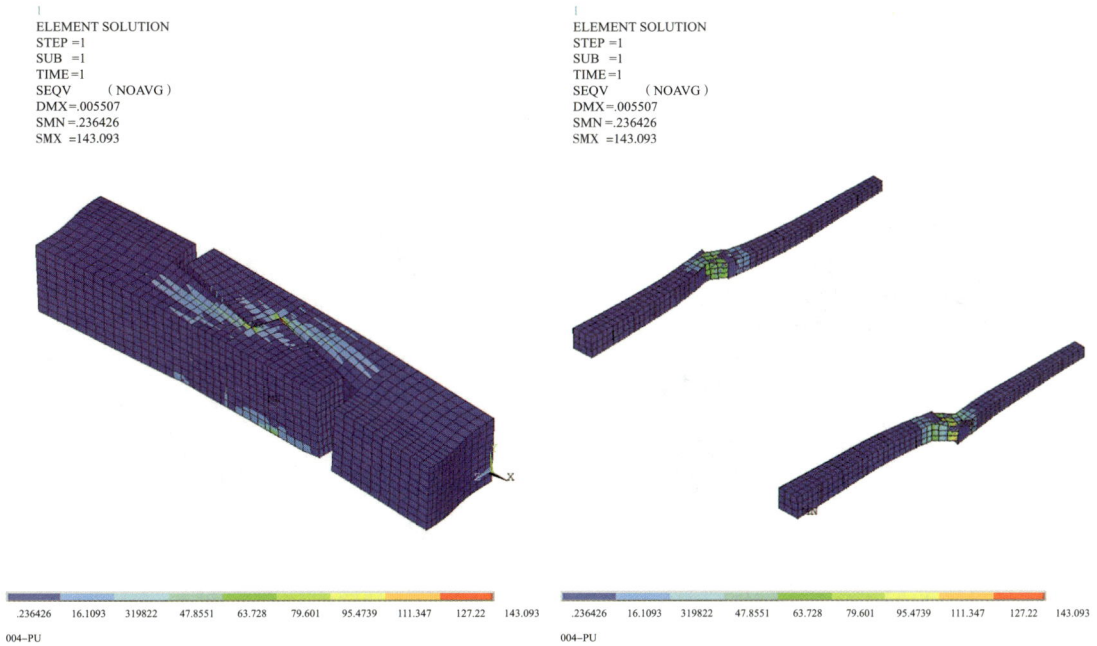

ELEMENT SOLUTION
STEP =1
SUB =1
TIME =1
SEQV （NOAVG）
DMX =.005507
SMN =.236426
SMX =143.093

ELEMENT SOLUTION
STEP =1
SUB =1
TIME =1
SEQV （NOAVG）
DMX =.005507
SMN =.236426
SMX =143.093

.236426 16.1093 319822 47.8551 63.728 79.601 95.4739 111.347 127.22 143.093

004–PU

.236426 16.1093 319822 47.8551 63.728 79.601 95.4739 111.347 127.22 143.093

004–PU

（2）6号舱壁连接结构中垂状态下应力云图

图5-45　6号舱壁应力

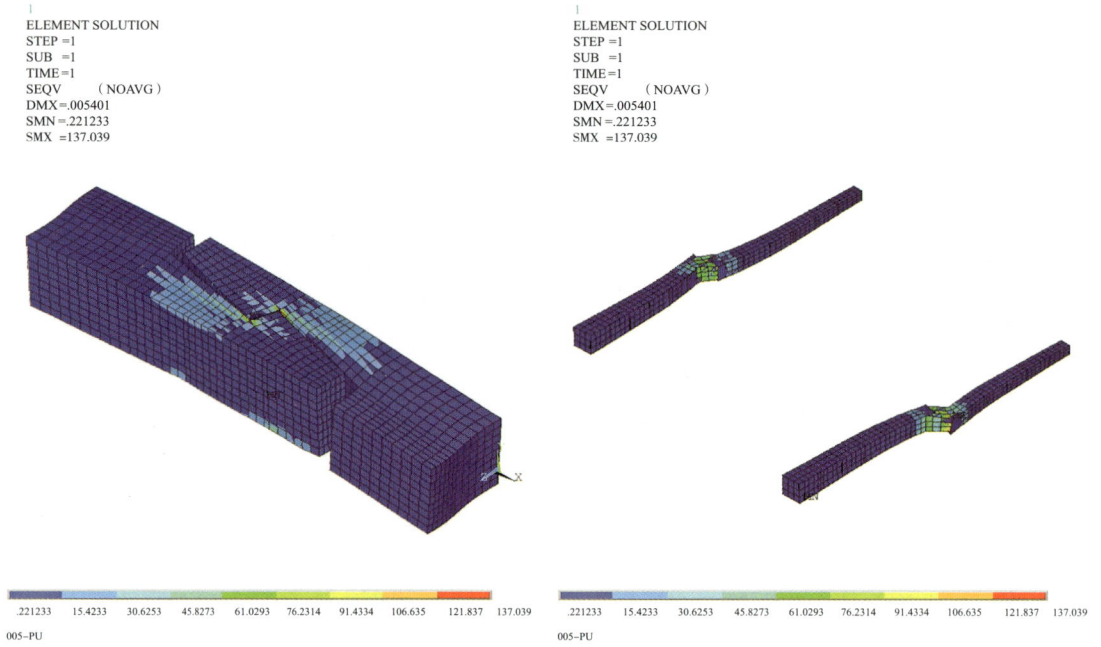

（1）7号舱壁连接结构中拱状态下应力云图

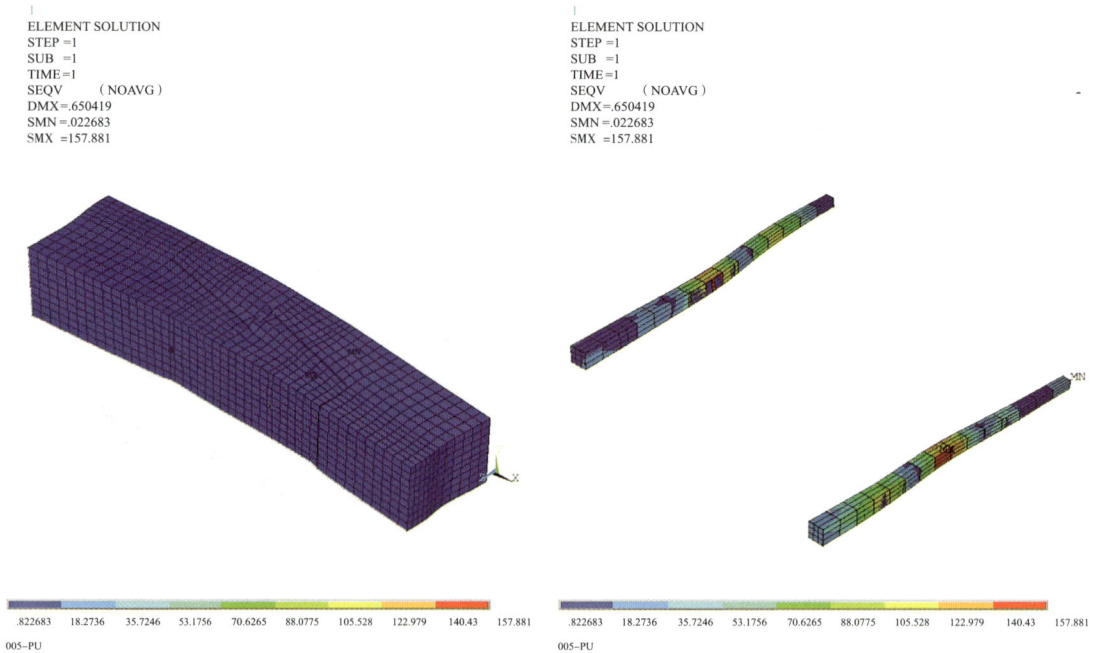

（2）7号舱壁连接结构中垂状态下应力云图

图5-46　7号舱壁应力

ELEMENT SOLUTION
STEP =1
SUB =1
TIME =1
SEQV （NOAVG）
DMX =.660107
SMN =.843358
SMX =104.799

.843358　12.394　23.9447　35.4954　47.046　58.5967　70.1474　81.698　93.2487　104.799
006-PR

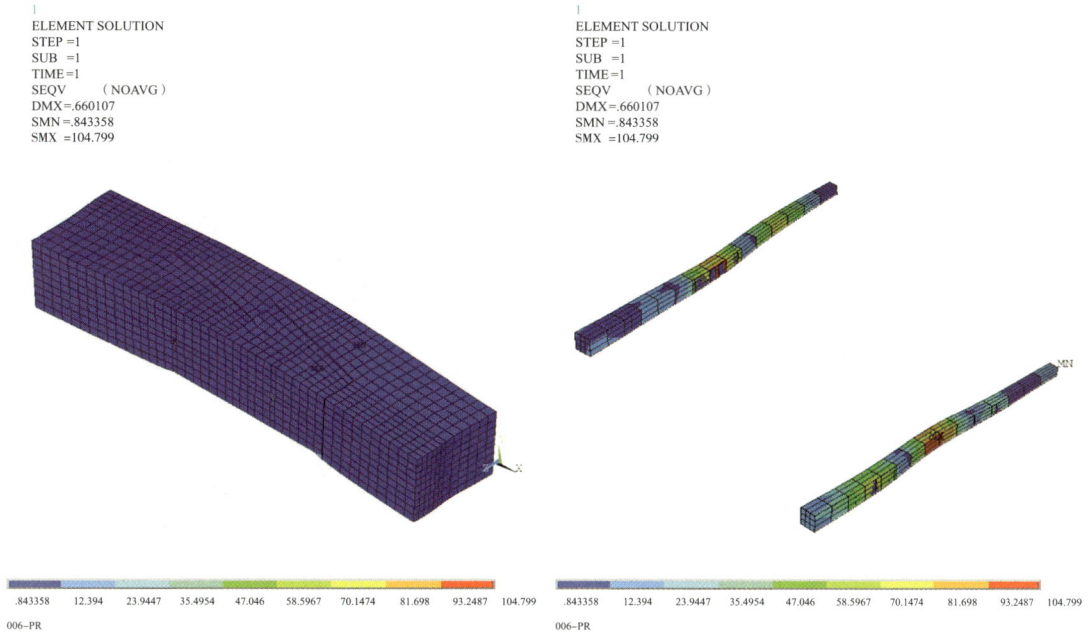

（1）9号舱壁连接结构中拱状态下应力云图

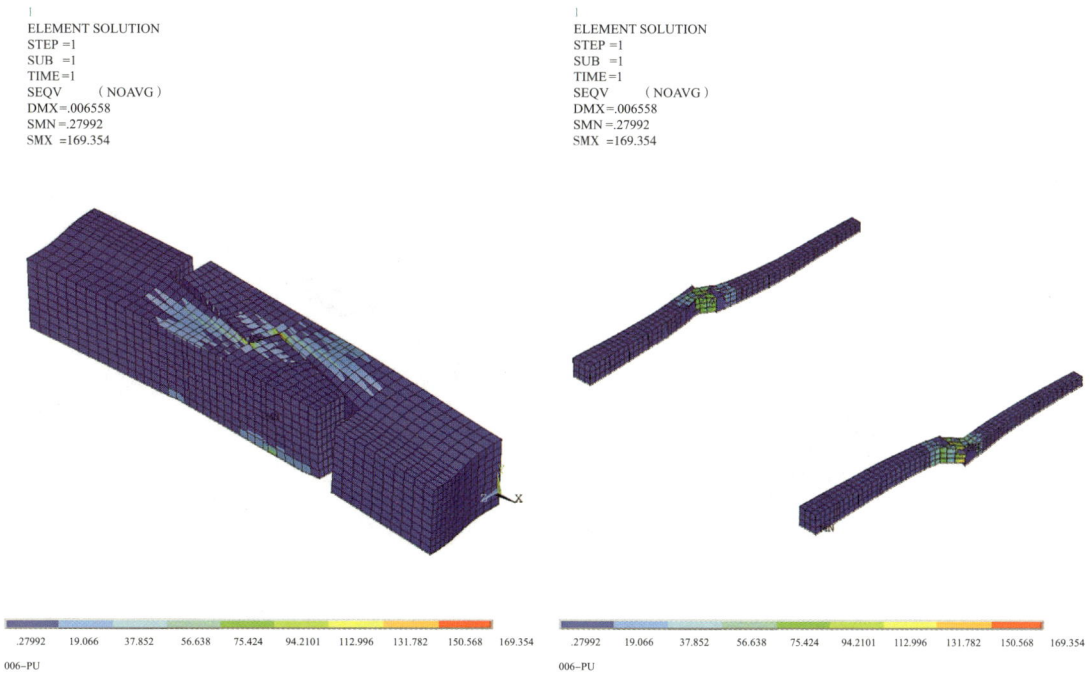

ELEMENT SOLUTION
STEP =1
SUB =1
TIME =1
SEQV （NOAVG）
DMX =.006558
SMN =.27992
SMX =169.354

.27992　19.066　37.852　56.638　75.424　94.2101　112.996　131.782　150.568　169.354
006-PU

（2）9号舱壁连接结构中垂状态下应力云图

图5-47　9号舱壁应力

105

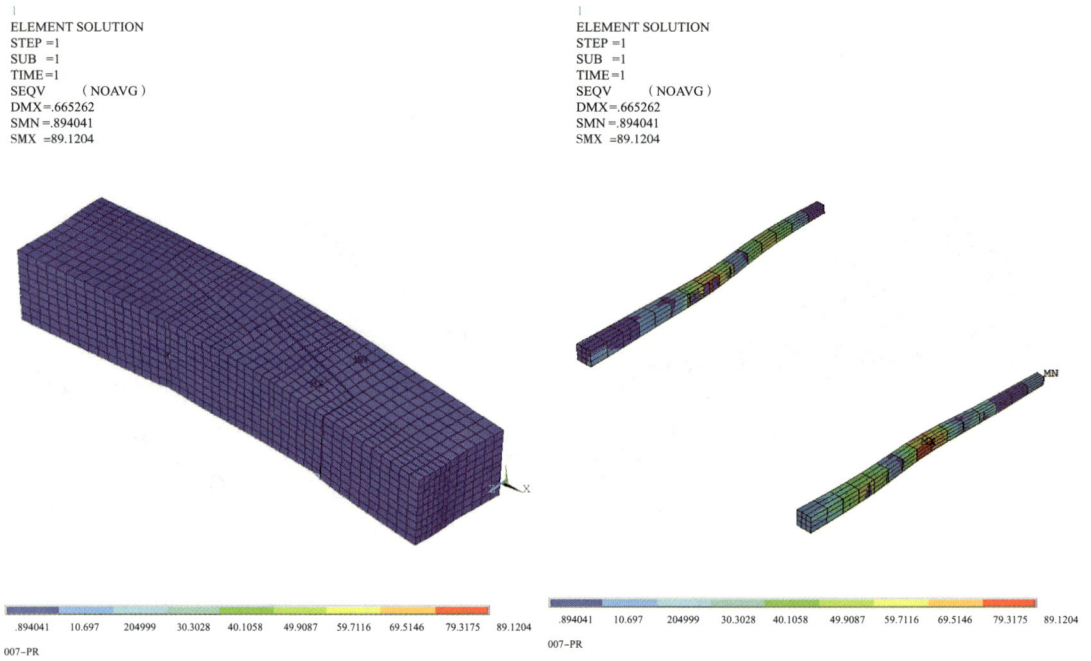

（1）10号舱壁连接结构中拱状态下应力云图

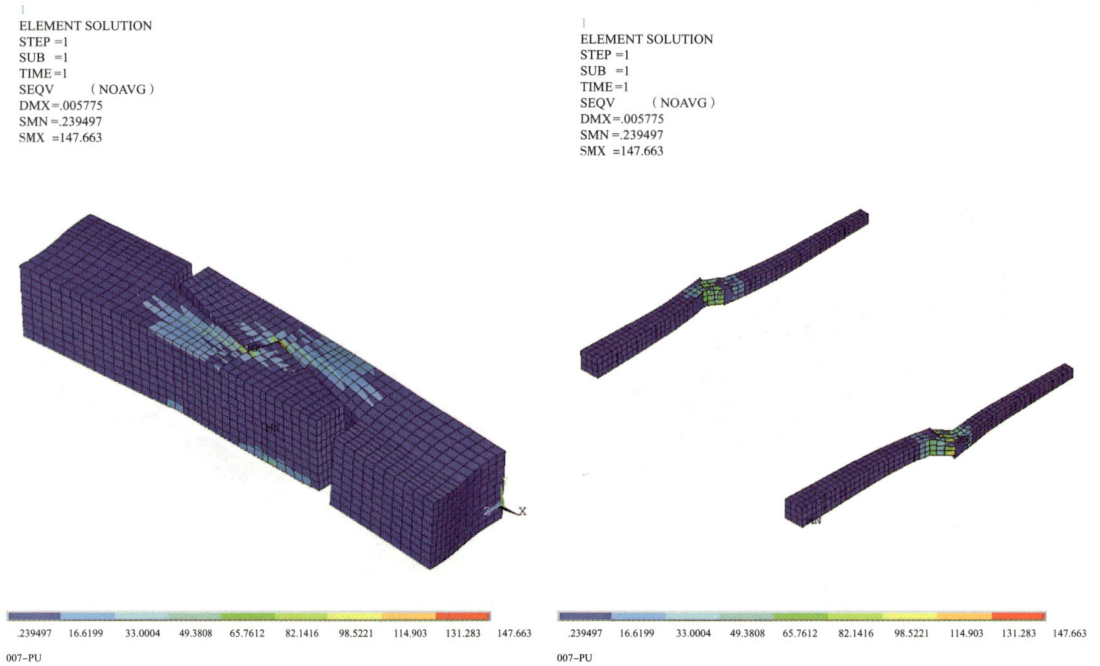

（2）10号舱壁连接结构中垂状态下应力云图

图5-48　10号舱壁应力

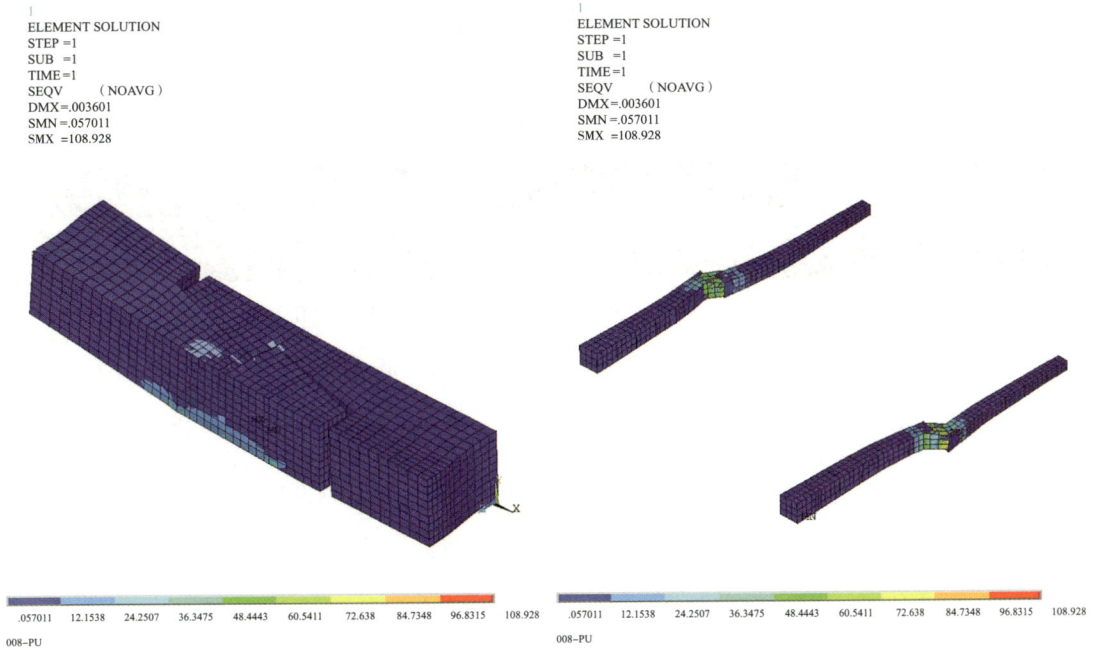

（1）11号舱壁连接结构中拱状态下应力云图

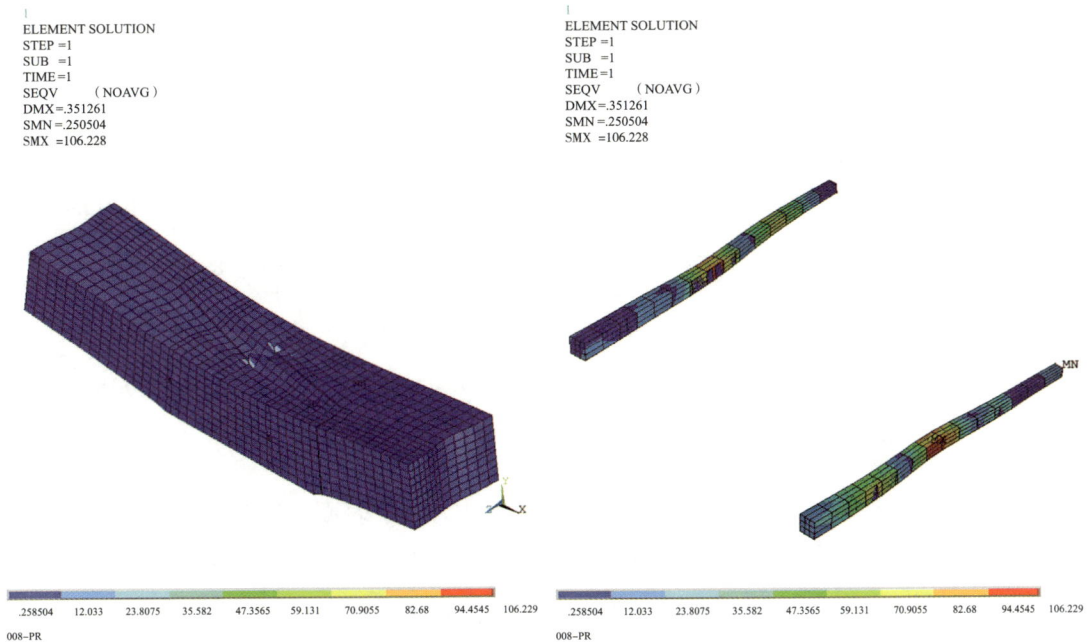

（2）11号舱壁连接结构中垂状态下应力云图

图5-49　11号舱壁应力

σ_x，σ_y，σ_z方向的应力计算结果，如表5-18所示。表中，Se为等效Von-Mises应力。

表5-18　钩子同口模型单元应力

编号	舱壁号	状态	σ_x/MPa		σ_y/MPa		σ_z/MPa		Se/MPa		D/mm
			min	max	min	max	min	max	min	max	max
1	3	中拱	−29.86	64.28	−5.59	3.04	−1.32	1.155	0.26	65.08	0.0021
		中垂	−29.15	17.93	−12.20	5.32	−50.36	46.50	46.50	0.896	0.013
2	4	中拱	−38.05	22.34	−12.39	5.23	−0.038	5.23	−50.17	46.45	0.018
		中垂	−29.86	64.38	−5.59	3.04	−1.32	1.25	0.12	64.61	0.214e−4
3	5	中拱	−24.06	14.19	−10.93	5.41	−47.02	43.73	0.756	76.51	0.0095
		中垂	−29.86	64.38	−5.60	3.04	−1.32	1.25	0.127	64.61	0.214e−4
4	6	中拱	−32.00	18.71	−15.35	9.01	−69.94	65.91	0.826	112.4	0.11
		中垂	−29.86	64.38	−5.59	3.04	−1.32	1.25	0.12	64.61	0.32e−4
5	7	中拱	−56.82	137.1	−12.77	7.186	−2.52	2.64	0.22	137.0	0.4e−4
		中垂	−24.06	14.19	−10.33	5.41	−47.03	43.79	0.75	75.51	0.009
6	9	中拱	−34.23	20.78	−14.71	8.00	−65.02	60.90	0.84	104.8	0.014
		中垂	−29.86	64.38	−5.59	3.04	−1.32	1.25	0.12	64.61	0.214e−4
7	10	中拱	−30.88	18.68	−13.06	6.23	−55.37	51.41	0.89	89.12	0.013
		中垂	−29.86	64.38	−5.59	3.04	−1.32	1.25	0.12	64.61	0.214e−4
8	11	中拱	−39.55	108.53	−3.93	5.76	−1.97	2.11	0.057	108.93	0.289e−4
		中垂	−24.06	14.19	−1.093	5.401	−47.02	43.79	0.76	75.51	0.095

由上述结果可知，整个结构所受应力最大处为钉子表面。因为古代铸造技术较为落后，所以古代船工为了保证船舶局部强度，常常在穿心钉之间加锔钉。对于木船来说，船体空船重量占排水量的很大比例，而且随着船舶排水量变大，这个比例也随之增长，两者成正比关系，而且随着船体变大，无法采伐到足够大的木材，连接结构也会更多，钉子的数目就变得更多，其重量不容忽视。

下面用同样被广泛使用且结构简单、装配更加方便的滑肩同口来说明这个问题。

四、同口结构比较分析

1. 滑肩同口模型的建立与计算

如图5–50所示，滑肩同口早在宋代就出现了，它结构简单，制造船舶时也更方便安装，使用捻料捻缝后，用钉子连接，能满足船体强度的要求。因此，这里以滑肩同口与钩子同口来做对比。

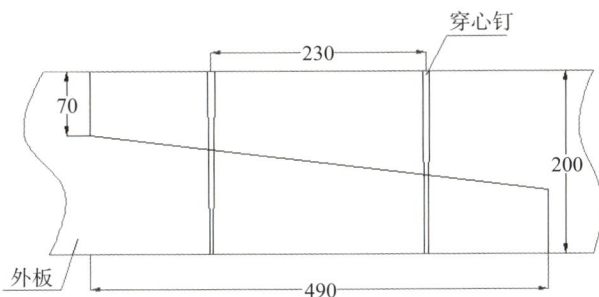

图5–50　滑肩同口尺寸（单位：mm）

滑肩同口的有限元模型，如图5–51所示。

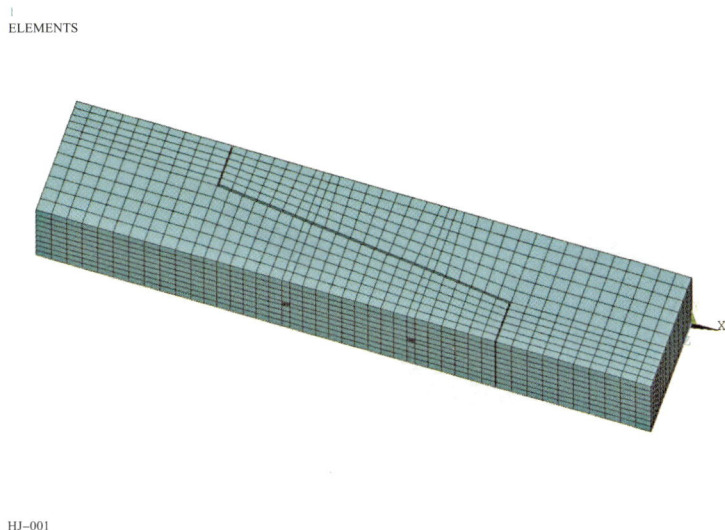

图5–51　滑肩同口有限元模型

将此模型加载和7号舱壁的钩子同口采用同样的载荷进行，计算结果如图5–52所示。与上一节相同，将铁钉单元单独显示。

ELEMENT SOLUTION
STEP =1
SUB =1
TIME =1
SEQV   （NOAVG）
DMX=.265802
SMN =.92132
SMX =167.668

ELEMENT SOLUTION
STEP =1
SUB =1
TIME =1
SEQV   （NOAVG）
DMX=.265802
SMN =.92132
SMX =167.668

.92132 19.4487 37.9762 56.5036 75.031 93.5584 112.086 130.613 149.141 167.668
HJ-001

1.95846 20.3706 38.7828 57.195 75.6072 94.0194 112.432 130.844 149.256 167.668
HJ-001

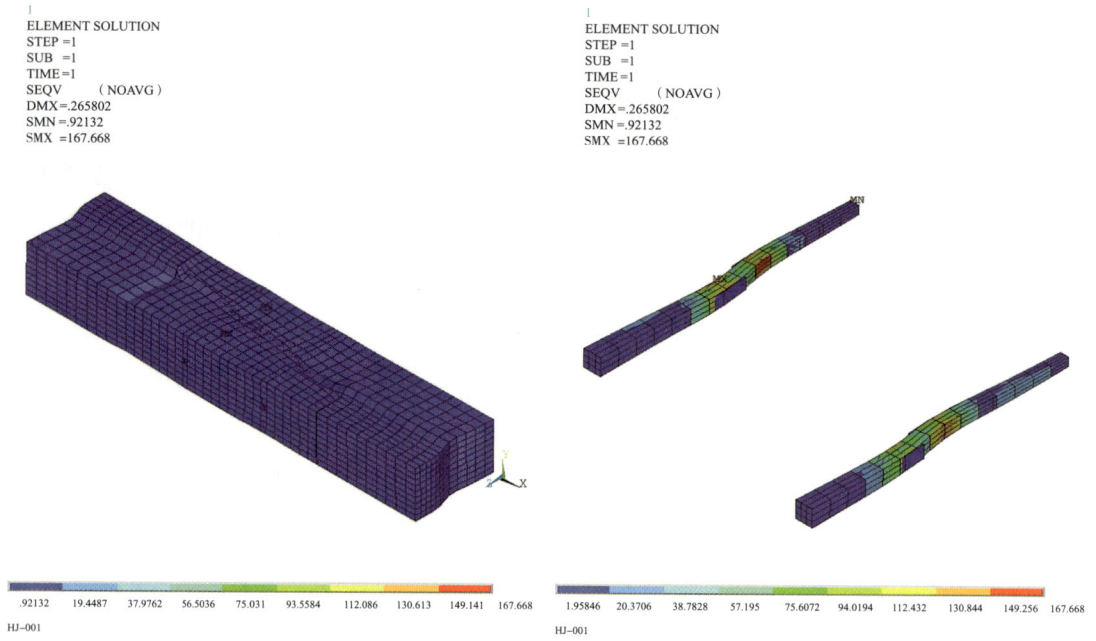

（1）模拟的滑肩同口中拱状态下应力云图

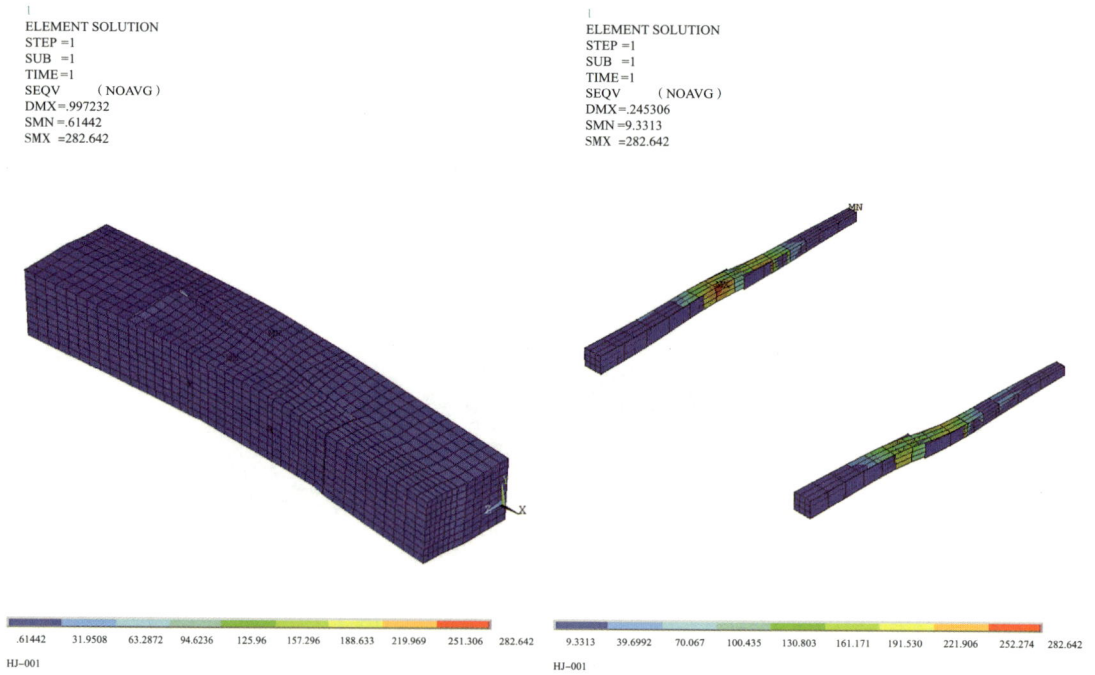

ELEMENT SOLUTION
STEP =1
SUB =1
TIME =1
SEQV   （NOAVG）
DMX=.997232
SMN =.61442
SMX =282.642

ELEMENT SOLUTION
STEP =1
SUB =1
TIME =1
SEQV   （NOAVG）
DMX=.245306
SMN =9.3313
SMX =282.642

.61442 31.9508 63.2872 94.6236 125.96 157.296 188.633 219.969 251.306 282.642
HJ-001

9.3313 39.6992 70.067 100.435 130.803 161.171 191.530 221.906 252.274 282.642
HJ-001

（2）模拟的滑肩同口中垂状态下应力云图

图5-52 滑肩同口的计算结果

由图5-52可知，中拱状态时铁钉等效应力为282 MPa，由于缺乏当时金属铸造工艺的资料，考虑到普通铸铁抗拉强度在200—300 MPa，这里铁钉强度不够，应该增加钉子的数量。

表5-19是在7号舱壁的同等条件下，钩子同口和滑肩同口的强度比较。

表5-19　钩子同口和滑肩同口计算结果比较

		σ_x/MPa		σ_y/MPa		σ_z/MPa		Se/MPa		D/mm
		min	max	min	max	min	max	min	max	max
钩子同口	中拱	−56.82	137.1	−12.77	7.186	−2.52	2.64	0.22	137.0	0.4e−4
	中垂	−24.06	14.19	−10.33	5.41	−47.03	43.79	0.75	75.51	0.009
滑肩同口	中拱	−48.88	56.69	−43.65	31.14	−193.4	183.38	0.61	282.64	0.0116
	中垂	−32.35	30.257	−26.30	21.06	−117.3	99.793	0.92	167.66	0.006

2. 结果分析

通过比较可以得到以下结论：

（1）在正常航行中，使用钩子同口和滑肩同口，木板所受集中应力两者相差不大。

（2）钩子同口的铁钉上的等效应力是滑肩同口的铁钉上的等效应力的45%左右。

（3）算例中，滑肩同口在中拱状态下，两根铁钉强度已经不足，需要增加铁钉的数量。这对于古代建造大型船舶的工艺来说是致命的缺点。

3. 结论

经过分析，可以得到以下主要结论：

在木质船舶工艺中发明的钩子同口，尽管木连接结构本身受到的应力没有改变，但钉子上的集中应力相比之前使用的滑肩同口降低50%以上，所需要的钉子的数量大大减少，从而减轻船舶自重，减小工艺难度。这说明钩子同口结构更加先进合理，这种优势当船舶主尺度越大时，体现得越明显。

通过现代船舶结构分析的理论和方法证明，中国古代在17世纪的造船工艺能成为建造如同郑和宝船那样巨大的木质帆船的技术基础。

第六章

对照现代帆船规范的郑和宝船稳性的仿真分析

第一节　船舶的稳性

　　船舶稳性，是指船舶在外力作用消失后保持其原有位置的能力。由物理学原理可知，船舶静止漂浮于水面某一位置时，受到自身的重力和水的浮力这两个大小相等方向相反的力，且这两个力的作用点在同一铅垂线上，使得船舶处于平衡状态。但船舶在海上航行时，经常受到风浪流等各种外力的干扰，使其产生倾斜，这就破坏了原来的平衡状态。船舶在受到外力干扰产生倾斜后会不会翻转？当外力消失后船舶会不会恢复到原来的平衡位置？这就是船舶的稳性问题。

　　船舶的浮态有正浮、横倾、纵倾、任意浮态，如图6-1所示，用吃水、横倾角、纵倾角等参数表示。在研究船舶稳性问题时，最关键的是研究船舶的重量和排水量、重心和浮心之间的关系和它们相互之间的计算方法。船舶的重量、重心可根据总布置图和其他相关图纸及技术资料进行分析计算，而排水量和浮心则依据型线图和型值表进行分析计算。

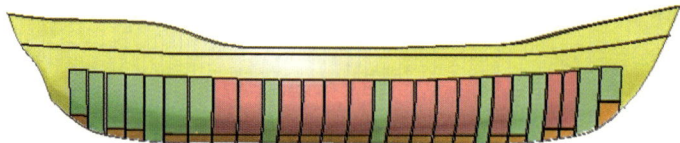

（1）正浮（侧视）

（2）纵倾（侧视）

（3）正浮（首视）

（4）横倾（首视）

（5）任意浮态

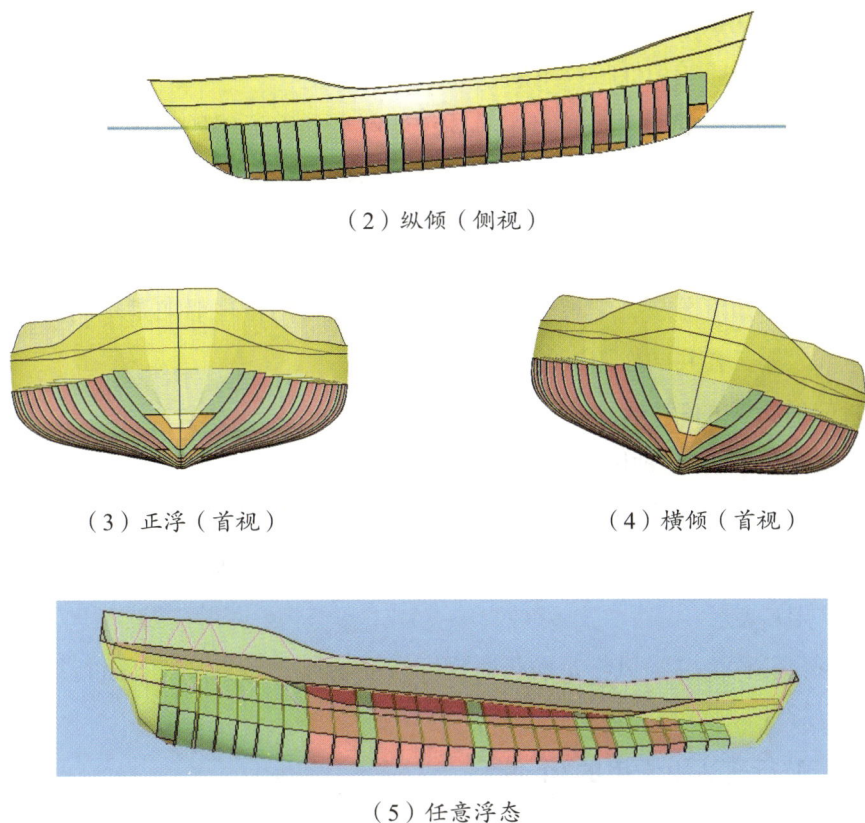

图6-1　船舶的浮态

　　船舶正浮时的排水量和浮心位置通常有垂向沿吃水方向计算和纵向沿船长方向积分计算两种。同时利用邦金曲线（在每个站号处以吃水为纵坐标、横剖面面积为横坐标的曲线），便可得出纵倾情况下的每站横剖面面积，从而求得排水量和浮心位置。

第二节　帆船的各国校核标准

　　具有帆的船在张帆航行时，由于船上配备的帆会受到空气动力作用，使得帆船与常规船的受力情况有所差异。另外，由于帆船的风帆受风面积大，风压形心位置高，帆对船产生的横倾力矩与普通船舶相比，其数量将大幅增加，同时也导致帆船的稳性校核与常规船舶稳性校核不同。

下面通过分析帆船的受力特点来具体说明帆船与普通船舶相比的特殊性，并介绍各国的校核标准。

一、帆船受力特点

从流体力学角度分析，帆船张帆航行时，其受力与常规船舶是不同的，它是处于由风、流、浪三者共同作用下的运动物体。

1. 帆船航行中的3种风

帆船航行时一般用3种风来表示。

真实风：相对于地球固定建筑物上所观察到的风，用V_1表示。

航行风：又称为船风。它是与船舶航行方向相反的，速度大小与帆船航行速度相等的风，用V_2表示。

相对风：又称为感觉风，是航行时实际所受的风，是真实风与航行风的矢量之和，用V_3表示。

2. 帆船航行表述中常用的3个角

帆船航行中一般用3个角来表示。

风向角：帆船纵轴线同相对风之间的夹角，以β表示。

迎角：帆翼弦线同相对风之间的夹角，以α表示。

帆角：帆翼船纵轴线同帆翼弦线之间的夹角，以γ表示。

3. 3种风和3个角的关系

一般情况下，帆船航行中的3种风和3个角之间的关系，如图6-2所示。图中，CK为帆船航向；帆船纵轴线同帆船航向CK的夹角δ，称为帆船漂角。

当帆船张帆航行时，由于风的作用在垂直于相对风方向上会产生升力L和沿着空气流动的阻力D。升力与阻力的合力可分解

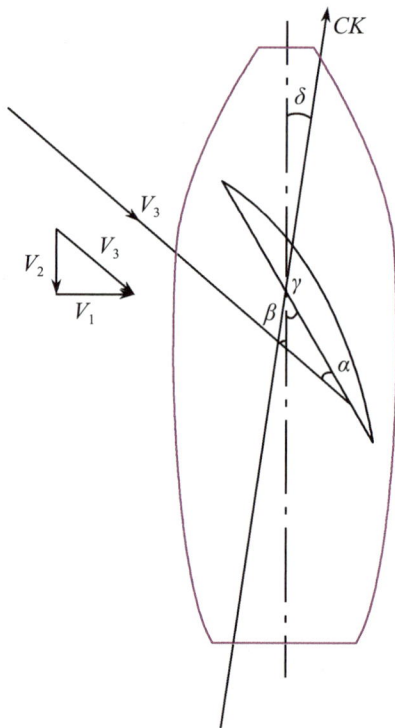

图6-2　帆船航行时3种风与3个角的关系图

为沿着帆船纵轴线方向上的分力"帆的推动力"和垂直于帆船首尾连线方向的分力"帆的横向力"。同时，由于帆船的实际前行方向与帆船纵轴线之间有一定的夹角，即漂角。因此，帆船航行时除了产生阻力R_x外，还产生一个横向的阻力R_y来平衡帆的横向力，把阻力R_x与横向的阻力R_y的合力用R表示，如图6-3所示。

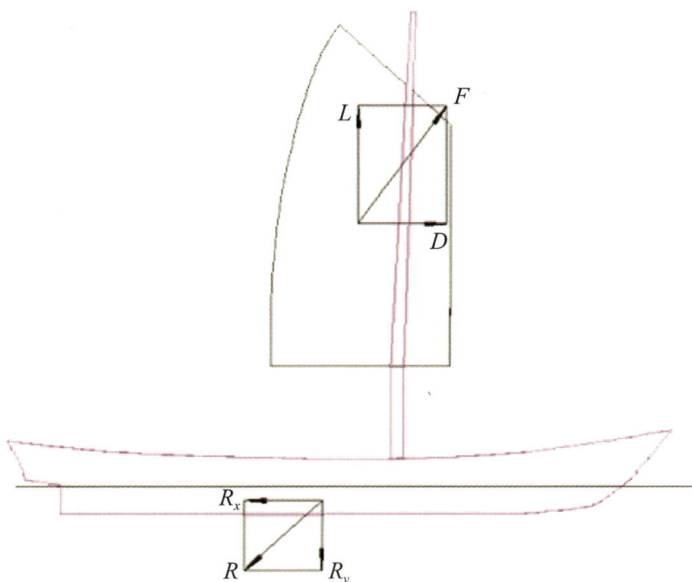

图6-3　帆船受力分析图

二、国内帆船稳性校核分析

帆船的稳性该如何校核，至今国内还没有明确的规范规定。在20世纪末期，国内有专家学者针对帆船的稳性该如何校核进行过探讨。所提出的校核方法，主要是参考中华人民共和国船舶检验局1992年颁布的《海船法定检验技术规则》（简称《法规》）"完整稳性篇"及帆模试验和实船试验结果分析修改得到的。

《法规》对船舶稳性的要求：

（1）帆船在收帆航行时满足《法规》对船舶动稳性的要求；

（2）帆船在张帆航行时，在限定风速25 m/s下（航行于沿海航区的船）应使其稳性衡准数K不小于1.0，同时其进水角应小于或等于动倾角；

（3）在计算风压倾侧力臂时，分别为风帆风压倾侧力臂和船体风压倾侧力臂。对应的风压倾侧力矩为：由帆产生的风帆风压倾侧力矩M_{fb}；由船体产生的船体风压倾侧力矩M_{fs}。

$$M_f = M_{fs} + M_{fb} \qquad ①$$

其中，帆的迎风位置的选取应为帆正对侧面来风的位置，此位置为帆船最危险的状态。依据空气动力学原理，风压与风速的关系如式②所示。其中，船体部分 C_p 依据海协资料取1.2，实取 $p=0.076V^2$；风帆部分依据风帆极限图和最佳帆角图谱取1.208，实取 $p=0.076V^2$。

$$p = \frac{1}{2}\rho V^2 C_p \qquad ②$$

式中，ρ 为空气密度；V 为风速。

（4）自摇周期 T_θ 的计算也借用规范中的公式，但需给予修正：

$$T_\theta = K_\theta \cdot 0.58 f \sqrt{\frac{B^2 + 4\overline{KG}^2}{GM_0}} \qquad ③$$

式中，与《法规》中常规船横摇自摇周期计算公式相比，多了修正系数 K_θ，$K_\theta = 1.0 + \dfrac{S}{LB}$，其中 S 是帆面积，L 是垂线间长，B 是不包括船壳板的最大船宽；KG 是所核算装载情况下船舶重心至基线的垂向高度，GM_0 是所核算装载情况下船舶未计及自由液面修正的初稳性高度。

（5）横摇角 θ 的计算借用《法规》中的公式，同时也给予修正：

$$\theta = 11.75 C_1 C_4 C_s \sqrt{\frac{C_2}{C_3}} \qquad ④$$

式中，$C_s = 0.6\left(\dfrac{S}{LB}\right)^2 - 1.06\dfrac{S}{LB} + 1.0$。

此式与《法规》中常规船横摇角计算公式相比，多了帆的修正系数 C_s。C_1，C_2，C_3，C_4 分别与横摇自摇周期及航区，所核算装载情况下船舶重心至基线的垂向高度及船舶型吃水，船宽吃水比，船舶类型及舭龙骨尺寸有关。

三、国外帆船稳性校核分析

16世纪到20世纪期间，西方国家的海上贸易达到顶峰时期，帆船也在此期间得到了很大程度的发展。西方国家针对帆船完整稳性的研究比较早，到目前为止比较完善。各国根据自身的研究，对本国帆船的稳性校核进行了规定。

1. 英国Lloyd帆船稳性规范

Lloyd依据美国交通部（U.K.Department of Transport）发布的风帆训练船稳性的要求为文件指导，对本国的帆船稳性要求进行修正和更改。并于后期对三桅帆56 m长的帆船进行试验（特别是风倾力矩和阵风影响），在此基础上完善了本国的帆船稳性规范，具体要求如下：

（1）帆船满载出港和满载到港这2种工况要满足规范要求；

（2）在横倾角90°或以上，帆船的复原力臂要大于0（具体依据帆船主尺度确定）；

（3）DWHL（derived wind heeling lever）曲线与GZ曲线的交点处对应的横倾角θ_d必须大于15°。DWHL曲线如图6-4所示。

$$\text{DWHL}=0.5 \times WL_0 \times \cos^{1.3}\theta \qquad ①$$

$$WL_0 = \frac{GZ_f}{\cos^{1.3}\theta_f} \qquad ②$$

②式中，GZ_f为在船舶入水角或60°（取小者）处对应的复原力臂值；θ_f为帆船入水角。

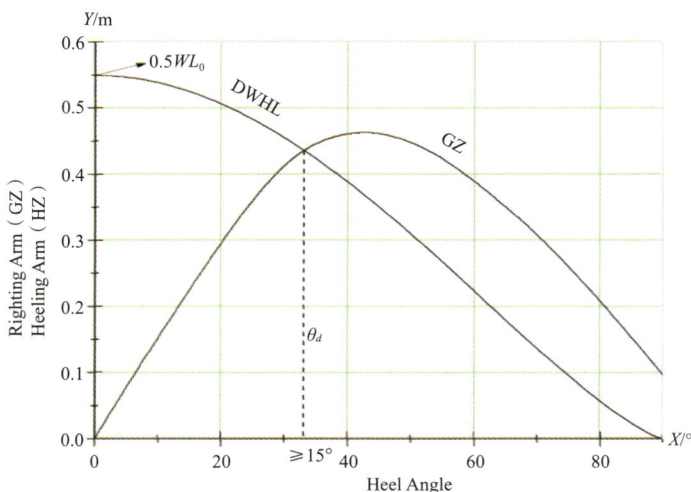

图6-4　DWHL曲线

2. 美国海岸警卫队帆船稳性规范

美国海岸警卫队曾对自己所属的1艘长约70 m的三桅帆船EAGLE进行稳性试验，并根据试验结果制定了帆船的稳性校核法方法。规范具体要求如下：

（1）在各种装载工况下，非无限航区（protectedwaters）的帆船稳性消失角应大于70°；

（2）非无限航区的帆船稳性应满足式①②③：

$$\frac{1\,000\,\Delta\,\text{HZA}}{\text{AH}} \geq X \qquad ①$$

$$\frac{1\,000\,\Delta\,\text{HZA}}{\text{AH}} \geq Y \qquad ②$$

$$\frac{1\,000\,\Delta\,\text{HZA}}{\text{AH}} \geq Z \qquad ③$$

117

式中，X=10.9 t/m²，Y=12.0 t/m²，Z=13.7 t/m²；A为水线以上船体和帆的面积之和，此时的帆取平行于中线面的帆面积；H为A的形心位置与水线下船体部分形心位置间的垂直距离，（水线下船体部分形心位置可近似取1/2的吃水）；Δ为船舶排水量。

（3）在任一装载工况下HZA、HZB、HZC值应满足如下计算：

① 若GZ曲线最大复原力臂对应的横倾角小于35°，则应如图6-5所示进行削平。

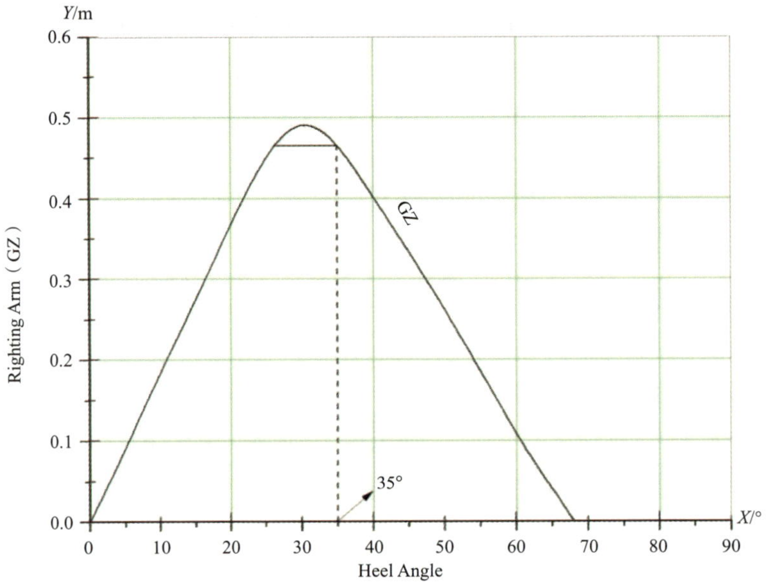

图6-5　GZ曲线削平图

② HZA值确定方法

风压倾侧力臂曲线应满足式④：

$$HZ=HZA\cos^2\theta \qquad ④$$

式中，HZ为风压倾侧力臂；HZA为帆船横倾角为0°时的风压倾侧力臂值；θ为船舶横倾角。

风压倾侧力臂曲线在甲板边缘入水角处与GZ曲线相交如图6-6所示。

③ HZB值确定方法

风压倾侧力臂曲线应满足式⑤：

$$HZ=HZB\cos^2\theta \qquad ⑤$$

式中，HZ为风压倾侧力臂；HZB为帆船横倾角为0°时的风压倾侧力臂值；θ为船舶横倾角。

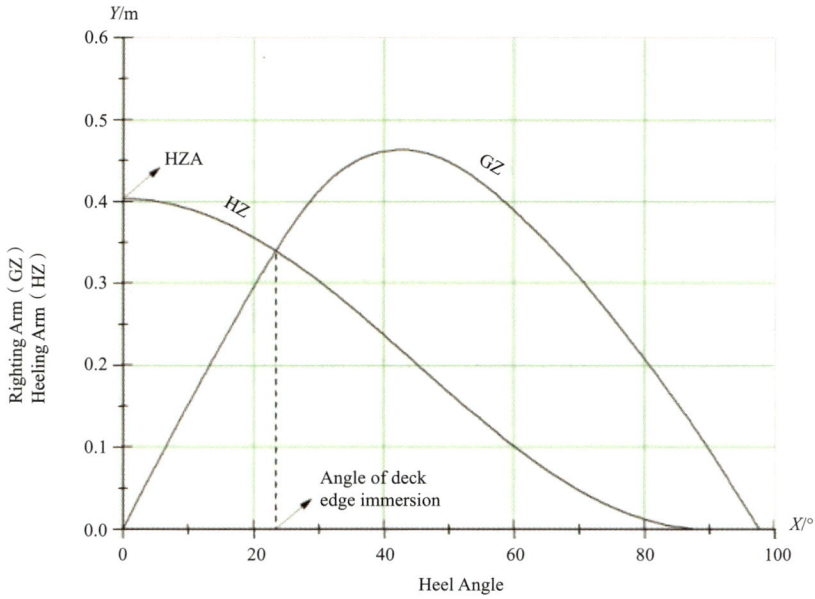

图6-6　HZA值确定图

在横倾角0°到入水角或60°（取小者）间的风压倾侧力臂的面积应等于对应角度下的GZ曲线下的面积，即a+b=b+c。如图6-7所示。

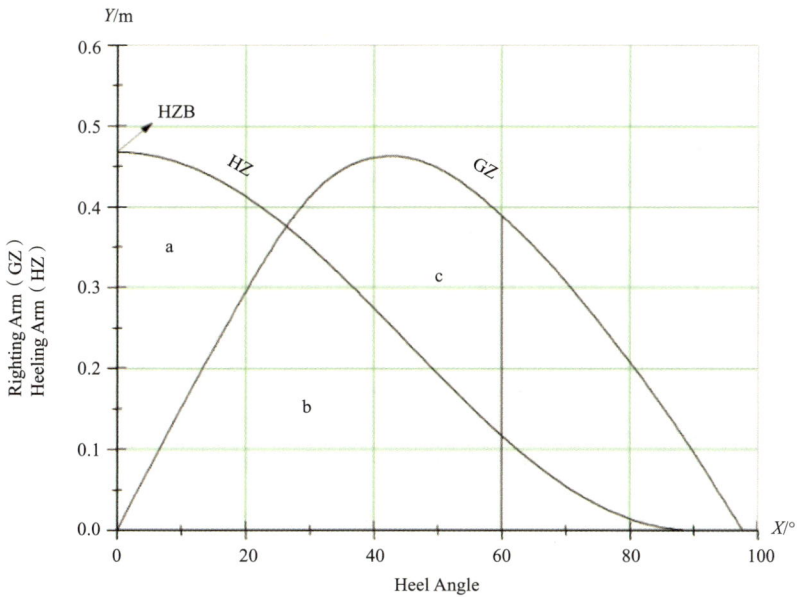

图6-7　HZB值确定图

④ HZC值确定方法

风压倾侧力臂曲线应满足式⑥：

$$HZ=HZC\cos^2\theta \qquad ⑥$$

式中，HZ为风压倾侧力臂；HZC为帆船横倾角为0°时的风压倾侧力臂值；θ为船舶横倾角。

当船舶稳性消失角不大于90°时，GZ曲线下的面积等于风压倾侧力臂曲线下的面积，即b+d-e=a+b+c。如图6-8（1）所示；当船舶稳性消失角大于90°小于120°时，GZ曲线下的面积等于风压倾侧力臂曲线下的面积，即b+c=a+b。如图6-8（2）所示。

⑤ 若船舶稳性消失角不小于90°，HZB、HZC值也可按式⑦确定：

$$HZB（orHZC）=\frac{I}{\frac{\theta}{2}+14.3\sin^2\theta} \qquad ⑦$$

式中，当计算HZB值时，I为横倾角0°到进水角或60°（取小者）间的GZ曲线下的面积；θ取值为进水角或60°（取小者）；当计算HZC值时，I为横倾角0°到稳性消失角（稳性消失角不大于120°时）间的GZ曲线下的面积；θ取值为90°。

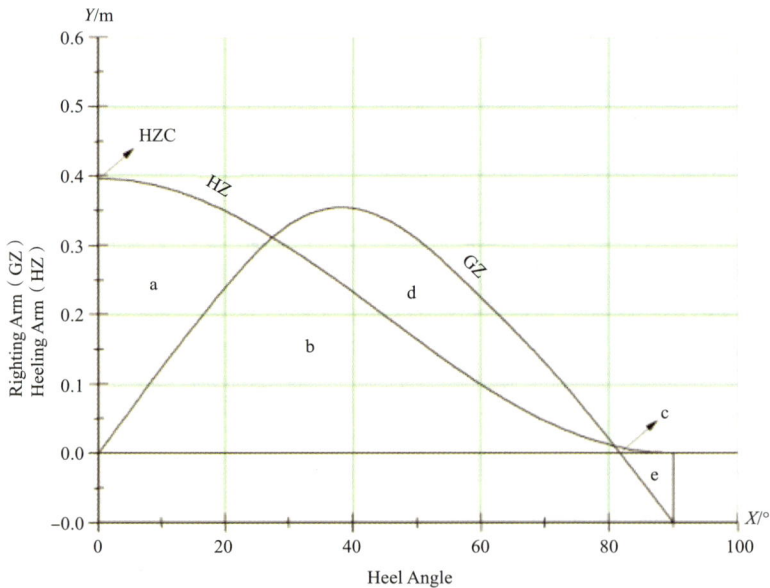

（1）

120

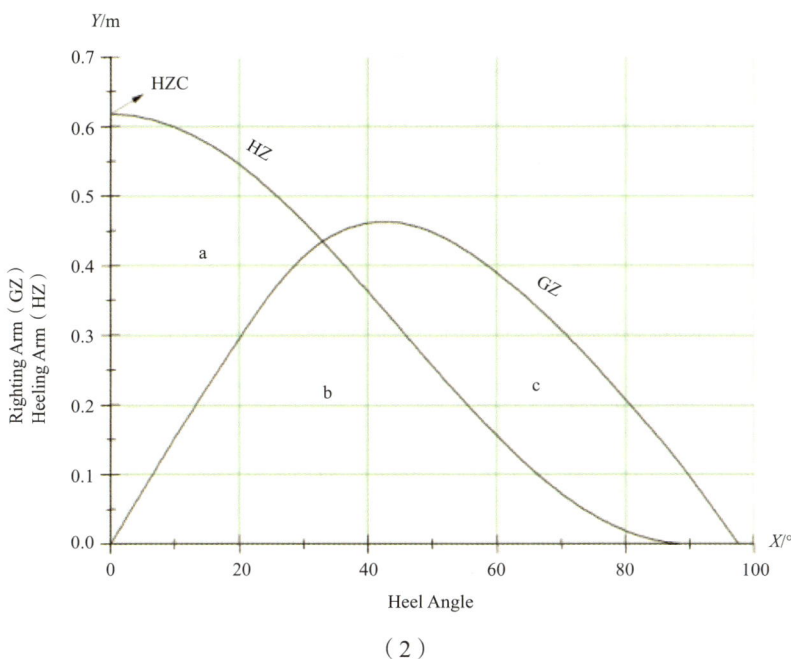

（2）

图6-8　HZC值确定图

3. GL（Germanischer Lloyd）帆船稳性规范

GL规范对于帆船的稳性要求自1984年以后一直没有改变。具体要求如下：

① 经过船舶自由液面修正后的初稳性高GM应不小于0.60 m；

② 对于客帆船，稳性消失角应小于90°；

③ 最大复原力臂GZ_{max}最好应不小于0.30 m；

④ 静风横倾角应小于12°—15°，并且甲板边缘不被浸没；

⑤ 0°—θ_f（入水角）间的复原力臂曲线下的面积应不小于1.4倍的对应角度下的风倾力矩曲线下的面积（此计算所包含的面积有水线以上船体部分面积、帆平行于中线时的面积，但不包含桅杆和索具的面积）。

GL帆船规范没有提出风的横倾力矩与横倾角的关系，一般假定两者之间的关系为$\cos^2\theta$。

4. 法国帆船稳性计算方法

法国船级社于1985年11月提出了客运帆船的稳性要求，对其所有装载工况，必须满足以下要求：

① 经过船舶自由液面修正后的初稳性高GM应不小于0.30 m；

② 对于风的影响计算假定为满帆航行且风速为15 m/s。主帆假定与中线面的夹

角为45°，其余帆与中线面平行。风力大小可依据下式进行计算：

$$F=0.5 \times C_s \times C_H \times \rho \times V^2 \times A$$

式中，F为风力，单位N；C_s为依据受风构件的形状来确定的形状系数，见表6-1；C_H为依据受风构件在海面以上高度而定的高度系数，见表6-2；ρ为空气密度，单位1.222 kg/m³；V为风速，单位m/s；A为受风构件的投影面积，其中主帆面积为其与中线面平行面积的cos45°，其余帆与中线面平行的面积。其中，风的横倾力矩与横倾角的关系为$\cos^2\theta$。

③ 静风横倾角θ_w（由风引起的横倾角）应不大于20°；

④ 静风横倾角θ_w和30°间的复原力臂曲线下的面积应不小于0.055 m/rad；

⑤ 静风横倾角θ_w与θ_1（入水角与40°，取小者）间的复原力臂曲线下的面积应不小于0.090 m/rad；

⑥ 横倾角θ_1与30°间的复原力臂曲线下的面积应不小于0.030 m/rad；

⑦ 帆船最大复原力臂对应角应大于等于30°；

⑧ 复原力臂值大于0.20 m的对应横倾角应不小于30°；

表6-1　帆船形状系数C_s

构件形状或名称	形状系数C_s
圆柱形	0.5
大的平面（上层建筑、甲板室、船体的面积）	1.0
帆	1.0
小部件	1.4

表6-2　帆船高度系数C_H

海面以上高度/m	高度系数C_H
0—15.3	1.0
15.3—30.5	1.1

5. 意大利帆船稳性规则

意大利帆船稳性规则在1990年11月的一个国际会议中出现，这个规则适用于长25—100 m的单体船，具有较大的帆面积（主帆，前帆，尾帆）和相比较低的上层建筑的全甲板帆船。具体要求如下：

① 风力计算时，满帆情况下恒定风速为20 m/s情况下恒定风速为15 m/s（帆与

中线面保持平行）；

　　② 经过船舶自由液面修正后的初稳性高GM应大于0.60 m；

　　③ 稳性消失角应不小于90°；

　　④ 甲板边缘入水角应在25°与30°之间；

　　⑤ 静风横倾角值应不大于0.8倍的甲板边缘入水角及20°；

　　⑥ 横倾角35°处对应的复原力臂值应不小于0.30 m；

　　⑦ 动倾角值应不大于45°及入水角或极限动倾角；

　　⑧ 横倾角从0°到极限动倾角或90°（取小者）间，GZ曲线下的面积应不小于1.5倍的对应角度范围内的风倾力臂曲线下的面积。

四、帆船稳性校核方法对比分析

国内外帆船校核方法对比

　　英国、美国、德国、法国、意大利，不同国家虽然在规范中对一些参数的要求相似，但因规范修改的时间和基于的试验情况不同，也存在一些差别。

　　法国帆船稳性规范只考虑了各种参数在横倾角40°之前是否满足规范要求，对于横倾角40°之后的稳性情况并没有做出要求。并且法国帆船稳性规范是基于现在客船的基础上发展而来的，考虑更多的是乘客的舒适性。

　　对于GL帆船稳性规范，"静风横倾角应小于12°—15°"这个要求过于严格。意大利帆船稳性规范同法国帆船稳性类似，对于横倾角45°以后的稳性并没有做出一些特别的规定。这样就造成一个明显的问题，满足相应规范的帆船其大倾角稳性未必优良。

　　Lloyd是在美国交通部提出的《帆船安全——稳性指南》（*The Safety of Sail Training Ships—Stability Information Booklet*）的基础上对稳性进行的修改。Lloyd对于帆船稳性最大的创新在于提出：提出了风的横倾力矩与横倾角的关系为$\cos^{1.3}\theta$；允许帆船静风横倾角大于甲板边缘入水角，只要满足小于0.5倍的入水角。

　　美国海岸警卫队帆船稳性规范是依据自身的1艘三桅帆船Eagle的稳性校核而制定帆船稳性规范。

　　对于帆船的稳性校核方法，中国学者采用的方法与其他国家有着明显的不同：

　　帆的面积作用简化归入到横摇角的修正中，此修正系数是通过方帆试验得出。但实际上，帆分为硬帆、软帆2种形式，并且不同的形式有着不同的材料可供选择。由于不同船舶配备的帆的桅数、帆型不同，很难通过有限的试验得出较为全面的对比准则。而其他国家帆船稳性校核方法多采用将帆的面积直接计算到横倾力矩中，这样就可以针对不同的风帆直接依据其特征进行计算，结果相对比较正确。

风帆产生的力矩值不随船舶横倾角的变化而变化，为一个恒定数值。由于风帆面积大及风压形心高，当帆船产生较大的横倾时，风帆实际受风面积及形心位置会产生巨大的变化，虽然风倾力矩为恒定数据有利于作图和计算，但这样选取实际太偏于安全。

由于帆的面积较大、风压中心较高，加之风的作用，帆船在海上航行会产生较大横倾角。在中国传统校核习惯中，没有提及对稳性消失角的要求，这样不利于完善帆船稳性的校核。

第三节 郑和宝船的船型特点与稳性分析

一、船型特点

中国古船的基本船型分为沙船、福船、广船3种。福船是福建、浙江沿海一带尖底海船的统称，其所包含的船型和用途相当广泛。郑和宝船采用的就是这种适合远洋航行的优秀船型。

福船适合于海上航行，可以作为远洋运输船和战船。

据古籍记载，明代中国水师以福船为主要战船。《明史·兵志四》记载："（大福船）能容百人。底尖上阔，首昂尾高，柁楼三重，帆桅二，傍护以板，上设木女墙及炮床；中为四层，最下实土石，次寝息所，次左右六门，中置水柜，扬帆炊爨皆在是。最上如露台，穴梯而登，傍设翼板，可凭以战。矢石火器皆伏发，可顺风行。"如图6-9所示。

图6-9　典型福船

　　福船首部尖，尾部宽，两头上翘，首尾高昂。它的两舷向外拱，两侧有护板，特别是有高昂首部，又有坚强的冲击装置，吃水又深，可达到4米，适合于作为战船。

　　福船船体高大，上有宽平的甲板、连续的舱口，船首两侧有一对船眼。作为战船用的福船全船分四层，下层装土石压舱，二层住兵士，三层是主要操作场所，上层是作战场所。居高临下，弓箭火炮向下发射，往往能克敌制胜。

　　福船操纵性好，特有的双舵设计，使其在浅海和深海都能进退自如。

　　与普通船舶相比，郑和宝船的最突出特点就是帆的数量多、面积大。大多数船采用3桅帆（前帆，主帆，尾帆），而郑和宝船有9桅12帆，大大增加了受风面积和操纵复杂程度。

二、主尺度与稳性

1. 船宽的影响

　　现代船舶设计，选择船宽首先考虑的基本因素是浮力、总布置和初稳性，可见船宽与船舶的稳性有着密切的关联。增大船宽对初稳性有利，即在小倾角时初稳性高大的船舶能迅速地回到平衡位置。但船宽过大会影响船舶的耐波性，导致横摇加剧，同时，由于船宽增加会引起进水角减小，从而使稳性曲线提前中断，稳性提前丧失，稳性范围减小。故应与吃水一起考虑，选择合适的尺度。

2. 吃水的影响

　　在排水量不变的情况下，增加吃水，浮心相应增高，但由于B/T减小，稳心半径减小较大，所以初稳性高度将减小。在型深不变的情况下，增加吃水会使储备浮力减小，大倾角横倾时，甲板边缘提前入水，对大倾角稳性也是不利的。相反，吃水不变的情况下增大干舷，能增加储备浮力，减小甲板上浪，对大倾角稳性也有利。

125

3. 型深的影响

较大的型深不仅具有较高的抗沉能力，而且在风浪中船舶大角度倾斜时，仍能保证船舱的开口不致进水，同时还能提供较大的形状稳性力臂。但在一般情况下，型深加大时，船舶的重心也随之提高。因此，型深的增加对大倾角稳性是否有利，需根据具体情况，经计算后才能确定。但多数情况下，在实用范围内改变型深，对大倾角稳性一般是有利的。但对初稳性而言，由于型深增加时，重心高度增大，而横稳性半径和浮心高度不变，初稳性高度将减小，故型深的增加对初稳性是不利的。

三、风帆与稳性

风帆的大小与操作对船舶稳性起着至关重要的作用。风压倾侧力矩计算公式中，$M_f=M_{fs}+M_{fb}$，由于风帆面积大，受风面积形心高，由帆产生的风帆风压倾侧力矩M_{fb}远远大于由船体产生的船体风压倾侧力矩M_{fs}，即帆船所受的风压倾侧力矩要比同样尺度的不带帆的船大很多。这就需要先进的航海技术，能随着海况的变化迅速准确地操作风帆，并准确定位和定向将船暂时驶向遮蔽地区躲避风暴。

依据考证，郑和宝船设9桅能张12帆，实际悬挂负责推进动力主帆应只有中间3桅，前后各有3根较小可放倒的桅杆，为辅助性质负责引风及协助舵转向。与欧洲帆船采用的分段软帆不同，中国帆船大多使用了硬帆结构，帆篷面带有撑条，这种帆虽然较重，但拥有极高的受风效率，为了适应风云突变，桅杆不设固定横桁，转角灵活，收放迅速。

第四节　郑和宝船的稳性计算和数值仿真

一、稳性计算

1. 主要计算过程

计算主要通过COMPASS软件计算相关数据，主要利用以下几个模块：SRH10船舶几何形体输入、邦金曲线计算，SRH11静水力计算，SRH30舱容及液体侧倾距计算。参照的方法和法规主是按照本章第二节中介绍的国内法规。为了探究帆的状态与稳性关系，做出了一定的修改和简化。

核算的工况分为满载出港与空载到港，两种状态下的压载状况是相同的。这是由于郑和船重心太高，即使是满载也需大量压载使重心降低。压载舱共有20个，并未全部装满，以备恶劣天气或特殊载况时调节船体浮态或重心高度。通过合理的压载配载，满载出港和空载到港都能保持基本正浮的浮态。用具体数值，即首尾倾角度或大小表示船舶的浮态以后，可以进一步得出初稳性高、横摇周期、横摇角等数据。

校核的因素除了初稳性高以外，还有复原力臂曲线和稳性衡准数K值。通过定义可以得出，稳性衡准数K值大于1即是要求规定角度内动稳性力臂要大于风压力臂。根据横截曲线，可以得到静稳性力臂曲线。继而可以读取横倾角为30°或进水角处的复原力臂、最大复原力臂所对应的横倾角等数值来进行校核。静稳性力臂积分可得动稳性力臂，而风压力臂则是按照公式计算得出，取一定的风压强、受风面积和作用点高度，则可以计算K值。

2. 主要简化过程

（1）帆面积计算

有效的帆面积涉及帆的角度和风向。在实际航行中，两者总是变化的，所以计算有效帆面积是一个复杂的问题。

风帆的作用就是借助风力使船有向前的动力。操帆的关键即在如何有效地利用风力和保证航行安全。如图6-10所示，风向与船体纵中线（船首向）的夹角称之为风角（α）、帆面与船纵中线（船首向）的夹角称之为帆角（β），定义顺风时风角为0°，逆风时为180°，斜顺风、横风、斜逆风的风角依次在0—180°之间（图中仅给出左舷，右舷与之对称）。

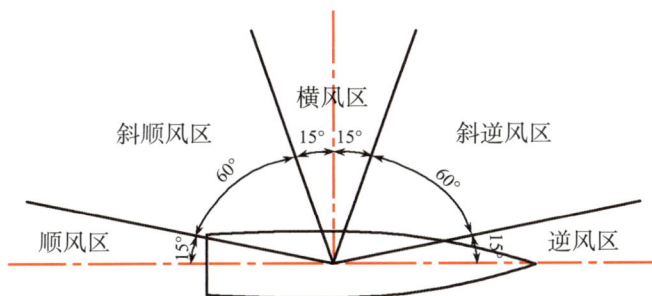

图6-10　风向角类型的定义

在一定的风角下，选用适当的帆角，才能最有效地利用风力，这样的帆角称为最有效帆角。表6-3是经验船工给出的各种风角时的最有效帆角。

表6-3　各种风角时的最有效帆角

船尾 ⟶ 船首 / 风向 / 帆面	风角α	最有效帆角β
①	0°	90°
②	15°	82.5°
③	30°	75°
④	45°	67.5°
⑤	60°	60°
⑥	75°	52.5°
⑦	90°	45°
⑧	105°	37.5°
⑨	120°	30°
⑩	135°	22.5°

由表6-3可以看出，最有效帆角总是处于反风向与船首向夹角的角等分线上。例如顺风时风角为0°，而反风向与船首向之间的夹角为180°，故其最大有效帆角为

90°，这就是通常横帆的位置，这也是航行中可能使用的最大帆角。如果风角以等差数列递增，那么相应的最有效帆角会以等差数列递减。当斜逆风时的风角达到135°时，最有效的帆角仅为22.5°，这几乎是航行中的最小有效帆角，如果帆角更小的话，所获的船速过低，对于航行没多大意义。如果在正逆风时，最有效的帆角就变为零，船舶无法航行，这时，只能通过操舵转帆作"之"字航行，使帆面受风时的风角降低到135°以下，才能使船通过横向迂回的方式向前航行。

研究船体稳性时，暂不考虑纵摇影响，则要计算的是风力对船体的横倾力矩，即沿着船长方向的受风面积。由上述如，实际操帆是一个十分复杂的过程，所以稳性校核计算需要做出一定的简化，只考虑受风的帆面积在船体中纵线上投影。

法规中考察的是最危险的情况，即满帆且正对着风向。本文为了研究帆的高度与角度变化对稳性的影响，除考虑上述情

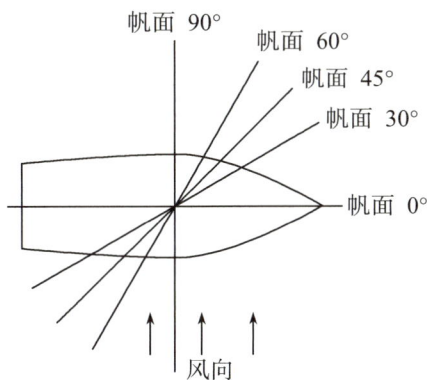

图6-11　计算模型

况之外，还分别对满载和空载工况再次进行细分，选相对帆高为1，1/3，1/2和0，帆面与风向分别成0°，30°，45°，60°，90°共计40种情况。简化后的计算模型，如图6-11所示，将船体固定，风以与船体中线面吹向船身，变换帆面与船体中线面的角度。

（2）风压力臂计算

风压力臂计算公式为 $L_f=\dfrac{PA_fZ}{9\,810\Delta}$ ，式中，P为计算风压，A_f为受风面积，Z为受风面积形心高度，Δ为计算状态下的排水量。

由于帆船的特殊性，即张帆的高度、角度各有不同，故计算时根据航行环境，假设风向与船体中线面垂直，选取了5—10级蒲氏风级，高度为满帆、1/3、2/3、1/2、不挂帆，帆与船体中线面分别成0°、30°、45°、60°的情况下做了分别计算来校核。

同时，考虑到受风面积形心水面以上相对风速的梯度影响，即形心越高风速越大，受到的风压也越大，故按下式修正：

129

$$\frac{V_W}{V_{WR}} = \left(\frac{h}{h_R}\right)^{\frac{1}{7}} \qquad (6-12)$$

式中，V_W为实际高度是h的风速，V_{WR}为参考高度是h_R处的风速。计算时取$h_R=1\ \mathrm{m}$。

故计算时，必须根据不同载况、张帆高度、角度时受风面积的形心高度来求出计算风速，从而求出计算风压。

二、结果分析

1. 计算结果

（1）按照国内法规校核

国内法规校核结果中，初稳性高、横摇角为30°或进水角（取其小者）处的复原力臂、最大复原力臂所对应的横倾角、复原力臂曲线的消失角均符合法规要求。而稳性衡准数K值计算结果中，只有5级风和6级风条件下，任意张帆高度和角度都是满足K值大于1的。风级越大，张帆高度越高，角度越小，K值就越小。

图6-12为八级风时的K值计算结果，横坐标代表帆面与船体中线面夹角，纵坐标为K值。可以看出，较大风级时不能满帆航行。

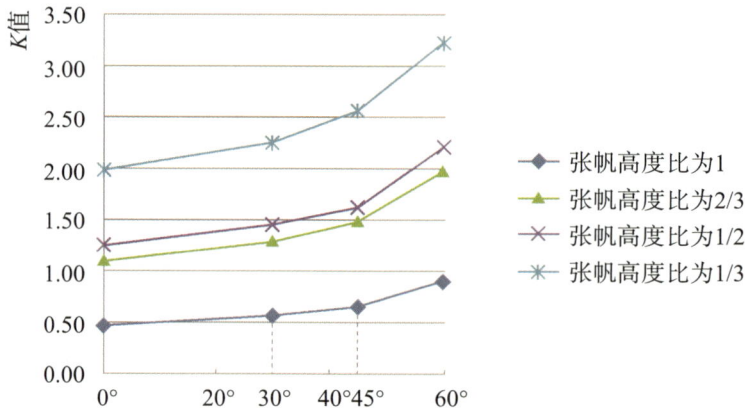

图6-12　八级风K值

（2）按照国外法规校核

① 按照英国Lloyd帆船稳性规范

郑和宝船在横倾角90°或以上，帆船的复原力臂在满载工况时大于0，空载工况小于0。郑和宝船的DWHL曲线，如图6-13所示。

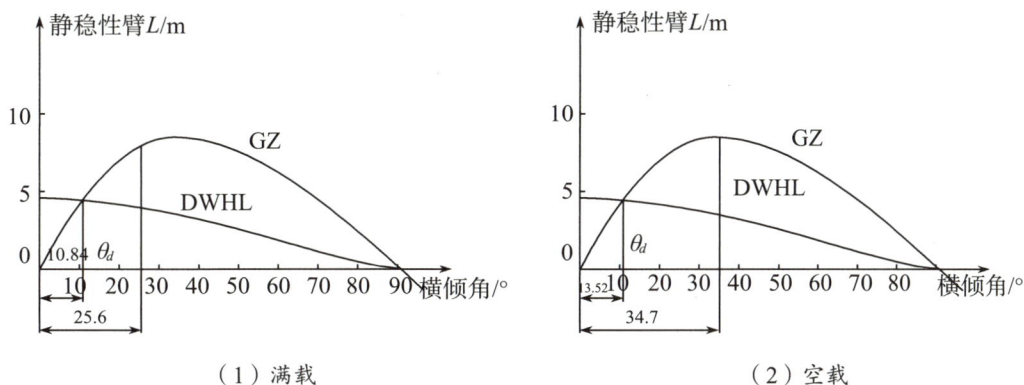

（1）满载　　　　　　　　　　　　（2）空载

图6-13　DWHL曲线

图中，DWHL曲线与GZ曲线的交点处对应的横倾角θ_d在满载和空载时分别为10.84°和13.52°，均不符合规定中的大于15°的要求。

表6-4　按Lloyd规范校核结果

	满载	空载	要求	校核结果
稳性消失角	91.44°	82.25°	>0°	不满足
DWHL曲线与GZ曲线交点	10.84°	13.52°	>15°	不满足

②按照GL（Germanischer Lloyd）帆船稳性规则

满载时，0°—22.2°（入水角）间的复原力臂曲线下的面积为1.75，对应角度下的风倾力矩曲线下的面积（按10级风风压下）为0.14；空载时，0°—30.4°（入水角）间的复原力臂曲线下的面积为3.2，对应角度下的风倾力矩曲线下的面积（按10级风风压下）为0.23。均满足0°—θ_f（入水角）间的复原力臂曲线下的面积应不小于1.4倍的对应角度下的风倾力矩曲线下的面积的要求。但空载时稳性消失角为82.25°，小于90°，故郑和宝船并不完全满足GL帆船稳性规则。

表6-5　按GL规范校核结果

	满载	空载	要求	校核结果
经修正的初稳性高GM	25.02	27.93	>0.6	满足
稳性消失角	91.44°	82.25°	≥90°	不满足
最大复原力臂GZ_{max}/m	8.39	8.58	≥0.3	满足
0°至入水角间的复原力臂曲线下的面积	1.75	3.2	不小于1.4倍的对应角度下的风倾力矩曲线下的面积	满足

2. 结果分析

（1）复原力臂曲线特征

图6-14所示为满载和空载时的复原力臂曲线。一般复原力臂曲线的特征包括：曲线在原点的斜率；最大复原力臂对应的横倾角；稳性范围和稳性消失角；稳性力臂曲线下包含的面积。

这些特征对判断船舶稳性有着重要意义，也是各个法规校核的重点。

① 曲线在原点的斜率

复原力臂曲线在原点处的斜率代表该排水量下的初稳性高GM_0。GM_0的值与船宽的关系最为密切。郑和宝船的船宽大，故初稳性高也大，这代表小角度横摇时能很快地使船体回复到平衡位置。

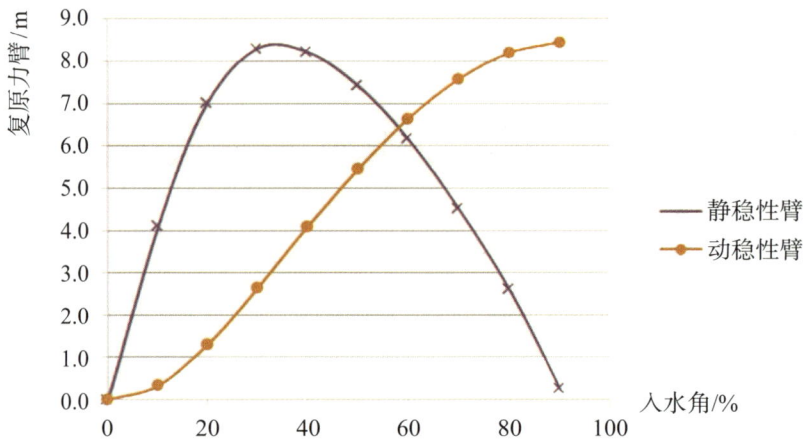

（1）满载

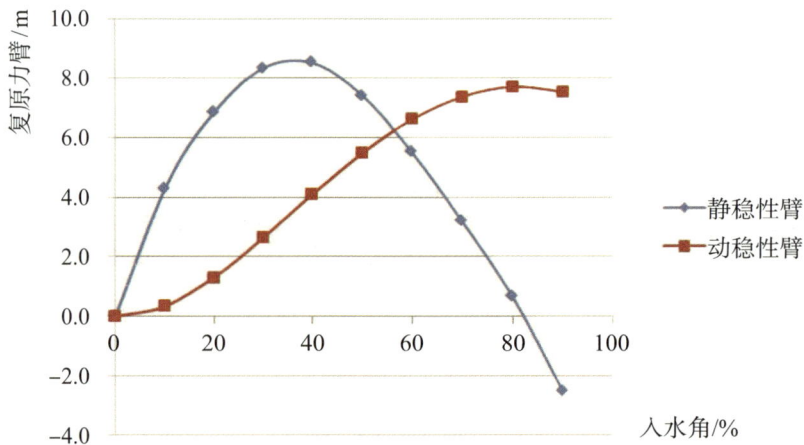

（2）空载

图6-14 复原力臂曲线

② 最大复原力臂对应的横倾角

最大复原力臂对应的横倾角是衡量大倾角稳性的重要指标。郑和宝船除了船宽大，还有干舷大、排水量大的特点，造成出现最大复原力臂出现的角度较一般现代船舶大，表示其能承受极大的横倾角，在海上有很好的安全性。

③ 稳性范围和稳性消失角

稳性范围和稳性消失角也为显示船舶稳性好坏的指标，因为当船舶的横倾角超过稳性消失角后，复原力臂为负值，此时外力会促使船舶继续倾斜直至倾覆。稳性消失角与中剖面系数C_M、棱形系数C_P有关，即与水下船体的形状有关。郑和宝船的棱形系数小，且宽深比大，所以稳性消失角大。

④ 稳性力臂曲线下包含的面积

由力学知识可知，稳性力臂曲线下包含的面积即为复原力臂乘以角度所做的功，到某一角度下的面积即是对应角度的动稳性力臂。面积越大则稳性越好。该面积与船宽、排水量、吃水和干舷有关，郑和宝船吃水深，但船宽大、排水量大、干舷大，使最大复原力臂出现较早，曲线下面积大，稳性很好。

（2）稳性衡准数K值

按照国内《海船法定检验技术规则》校核，郑和宝船在七级及以上级风条件下，就出现稳性衡准数小于1、不符合规范的状况，而实际操作中，在大风浪时应根据当时具体情况降帆并调整角度，这就需要先进的航海技术。由于其尺度特殊性，以及较大的帆面积和高度，郑和宝船需要大量的压载。在今天看来，这减小了船舶的经济性，但据考证古船有用重木等材料替代沙石，这就极大地提高了船上空间的利用率。从稳性方面考虑，郑和宝船具有足够的能保存其稳性的压载空间，并利用有多余的压载空间能在不同的载况下调整浮态。

同时，从计算结果中的K值看来，帆船张帆的角度、高度与稳性有很大关系，所受风力的大小及作用点也影响行驶速度和方向，这就需要船舶的操纵者有足够的经验来根据不同的载况调整帆的状态。此外，帆高对K值的影响比张帆角度对K值的影响大，这是因为角度影响受风面积，帆高不仅影响面积还影响受风面积作用点高度从而影响了计算风压。以十级风时的计算结果为例，可以直观地看出，如图6-15所示，其中，图（1）中横坐标为张帆角度，图（2）中横坐标为张帆高度比。

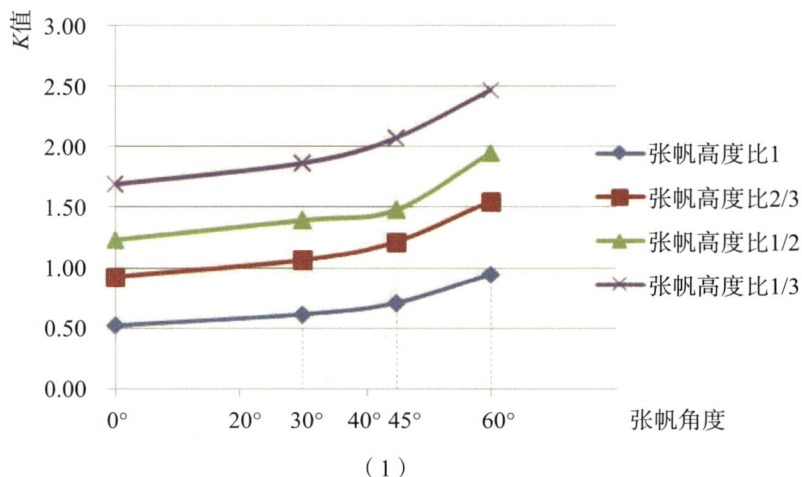

（1）

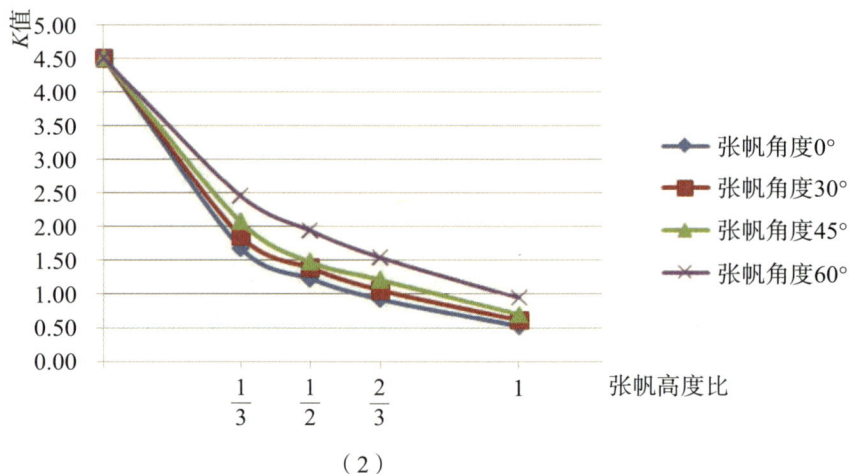

（2）

图6-15　十级风K值

（3）国外规范不满足的参数

国外规范校核中，有部分项不满足，问题集中在稳性消失角在空载时略小于90°、最大复原力臂出现角度比较小上。但这个角度仍比现代客船和货船等船型的稳性消失角大。出现这个结果是因为现代帆船稳性要求极高，可能有水下形状瘦削、排水量相对很小的缘故。因此，针对现代帆船的校核规范并不完全适用与中国古代帆船。

三、结语

目前，对帆船性能的校核并没有成熟而统一的规范，特别是郑和宝船这样庞大且尺度比有一定特殊性的船型，还没有针对性的研究与探讨。本计算对其性能只能做一定的参考作用。

第七章

基于CFD的郑和宝船的水动力性能仿真分析

第一节　CFD机理及其应用

一、计算流体动力学简释

计算流体动力学（Computational Fluid Dynamics，简称CFD）是通过计算机数值计算和图像显示，分析计算对包含有流体流动和热传导等相关物理现象的系统。

CFD的基本思想可以归结为：把原来在时间域及空间域上连续的物理量的场，如速度场和压力场，用一系列有限个离散点上的变量值的集合来代替，通过一定的原则和方式建立起关于这些离散点上场变量之间关系的代数方程组，然后求解代数方程组获得场变量的近似值。

二、CFD机理及其应用

CFD可以看作是在流动基本方程（质量守恒方程、动量守恒方程、能量守恒方程）控制下对流动量的数值模拟。通过这种数值模拟，可以得到极其复杂问题的流场内各个位置上的基本物理量（如速度、压力、温度、浓度等）的分布，以及这些物理量随时间的变化情况，确定旋涡分布特性、空化特性及脱流区等。还可据此计算出相关的其他物理量，如旋转式流体机械的转矩、水力损失和效率等。此外，与计算机辅助设计联合，还可进行结构优化设计等。

第二节　郑和宝船的航速分析

一、郑和宝船所经海域分析

1. 概述

600多年前，郑和率领庞大的船队，开始了下西洋的壮举。从明永乐三年（1405年）到宣德八年（1433年）的28年间，其航迹遍及东南亚、南亚、西亚和东非的30多个国家和地区，在中外航海史上书写了光辉的一页。

郑和船队经过海域主要为南海北部和西部，经马六甲海峡，进入印度洋北部和西部。所以，在分析和研究郑和船的航速之前，非常有必要弄清楚分析这些海域的风浪流情况。

2. 南海海域风浪流情况

（1）南海风速

郑和船队春季从福建长乐出发，春季是整个海区风场为北部高、南部低的分布趋势，在东北部海区有一自东北向西南方向逐渐减小的舌状高峰区，其中，7 m/s以上的风速区覆盖了南海北部大部分海域，为春季最大风速区。而在10°N、110°E附近也有范围较大的7 m/s以上的次大风速区。除此以外的大部分海域风速均在6 m/s左右，特别是中部海域，风速分布极均匀，基本为6~7 m/s。夏季与春季不同，表现为南强北弱，风速区间与春季相同，秋季风场与春季相似，冬季的分布仍表现为北部大，南部小的分布趋势，并且几乎整个海区均达到全年度额最大值。[①]

此外，南海海域的极值风速也是研究中的重要参考资料。其25、50、100年重

---

① 齐义泉、施平、毛庆文：《南海海面风速季节特征的卫星遥感分析》，《热带海洋》1996年第1期，第68-73页。

现期的10分钟平均风速见表7-1[①]。

表7-1　南海海域25、50、100年重现期的10分钟平均极值风速　（单位：m/s）

重现期/a	北部区块	中部区块	南部区块	东北部区块
25	37.7	29.0	15.0	41.7
50	44.2	33.7	15.3	45.0
100	52.0	39.2	15.6	48.0

由表可见，北部区块极值风速较大，25年一遇的极值风速达37.7 m/s，相当于12级台风，不过，从郑和航线看来，船队多数时间是在靠陆地的遮蔽或近海航行，这样可最大程度地避免高风速对船队的影响。

（2）南海浪级

浪级常用有效波高来衡量，陈顺楠等的研究[①]对分析南海浪级有较高的参考价值，南海东部海域最大有效波高见表7-2。

表7-2　南海东部海域最大有效波高　（单位：m）

纬度/°N ＼ 经度/°E	113.0	113.5	114.0	114.5	115.0	115.5	116.0	116.5	117.0	117.5	118.0
23.0									12.6	12.3	11.2
22.5					3.7	9.8	10.6	11.9	12.9	11.7	10.3
22.0		2.3	3.3	10.8	10.4	10.6	10.5	11.5	11.5	12.1	12.9
21.5	7.9	11.4	10.9	10.6	10.3	12.1	12.1	12.1	12.9	12.6	
21.0	11.1	10.7	11.5	12.7	11.9	12.0	11.8	11.5	11.0	10.5	
20.5	11.1	12.4	12.3	12.6	13.6	13.2	12.5	12.9	12.0		
20.0	13.3	13.6	13.2	12.1	13.7	12.4					
19.5	12.1	11.9	11.4								
19.0	13.8	12.8									

此外，南海的平均浪高与印度洋海域有类似之处，详见下文印度洋浪高论述。

---

① 陈顺楠、乔方利、潘增弟、赵伟、万振文：《中国南海东部海域气候特征及风浪流极值参数的研究——LAGFD数值模式群的应用》，《黄渤海海洋》1998年第2期，第6-17页。

3. 南海海面表层流速

陈顺楠等对"南海东部海域有效波高的研究"给出南海表层最大水流速度的参考值见表7-3。

表7-3　南海海面最大流速　　　　　　　　　　（单位：cm/s）

纬度/°N ＼ 经度/°E	113.0	113.5	114.0	114.5	115.0	115.5	116.0	116.5	117.0	117.5	118.0
23.0									297.8	327.7	333.1
22.5					299.2	255.7	266.0	277.5	286.1	332.2	340.5
22.0		322.3	322.2	272.6	240.1	223.9	245.3	241.1	245.3	236.9	280.0
21.5	300.7	276.4	266.9	255.4	237.2	234.6	210.1	194.7	213.1	218.0	
21.0	261.1	258.4	255.5	240.0	238.3	202.6	207.3	205.3	207.6	220.1	
20.5	251.3	252.2	247.7	241.5	238.4	214.1	197.2	202.0	252.3		
20.0	248.5	224.4	242.1	243.6	194.9	193.2					
19.5	210.8	188.9	183.0								
19.0	201.5	184.1									

4. 印度洋海域风浪流情况[①]

（1）印度洋风速

11月至翌年3月东北季风期间，北印度洋一般平均风速为4～8 m/s，12月份较大，为6～9 m/s；1月份次之，为4～8 m/s，≥6级大风频率各处不同，一般为1%～20%，12月份和1月份频率最大，部分海区可大20%左右。

5—9月西南季风期间的平均风速比东北季风时期为大，一般为5～12 m/s；7月份最大，为5～15 m/s，≥6级大风的频率一般为3%～50%；4月和10月为季风过渡区，风向不稳定，风速不大，4月份平均风速为3～6 m/s，≥6级大风的频率小于5%；10月份平均风速为4～7 m/s，≥6级大风的频率小于10%。

（2）印度洋平均浪高

从11月份到翌年3月份，整个北印度洋海面盛行东北向风浪，此时平均浪高为0.7～1.5 m，最大浪高在5 m以下；4月和10月为过渡月份，平均浪高为0.5～1.0 m，

---

① 刘金芳、俞慕耕、张学宏、赵海青：《北印度洋风浪场特点及最佳航线分析》，《热带海洋》1998年第1期，第17—25页。

最大浪高为1.0~2.5 m；5—9月为西南季风时期，是北印度洋海区海浪强盛的时期，平均浪高为1.0~3.0 m，最大浪高为2.0~8.0 m。

（3）印度洋涌浪场特点

东北季风时期，平均涌高为1.1~2.5 m，最大涌高一般在1.5~4.0 m之间；季风转换期，平均涌高为1.0~2.0 m，最大涌高为1.5~3.5 m；西南季风时期，平均涌高为1.5~4.0 m，最大涌高一般在2.5~5.0 m之间。

二、风帆推进效能分析

1. 风帆受力分析

郑和船队使用的是中国古帆船常用的硬帆，在航行中几乎保持平直状态，仅在大风条件下会有弯曲，为方便CFD模拟，此处采用NACA-2415机翼来近似得出硬帆的阻力系数和升力系数。

郑和宝船为9桅12帆，现选取1个帆，其受力情况，如图7-1所示。图中，V_S为船的速度，V_T为真实风速，α为真实风速与航向的夹角，称为真实风向角。γ为航向与船纵轴线的夹角，称为漂角。V_A为相对风速。相对风速的方向与航向的夹角为β，称为相对风向角。帆翼弦的方向与相对风速的方向的夹角为α_ω，称为帆翼的几何攻角；帆翼弦线与船纵轴线的夹角为φ，称为转帆角。

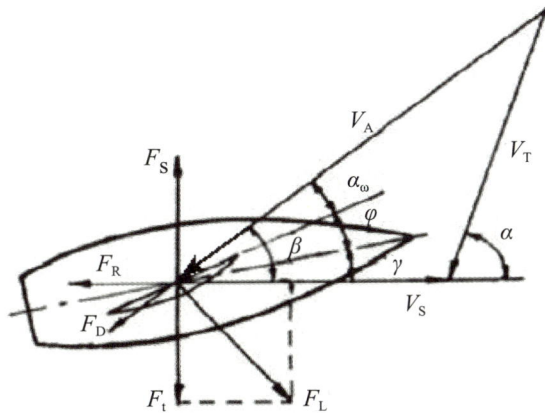

图7-1　风翼帆船受力图[①]

根据机翼理论原理，在垂直于风的来流方向对帆产生升力F_L，在沿着风力的方向上对帆产生阻力F_D，则由风的作用在船舶前进方向上对帆产生的推力F是风对帆

[①] 王宏明、吴桂涛、杨晟崧：《基于CFD的风帆助航技术效能分析》，《中国造船》2011年第2期，第25—33页。

的升力F_L与阻力F_D的合力[①]

$$F=F_L\sin\beta-F_D\cos\beta$$

风对帆产生横向的推力F_t是风对帆的升力F_L与阻力F_D在垂直船舶运行方向上的合力

$$F_t=F_L\cos\beta+F_D\sin\beta$$

用于船舶的风帆属于低速翼型,根据低速翼型理论,升力和阻力关系为

$$F_L=C_L\cdot\frac{1}{2}\rho V_A^2\cdot S$$

$$F_D=C_D\cdot\frac{1}{2}\rho V_A^2\cdot S$$

上式中,ρ为空气的密度;V_A为来流的速度,即风速;S为风帆的特征面积。而升力系数C_L和阻力系数C_D可以通过计算流体力学软件Fluent计算得出。

根据以上对南海与印度洋风速的研究,此处选取3～16 m/s的典型风速(3、4、5、6、7、8、9、10、12、14、16 m/s)来计算翼型帆的升力系数、阻力系数和风压中心。为探讨郑和宝船所能达到的航速,故先略去风帆面积,不直接计算F_L和F_D,而计算F_L/S和F_D/S:

$$\frac{F_L}{S}=C_L\cdot\frac{1}{2}\rho V_A^2$$

$$\frac{F_D}{S}=C_D\cdot\frac{1}{2}\rho V_A^2$$

由此可以方便地估算出郑和船航速达到5 kn时所需的帆面积。

计算风帆升力系数和阻力系数的步骤如下:

① 在ICEMCFD中,绘出风帆几何模型及远场;

② 在ICEMCFD中,对模型划分网格;

③ 将网格文件导入Fluent中;

④ 设置材料、边界条件、迭代次数等条件;

⑤ 得出结果,并对结果进行后处理。

图7-2为风帆网格划分图。

运用控制变量法,先后改变入射风速大小和方向,从而得到表7-4至表7-14各组数据。其中,空气密度在标准大气压下20℃时为1.205 kg/m³,计算攻角范围为-20°～90°。(25°时计算难收敛,故该攻角情况下数据精确度不高。)

---

① 邓辉、钱翼稷:《空气动力学》,北京航空航天大学出版社,2009。

图7-2 风帆网格划分图

表7-4 风速为3 m/s时升/阻力系数计算值

攻角/°	升力系数 C_L	阻力系数 C_D	风压中心位置比	$\frac{F_L}{S}$/(N·m^{-2})	$\frac{F_D}{S}$/(N·m^{-2})
-20	-0.583 95	-0.003 44	0.313 65	-3.166 47	-0.018 65
-15	-0.768 73	-0.004 76	0.207 41	-4.168 44	-0.025 81
-10	-0.718 05	-0.004 25	0.173 18	-3.893 63	-0.023 05
-5	-0.300 78	-0.002 22	0.087 91	-1.630 98	-0.012 04
0	0.197 41	0.000 25	0.469 10	1.070 46	0.001 36
5	0.680 29	0.002 74	0.301 09	3.688 87	0.014 86
10	1.033 10	0.004 80	0.268 34	5.601 98	0.026 03
15	1.124 74	0.005 84	0.256 01	6.098 90	0.031 67
20	0.921 79	0.004 95	0.303 66	4.998 41	0.026 84
25	0.863 81	0.003 33	0.371 92	4.684 01	0.018 06
30	0.896 28	0.003 41	0.382 02	4.860 08	0.018 49
35	0.979 01	0.003 38	0.396 56	5.308 68	0.018 33
40	0.938 16	0.003 24	0.402 52	5.087 17	0.017 57
45	0.936 11	0.002 76	0.414 29	5.076 06	0.014 97
50	0.917 46	0.002 60	0.426 54	4.974 93	0.014 10
55	0.844 49	0.002 19	0.436 77	4.579 25	0.011 88
60	0.672 85	0.001 55	0.440 48	3.648 53	0.008 40
65	0.606 80	0.001 23	0.455 58	3.290 37	0.006 67
70	0.489 82	0.000 93	0.466 90	2.656 05	0.005 04
75	0.419 49	0.003 70	0.516 80	2.274 68	0.020 06
80	0.443 79	-0.004 45	0.508 35	2.406 45	-0.024 13
85	0.083 97	-0.016 84	0.457 43	0.455 33	-0.091 31
90	0.253 21	0.006 98	0.582 97	1.373 03	0.037 85

表7-5　风速为4 m/s时升/阻力系数计算值

攻角/°	升力系数 C_L	阻力系数 C_D	风压中心位置比	$\dfrac{F_L}{S}$/(N·m^{-2})	$\dfrac{F_D}{S}$/(N·m^{-2})
−20	−0.588 82	−0.003 24	0.313 81	−5.676 22	−0.031 23
−15	−0.814 74	−0.004 64	0.200 22	−7.854 09	−0.044 73
−10	−0.724 72	−0.003 98	0.173 69	−6.986 30	−0.038 37
−5	−0.301 41	−0.002 06	0.087 40	−2.905 59	−0.019 86
0	0.198 94	0.000 23	0.468 45	1.917 78	0.002 22
5	0.683 78	0.002 53	0.686 31	6.591 64	0.024 39
10	1.042 96	0.004 49	0.268 57	10.054 13	0.043 28
15	1.152 87	0.005 54	0.255 29	11.113 67	0.053 41
20	0.945 26	0.004 81	0.299 24	9.112 31	0.046 37
25	0.831 48	0.003 30	0.365 45	8.015 47	0.031 81
30	0.929 03	0.003 09	0.385 88	8.955 85	0.029 79
35	0.978 02	0.003 08	0.396 71	9.428 11	0.029 69
40	0.935 72	0.002 98	0.402 41	9.020 34	0.028 73
45	0.907 44	0.002 53	0.412 28	8.747 72	0.024 39
50	0.855 64	0.002 16	0.421 69	8.248 37	0.020 82
55	0.798 05	0.001 84	0.432 92	7.693 20	0.017 74
60	1.249 43	0.001 29	0.442 78	12.044 51	0.012 44
65	0.592 13	0.000 98	0.454 72	5.708 13	0.009 45
70	0.486 61	0.000 73	0.467 24	4.690 92	0.007 04
75	0.452 30	0.001 06	0.503 38	4.360 17	0.010 22
80	0.472 51	−0.015 03	0.471 97	4.555 00	−0.144 89
85	−0.138 39	−0.006 69	0.416 00	−1.334 08	−0.064 49
90	−0.191 53	−0.019 84	0.460 33	−1.846 35	−0.191 26

表7-6 风速为5 m/s时升/阻力系数计算值

攻角/°	升力系数 C_L	阻力系数 C_D	风压中心位置比	$\dfrac{F_L}{S}/(\text{N} \cdot \text{m}^{-2})$	$\dfrac{F_D}{S}/(\text{N} \cdot \text{m}^{-2})$
−20	−0.594 02	−0.003 21	0.3118 4	−8.947 43	−0.048 35
−15	−0.883 80	−0.005 32	0.195 14	−13.312 24	−0.682 63
−10	−0.734 25	−0.003 75	0.175 02	−11.059 64	−0.056 48
−5	−0.302 45	−0.001 95	0.088 13	−4.555 65	−0.029 37
0	0.199 25	0.000 21	0.468 19	3.001 20	0.003 16
5	0.686 01	0.002 38	0.301 21	10.333 03	0.035 85
10	1.052 56	0.004 22	0.268 73	15.854 19	0.063 56
15	1.178 02	0.005 24	0.254 66	17.743 93	0.078 93
20	0.970 47	0.004 66	0.293 84	14.617 70	0.070 19
25	0.946 12	0.003 13	0.377 52	14.250 93	0.047 15
30	0.936 49	0.002 92	0.386 43	14.105 88	0.043 98
35	0.977 39	0.002 89	0.396 70	14.721 94	0.043 53
40	0.933 97	0.002 81	0.402 17	14.067 92	0.042 33
45	0.904 68	0.002 44	0.411 74	13.626 74	0.036 75
50	0.845 90	0.002 00	0.421 17	12.741 37	0.030 13
55	0.793 58	0.001 72	0.432 57	11.953 30	0.025 91
60	0.689 29	0.001 22	0.442 24	10.382 43	0.018 38
65	0.585 54	0.001 04	0.454 27	8.819 70	0.015 67
70	0.481 16	0.000 66	0.466 74	7.247 47	0.009 94
75	0.333 62	0.000 72	0.453 87	5.025 15	0.010 85
80	0.405 00	−0.005 17	0.493 65	6.100 31	−0.077 87
85	0.174 52	−0.008 86	0.482 69	2.628 71	−0.133 45
90	−0.320 34	−0.019 22	0.465 18	−4.825 12	−0.289 50

表7-7 风速为6 m/s时升/阻力系数计算值

攻角/°	升力系数 C_L	阻力系数 C_D	风压中心位置比	$\frac{F_L}{S}/(\text{N}\cdot\text{m}^{-2})$	$\frac{F_D}{S}/(\text{N}\cdot\text{m}^{-2})$
−20	−0.995 60	−0.004 46	0.334 17	−21.594 56	−0.096 74
−15	−0.928 45	−0.004 38	0.193 36	−20.138 08	−0.095 00
−10	−0.741 41	−0.003 55	0.176 20	−16.081 18	−0.077 00
−5	−0.301 19	−0.001 85	0.087 15	−6.532 81	−0.040 13
0	0.198 92	0.000 19	0.468 38	4.314 57	0.004 12
5	0.687 58	0.002 25	0.301 09	14.913 61	0.048 80
10	1.059 72	0.003 97	0.268 94	22.985 33	0.086 11
15	1.200 79	0.004 97	0.254 18	26.045 14	0.107 80
20	0.990 76	0.004 53	0.287 56	21.489 58	0.098 26
25	0.821 44	0.003 23	0.357 82	17.817 03	0.070 06
30	0.930 94	0.002 83	0.385 96	20.192 09	0.061 38
35	0.972 21	0.002 78	0.396 25	21.087 23	0.060 30
40	0.934 79	0.002 69	0.401 93	20.275 60	0.058 35
45	0.966 79	0.002 43	0.416 28	20.969 68	0.052 71
50	0.917 04	0.002 09	0.426 39	19.890 60	0.045 33
55	0.721 80	0.002 00	0.428 89	15.655 84	0.043 38
60	0.683 21	0.001 2	0.441 85	14.818 82	0.026 03
65	0.589 95	0.001 04	0.454 13	12.796 02	0.022 56
70	0.484 86	0.000 64	0.466 89	10.516 61	0.013 88
75	0.359 68	−0.000 46	0.466 25	7.801 46	−0.009 98
80	0.455 51	−0.002 84	0.521 05	9.880 01	−0.061 60
85	−0.147 97	−0.008 83	0.414 97	−3.209 47	−0.191 52
90	−0.524 56	−0.000 65	0.417 32	−11.377 71	−0.014 10

表7-8　风速为7 m/s时升/阻力系数计算值

攻角/°	升力系数C_L	阻力系数C_D	风压中心位置比	$\frac{F_L}{S}/(\text{N·m}^{-2})$	$\frac{F_D}{S}/(\text{N·m}^{-2})$
−20	−0.639 21	−0.003 10	0.319 53	−18.871 08	−0.091 52
−15	−0.952 61	−0.004 29	0.192 74	−28.123 43	−0.126 65
−10	−0.757 18	−0.003 39	0.179 12	−22.353 85	−0.100 08
−5	−0.219 48	−0.007 63	0.091 52	−6.479 60	−0.225 26
0	0.197 60	0.000 18	0.467 79	5.833 65	0.005 31
5	0.688 49	0.002 12	0.300 95	20.325 95	0.062 59
10	1.067 21	0.003 76	0.269 25	31.506 71	0.111 00
15	1.221 37	0.004 79	0.253 91	36.057 90	0.141 41
20	1.016 42	0.004 46	0.082 24	30.007 26	0.131 67
25	0.866 15	0.003 15	0.361 27	25.570 88	0.093 00
30	0.929 51	0.002 76	0.385 09	27.441 46	0.081 48
35	0.969 43	0.002 71	0.395 57	28.620 00	0.080 01
40	0.933 44	0.002 61	0.401 56	27.557 48	0.077 05
45	0.965 08	0.002 38	0.415 94	28.491 57	0.070 26
50	0.916 63	0.002 07	0.426 39	27.061 21	0.061 11
55	0.796 03	0.001 59	0.432 49	23.500 80	0.046 94
60	0.684 73	0.001 20	0.441 93	20.214 94	0.035 43
65	0.589 09	0.000 99	0.454 08	17.391 41	0.029 23
70	0.485 20	0.000 59	0.467 11	14.324 32	0.017 42
75	0.365 99	0.003 59	0.500 50	10.804 94	0.105 99
80	0.587 92	0.007 66	0.578 84	17.356 87	0.226 14
85	−0.052 73	0.002 50	0.442 01	−1.556 72	0.073 81
90	−0.545 70	−0.015 31	0.424 65	−16.110 43	−0.451 99

表7-9 风速为8 m/s时升/阻力系数计算值

攻角/°	升力系数 C_L	阻力系数 C_D	风压中心位置比	$\dfrac{F_L}{S}/(\mathrm{N \cdot m^{-2}})$	$\dfrac{F_D}{S}/(\mathrm{N \cdot m^{-2}})$
−20	−0.604 68	−0.003 06	0.308 25	−23.316 46	−0.117 99
−15	−0.976 30	−0.004 23	0.192 81	−37.646 13	−0.163 11
−10	−0.755 07	−0.003 27	0.178 67	−29.115 50	−0.126 09
−5	−0.307 32	−0.001 68	0.092 82	−11.850 26	−0.064 78
0	0.196 44	0.000 16	0.467 66	7.574 73	0.006 17
5	0.688 62	0.002 01	0.300 83	26.553 19	0.077 51
10	1.074 24	0.003 60	0.269 55	41.422 69	0.138 82
15	1.234 33	0.004 67	0.253 47	47.595 76	0.180 08
20	1.034 01	0.004 43	0.278 78	39.871 43	0.170 82
25	2.974 05	0.000 22	0.462 34	114.679 37	0.008 48
30	0.890 02	0.002 73	0.380 52	34.319 17	0.105 27
35	0.966 15	0.002 66	0.395 01	37.254 74	0.102 57
40	0.933 66	0.002 54	0.401 40	36.001 81	0.097 94
45	0.963 28	0.002 34	0.415 67	37.144 08	0.090 23
50	0.914 07	0.002 05	0.426 18	35.246 54	0.079 05
55	0.840 33	0.001 70	0.436 48	32.403 12	0.065 55
60	0.683 49	0.001 20	0.441 85	26.355 37	0.046 27
65	0.587 75	0.000 97	0.454 02	22.663 64	0.037 40
70	0.483 92	0.000 56	0.467 05	18.659 96	0.021 59
75	0.324 15	0.000 89	0.452 68	12.499 22	0.034 32
80	0.277 25	0.006 27	0.499 55	10.690 76	0.241 77
85	−0.105 56	0.001 30	0.424 59	−4.070 39	0.050 13
90	−0.684 80	−0.008 25	0.386 36	−26.405 89	−0.318 12

表7-10　风速为9 m/s时升/阻力系数计算值

攻角/°	升力系数 C_L	阻力系数 C_D	风压中心位置比	$\dfrac{F_L}{S}$/$(N \cdot m^2)$	$\dfrac{F_D}{S}$/$(N \cdot m^2)$
−20	−0.648 53	−0.003 00	0.316 63	−31.649 89	−0.146 41
−15	−0.986 85	−0.004 19	0.192 64	−48.160 75	−0.204 48
−10	−0.757 24	−0.003 19	0.179 29	−36.955 21	−0.155 68
−5	−0.308 51	−0.001 61	0.094 02	−15.056 06	−0.078 57
0	0.195 03	0.000 15	0.467 36	9.517 95	0.007 32
5	0.687 93	0.001 91	0.300 62	33.572 70	0.093 21
10	1.076 27	0.003 49	0.269 51	52.524 67	0.170 32
15	1.244 32	0.004 62	0.253 13	60.725 93	0.225 47
20	1.051 00	0.004 41	0.276 77	51.291 43	0.215 22
25	2.363 84	0.000 63	0.448 17	115.361 19	0.030 75
30	0.912 66	0.002 64	0.382 25	44.540 09	0.128 84
35	0.962 32	0.002 61	0.394 42	46.963 62	0.127 37
40	0.941 01	0.002 49	0.401 78	45.923 64	0.121 52
45	0.961 53	0.002 30	0.415 34	46.925 07	0.112 25
50	0.911 22	0.002 03	0.425 79	44.469 81	0.099 07
55	0.839 95	0.001 70	0.436 37	40.991 66	0.082 96
60	0.684 75	0.001 22	0.441 79	33.417 51	0.059 54
65	0.586 65	0.000 96	0.453 78	28.629 99	0.046 85
70	0.483 68	0.000 57	0.466 37	23.604 79	0.027 82
75	0.355 78	−0.001 11	0.442 10	17.362 95	−0.054 17
80	0.200 84	0.002 06	0.449 03	9.801 49	0.100 53
85	−0.182 86	−0.002 71	0.401 85	−8.924 03	−0.132 25
90	−0.371 93	0.003 30	0.453 80	−18.151 11	0.161 05

表7-11　风速为10 m/s时升/阻力系数计算值

攻角/°	升力系数 C_L	阻力系数 C_D	风压中心位置比	$\dfrac{F_L}{S}/(\text{N}\cdot\text{m}^{-2})$	$\dfrac{F_D}{S}/(\text{N}\cdot\text{m}^{-2})$
−20	−0.644 74	−0.002 96	0.314 00	−38.845 59	−0.178 34
−15	−1.005 73	−0.004 17	0.193 56	−60.595 23	−0.251 24
−10	−0.759 54	−0.003 13	0.179 91	−45.762 29	−0.188 58
−5	−0.309 23	−0.001 55	0.094 82	−18.631 11	−0.093 39
0	0.194 27	0.000 14	0.467 04	11.704 71	0.008 44
5	0.688 07	0.001 83	0.300 46	41.456 22	0.110 26
10	1.079 41	0.003 42	0.269 59	65.034 45	0.206 06
15	1.258 71	0.004 56	0.253 11	75.837 28	0.274 74
20	1.061 53	0.004 39	0.274 40	63.957 18	0.264 50
25	2.225 63	0.001 95	0.503 89	134.094 21	0.117 49
30	0.912 17	0.002 58	0.382 21	54.958 24	0.155 45
35	0.956 84	0.002 56	0.393 58	57.649 61	0.154 24
40	0.973 43	0.002 46	0.404 19	58.649 16	0.148 22
45	0.958 13	0.002 28	0.414 60	57.727 33	0.137 37
50	0.906 57	0.002 02	0.424 99	54.620 84	0.121 71
55	0.837 52	0.001 73	0.435 51	50.460 58	0.104 23
60	0.716 31	0.001 24	0.443 66	43.157 68	0.074 71
65	0.587 02	0.000 95	0.453 28	35.367 96	0.057 24
70	0.484 37	0.000 69	0.465 18	29.183 29	0.041 57
75	0.456 97	−0.002 36	0.487 87	27.532 44	−0.142 19
80	0.184 87	−0.005 40	0.413 41	11.138 42	−0.325 35
85	−0.179 76	−0.003 27	0.402 77	−10.830 54	−0.197 02
90	−0.018 94	−0.007 82	0.515 77	−1.141 14	−0.471 16

表7-12　风速为12 m/s时升/阻力系数计算值

攻角/°	升力系数 C_L	阻力系数 C_D	风压中心位置比	$\dfrac{F_L}{S}$/(N·m^{-2})	$\dfrac{F_D}{S}$/(N·m^{-2})
−20	−0.252 66	−0.002 83	0.315 76	−21.920 78	−0.245 53
−15	−1.032 31	−0.004 09	0.194 69	−89.563 22	−0.354 85
−10	−0.813 06	−0.000 14	0.181 45	−70.541 09	−0.012 15
−5	−0.310 10	−0.001 48	0.096 13	−26.904 28	−0.128 40
0	0.193 33	0.000 12	0.466 61	16.773 31	0.010 41
5	0.688 91	0.001 72	0.300 37	59.769 83	0.149 23
10	1.098 52	0.003 32	0.270 03	95.307 60	0.288 04
15	1.284 55	0.004 42	0.253 10	111.447 56	0.383 48
20	1.083 58	0.004 35	0.268 90	94.011 40	0.377 41
25	1.326 36	0.002 13	0.425 42	115.074 99	0.184 80
30	0.894 24	0.002 49	0.379 36	77.584 26	0.216 03
35	0.944 87	0.002 50	0.391 39	81.976 92	0.216 90
40	0.964 77	0.002 41	0.402 56	83.703 45	0.209 09
45	0.949 21	0.002 26	0.412 85	82.353 46	0.196 08
50	0.897 54	0.002 01	0.422 92	77.870 57	0.174 39
55	0.832 03	0.001 75	0.433 72	72.186 92	0.151 83
60	0.739 84	0.001 49	0.444 16	64.188 52	0.129 27
65	0.626 03	0.001 18	0.454 91	54.314 36	0.102 38
70	0.484 63	0.000 78	0.464 28	42.046 50	0.067 67
75	0.452 76	−0.001 09	0.492 59	39.281 46	−0.094 57
80	0.443 58	−0.011 32	0.451 21	38.485 00	−0.982 12
85	−0.090 04	0.001 18	0.427 14	−7.811 87	0.102 38
90	−0.271 68	−0.013 70	0.466 16	−23.570 96	−1.188 61

表7-13　风速为14 m/s时升/阻力系数计算值

攻角/°	升力系数 C_L	阻力系数 C_D	风压中心位置比	$\dfrac{F_L}{S}$/(N·m⁻²)	$\dfrac{F_D}{S}$/(N·m⁻²)
−20	−0.651 11	−0.002 69	0.316 09	−76.889 58	−0.317 66
−15	−1.055 03	−0.004 00	0.195 80	−124.588 49	−0.472 36
−10	−0.778 35	−0.002 94	0.182 94	−91.915 35	−0.347 18
−5	−0.309 84	−0.001 44	0.096 18	−36.589 01	−0.170 05
0	0.192 99	0.000 11	0.466 55	22.790 19	0.012 99
5	0.692 37	0.001 66	0.300 42	81.761 97	0.196 03
10	1.108 50	0.003 16	0.270 51	130.902 77	0.373 16
15	1.296 33	0.004 25	0.252 81	153.083 61	0.501 88
20	1.105 42	0.004 26	0.264 69	130.539 05	0.503 06
25	1.999 29	0.002 18	0.513 42	236.096 16	0.257 44
30	0.894 12	0.002 39	0.378 93	105.586 63	0.282 24
35	0.937 89	0.002 40	0.390 26	110.755 43	0.283 42
40	0.952 72	0.002 36	0.400 86	112.506 70	0.278 69
45	0.943 06	0.002 22	0.411 80	111.365 96	0.262 16
50	0.893 65	0.002 01	0.421 78	105.531 13	0.237 36
55	0.827 65	0.001 77	0.432 97	97.737 19	0.209 02
60	0.737 88	0.001 55	0.443 28	87.136 25	0.183 04
65	0.630 48	0.001 29	0.454 77	74.453 38	0.152 34
70	0.507 51	0.001 00	0.466 88	59.931 86	0.118 09
75	0.398 61	0.000 98	0.492 77	47.071 85	0.115 73
80	0.511 97	−0.013 08	0.462 26	60.458 54	−1.544 62
85	−0.103 02	0.000 72	0.422 81	−12.165 63	0.085 38
90	−0.349 95	−0.013 72	0.458 62	−41.325 60	−1.620 19

表7-14　风速为16 m/s时升/阻力系数计算值

攻角/°	升力系数 C_L	阻力系数 C_D	风压中心位置比	$\frac{F_L}{S}$/(N·m^{-2})	$\frac{F_D}{S}$/(N·m^{-2})
−20	−0.618 08	−0.002 55	0.309 51	−95.332 66	−0.393 31
−15	−1.052 46	−1.003 88	0.194 49	−162.331 43	−154.838 45
−10	−0.783 23	−0.002 83	0.183 65	−120.805 40	−0.436 50
−5	−0.315 77	−0.001 39	0.100 50	−48.704 36	−0.214 39
0	0.191 61	0.000 11	0.466 44	29.553 93	0.016 97
5	0.708 52	0.001 58	0.301 28	109.282 12	0.243 70
10	1.115 82	0.003 01	0.270 71	172.104 08	0.464 26
15	1.302 85	0.004 11	0.252 28	200.951 58	0.633 93
20	1.109 91	0.004 20	0.262 12	171.192 52	0.647 81
25	0.854 93	0.002 80	0.348 93	131.864 40	0.431 87
30	0.893 40	0.002 30	0.378 56	137.798 02	0.354 75
35	0.936 36	0.002 31	0.389 63	144.424 17	0.356 29
40	0.950 90	0.002 27	0.400 35	146.666 82	0.350 12
45	0.938 32	0.002 17	0.411 23	144.726 48	0.334 70
50	0.898 83	0.002 02	0.421 95	138.635 54	0.311 56
55	0.834 18	0.001 85	0.431 74	128.663 92	0.285 34
60	0.746 28	0.001 62	0.443 17	115.106 23	0.249 87
65	0.640 21	0.001 36	0.454 97	98.745 99	0.209 77
70	0.517 40	0.001 07	0.467 60	79.803 78	0.165 04
75	0.387 34	0.001 07	0.490 68	59.743 32	0.165 04
80	0.548 03	−0.012 18	0.467 20	84.528 15	−1.878 64
85	0.016 30	−0.011 94	0.454 95	2.514 11	−1.841 63
90	−0.402 57	−0.013 37	0.455 19	−62.092 40	−2.062 19

得出以上数据后，便可"计算"需要多大的风帆面积才可克服船舶阻力。

三、郑和宝船的阻力计算

1. 计算思想

本文计算船舶阻力的步骤为：

① 根据型线图，在CATIA中对郑和宝船进行建模；

② 将模型导入ICEMCFD中划分网格；

③ 将网格文件导入Fluent中；

④ 设置材料、边界条件、迭代次数等参数；

⑤ 计算结果并进行后处理。

2. CATIA建模

使用CATIA中创成式外形设计界面，根据型线图和型值表，绘出模型图如图7-3所示。

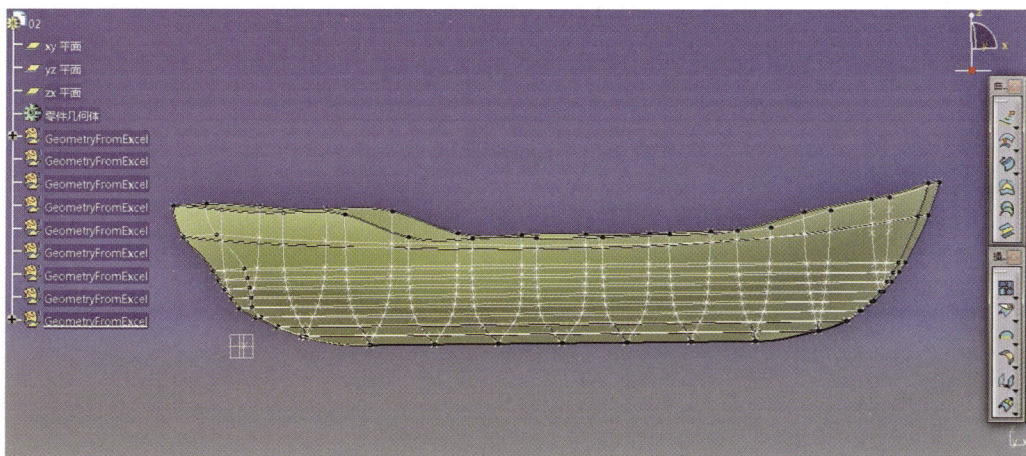

图7-3　郑和宝船船体CATIA模型

此外，为方便网格划分和最后的Fluent计算，需要在船体外建立外域，坐标原点在0号站线与基线的交点处，此处建立外域的范围为：X向取-600—400 m；Y向取-200-200 m；Z向取-100-100 m。建好的外域和船体整体CATIA模型如图7-4所示。

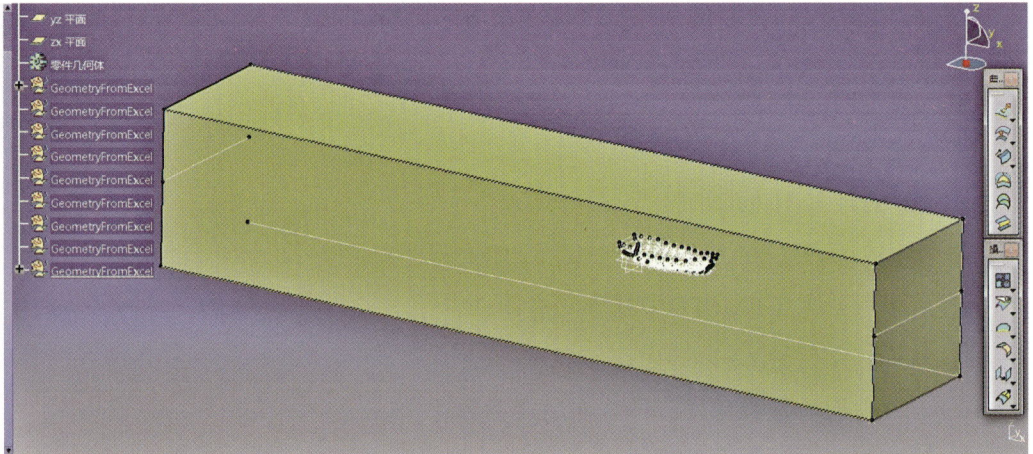

图7-4　外域与船体整体CATIA模型

在曲面生成过程中，有部分面生成之后，与相邻的面之间会存在细小的缝隙，特别是在曲度较大的船首和船尾部分，这种情况较容易出现，不过这影响并不大。经验证，将图形导入ICEMCFD修复几何图形之后，这些缝隙都会得到修复。

3. ICEMCFD网格划分

将模型导入ICEMCFD13.0，经几何修复后，为节省计算时间，进行结构网格划分，并且仅划分一半船体网格。划分后，船体表面的网格分布如图7-5所示。

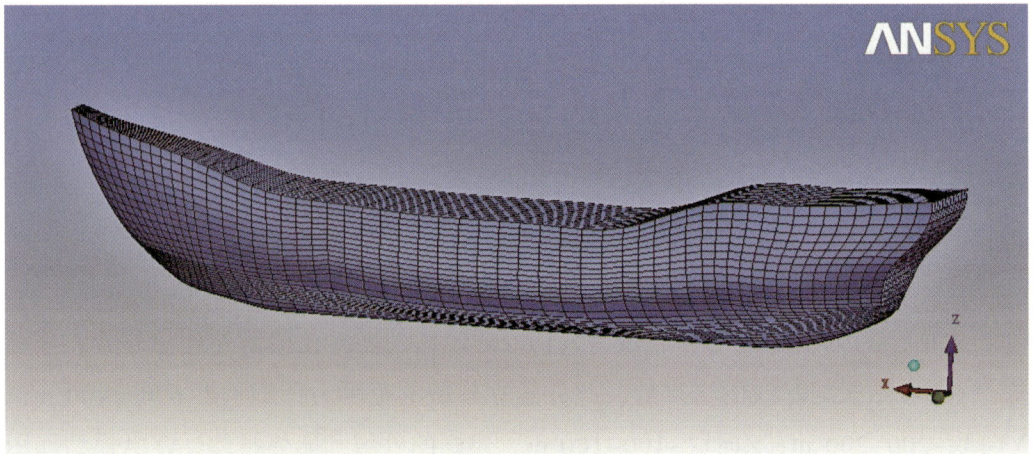

图7-5　船体表面网格分布情况

为查看网格质量，截取部分典型界面，其网格分布如图7-6所示。

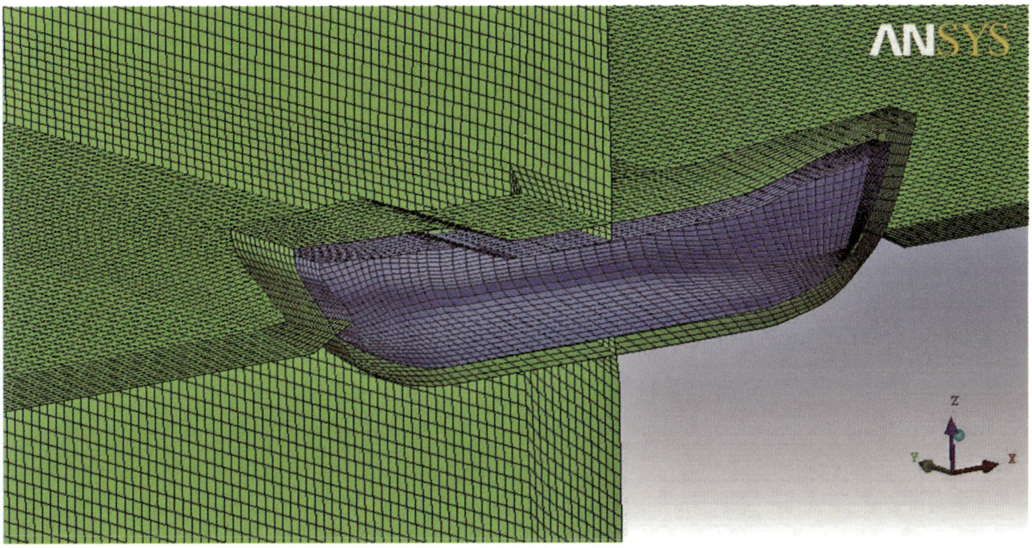

图7-6　部分典型界面网格分布情况

4. Fluent阻力计算

将导出的网格文件导入Fluent13.0，如图7-7所示。

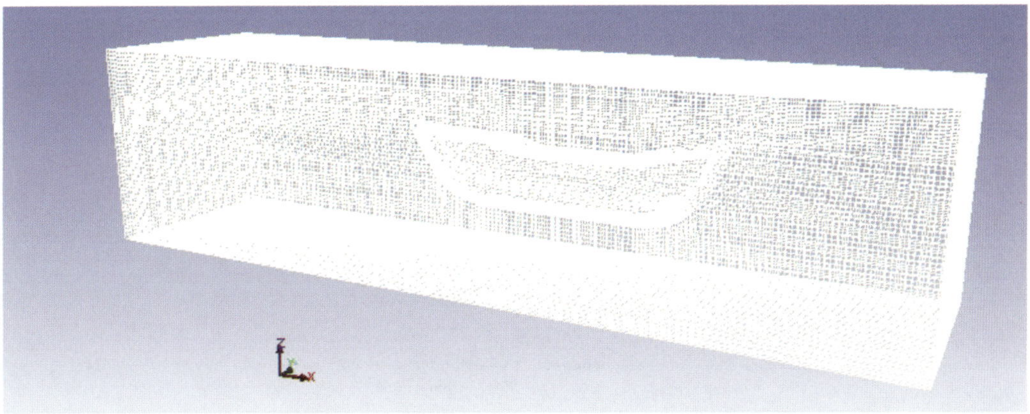

图7-7　mesh文件导入Fluent中的显示图

Fluent设置的具体步骤为：

① 选择3D求解器，DoublePrecision；

② 检查网格，确认本模型网格数目为491 218个，无负网格存在；

③ 通过scale，把模型的尺度改成和目标计算实体相同（将缩尺比定为10∶1，计算模型的阻力系数，然后换算到实船）；

④ 选择非定常求解器；

⑤ 定义模型参数和流场材料参数；

⑥ 定义边界条件；

⑦ 设置用户函数，定义水下压力随深度变化函数；

⑧ 设置监视器和残差；

⑨ 设置时间步长、每步最大迭代次数和总的时间步数；

⑩ 开启迭代，观察监视器图像收敛情况。

经过计算，阻力曲线大致不再变化，其残差图和阻力系数曲线图分别如图7-8、7-9所示。经report，得到船模总阻力系数为3.78×10^{-3}，摩擦阻力系数为3.188×10^{-3}。

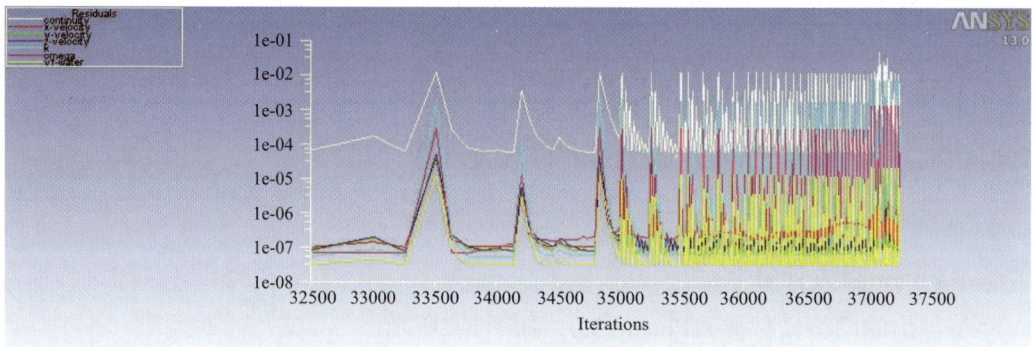

图7-8　残差曲线图

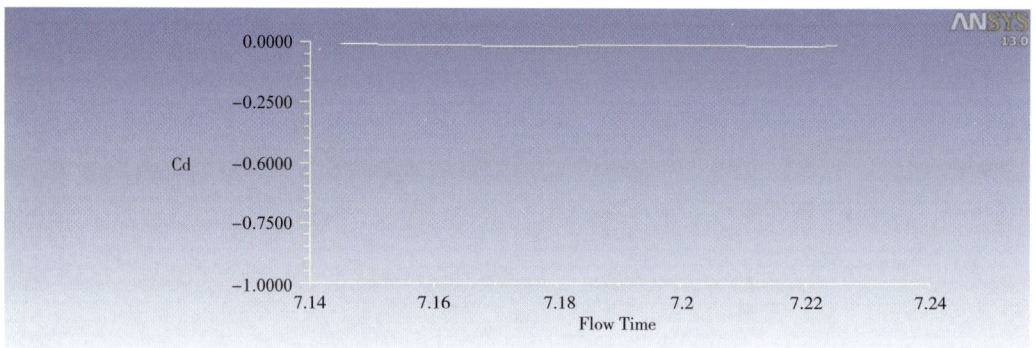

图7-9　阻力曲线7.14 s后的走势图

5. 实船阻力换算

此处采用二因次法，利用船模的阻力系数换算实船的阻力系数。

下面各式中，下标s代表实船，下标m代表船模。

由傅汝德假设，总阻力中的黏压阻力和兴波阻力可以看成剩余阻力R_r：

$$R_{ts}=R_{fs}+R_{rs} \qquad\qquad ①$$

$$R_{tm}=R_{fm}+R_{rm} \qquad\qquad ②$$

在相应速度时，由比较定律

$$R_{rs}=R_{rm} \cdot \frac{\Delta s}{\Delta m}=R_{rm} \cdot \frac{\rho_s}{\rho_m} \cdot \alpha^3 \qquad ③$$

式①两边同除 $\frac{1}{2}\rho_s V_s^2 S$ 得

$$C_{ts}=C_{fs}+C_{rs} \qquad ④$$

由傅汝德定律

$$C_{rs}=C_{rm} \qquad ⑤$$

故，实船总阻力系数可写为

$$C_{ts}=C_{fx}+C_{rm}=C_{fs}+（C_{tm}-C_{fm}） \qquad ⑥$$

取实船水线长为计算船长，航速为5节（2.57 m/s），黏性系数 v 取为海水在15℃时的 1.19×10^{-6}，算得实船雷诺数为

$$\mathrm{Re}_s=\frac{V_s \cdot L}{v}=2.31 \times 10^8 \qquad ⑦$$

根据1975ITTC公式，算得实船摩擦阻力系数为

$$C_{fs}=\frac{0.075}{（\lg \mathrm{Re}-2）^2}=1.852 \times 10^{-3} \qquad ⑧$$

将Fluent计算所得的

$$C_{tm}=3.78 \times 10^{-3} \qquad ⑨$$

$$C_{fm}=3.188 \times 10^{-3} \qquad ⑩$$

带入式⑥得

$$C_{ts}=2.444 \times 10^{-3} \qquad ⑪$$

总阻力为

$$R_{ts}=C_{ts} \cdot \frac{1}{2}\rho V_s^2 S_s=43.681 \text{ kN} \qquad ⑫$$

式中，$\rho_s=1.025\ t/\mathrm{m}^3$，$V_s=2.57$ m/s，$S_s=5\ 280\ \mathrm{m}^2$

选用南海平均风速6 m/s、帆攻角为20°、飘角为0°时的情况，计算所需帆面积

$$S_{需}=\frac{43.681 \times 10^3}{21.489\ 58}=2\ 032.660\ \mathrm{m}^2 \qquad ⑬$$

四、结论

2 032.66 m²的帆面积对于郑和宝船来讲，2—3面大帆即可满足要求。所以，郑和宝船可以达到预估航速5节的要求。

同时，根据计算所得各风速和攻角下的升力系数和阻力系数，计算各种工况下的船舶助推力，继续用软件计算多航速下的船舶阻力系数，可以获取关于郑和宝船有关阻力和航速的更多资料。

第三节　操纵性仿真分析

　　操纵性是船舶重要的水动力性能之一，良好的操纵性能是保证船舶航行安全的重要保障。操纵性预报是了解和掌握船舶操纵性的重要方法和手段，对于船舶航行安全具有重要的作用。因此，首先要对古船操纵运动进行分析，建立操纵运动数学模型；通过估算操纵运动水动力，数值预报古船操纵性。

一、操纵运动数学模型

1. 坐标系

为了描述船舶的操纵运动，通常采用如图7-10所示的2种右手直角坐标系。

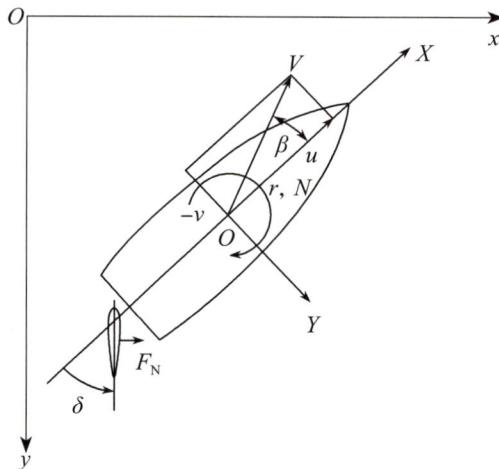

图7-10　坐标系

　　固定坐标系O-xyz：固结在地球表面，不随时间而变化。O是固定坐标系原点，通常选取在t=0时刻、船舶重心G所在的位置。Ox轴在静水平面内，其方向通常可选取在船舶总的运动方向上；Oy轴取Ox轴在静水平面内沿顺时针旋转90°的方向上；Oz轴垂直于静水平面，以指向地心为正。

运动坐标系$O-XYZ$：固结在船体上，随船一起运动，O点为坐标系原点，通常取在船舶的重心G处。OX轴取为船纵轴，以指向船首为正；OY轴与纵剖面垂直，以指向右舷为正；OZ轴垂直于水线面，以指向龙骨为正。V表示船舶的航行速度，也是船舶重心处的瞬时速度。

船运动的速度、角速度和所受力、力矩用如表7-15所示的符号表示。

表7-15　坐标系符号表

$O-xyz$	固定于地球的坐标系
$O-XYZ$	固联于船舶的坐标系
ω	船舶转动的角速度，$rad \cdot s^{-1}$
V	船舶重心处的航速，m/s
u、v、w	航速V在$O-XYZ$坐标系上投影，m/s
p、q、r	角速度ω在$O-XYZ$坐标系上投影，$rad \cdot s^{-1}$
X、Y、Z	力F在$O-XYZ$坐标系上的投影，N
m	船舶质量，kg
δ	舵角，rad
F_N	舵水动力的法向分量，N

2. 操纵运动数学模型

考虑船动力由风帆提供，本项目假定帆力恒定。在静水船舶操纵运动数学模型的基础上，在方程右端加入风帆力，建立如下操纵运动方程：

$$\begin{cases} (m+m_x)\dot{u} - (m+m_y)vr = X_H + X_R + X_a \\ (m+m_y)\dot{v} + (m+m_x)ur = Y_H + Y_R + Y_a \\ (I_z+J_{zz})\dot{r} = N_H + N_R + N_a \end{cases}$$

式中，m表示船体质量；m_x、m_y分别表示船舶的附加质量；I_z、J_{zz}分别表示船舶的惯性矩和附加惯性矩；X、Y、N表示船舶所受的纵向力、横向力及力矩；下标H、R、a则分别表示船体、舵、帆的作用力。

二、操纵运动水动力计算

1. 附加质量与附加惯量矩

m_x、m_y分别是船舶沿x轴和y轴方向的附加质量，J_{zz}为z轴方向的附加惯量矩，这些参数可由元良图谱得到。为便于计算机运算，采用周昭明回归方法：

$$m_x' = \frac{m_x}{m} = \frac{1}{100}\left[0.398 + 11.97Cb\left(1.0 + 3.73\frac{d}{B}\right) - 2.89Cb \cdot \frac{L}{B}\left(1 + 1.13\frac{d}{B}\right)\right.$$

$$\left. + 0.175Cb\left(\frac{L}{B}\right)^2\left(1 + 0.54\frac{d}{B}\right) - 1.107\frac{L}{B} \cdot \frac{d}{B}\right]$$

$$m_y' = \frac{m_y}{m} = 0.882 - 0.54Cb\left(1 - 1.6\frac{d}{B}\right) - 0.156\left(1 - 0.673Cb\right) \cdot \frac{L}{B} + 0.826\frac{d}{B} \cdot \frac{L}{B} \cdot$$

$$\left(1 - 0.678\frac{d}{B}\right) - 0.638Cb \cdot \frac{d}{B} \cdot \frac{L}{B}\left(1 - 0.669\frac{d}{B}\right)$$

$$J_{zz}' = m' \cdot \left(\frac{l_{66}}{L}\right)^2$$

$$\frac{l_{66}}{L} = \frac{1}{100}\left[33 - 76.85Cb\left(1 - 0.784Cb\right) + 3.43\frac{L}{B}\left(1 - 0.63Cb\right)\right]$$

2. 船、舵的水动力计算

（1）船体水动力

纵向船体水动力可写为：

$$X_H = X(u) + X_{vr}vr + X_{vv}v^2 + X_{rr}r^2$$

式中，$X(u)$ 为船舶阻力。

船体的操纵运动水动力可以写为

$$Y_H = Y_v v + Y_r r + Y_{vv}v|v| + Y_{rr}r|r| + Y_{vr}v|r|$$

$$N_H = N_v v + N_r r + N_{vvr}v^2r + N_{vrr}vr^2 + N_{rr}r|r|$$

（2）舵力及其力矩

舵力及操舵引起的水动力表示为

$$\begin{cases} X_R = -(1 - t_R)F_N\sin\delta \\ Y_R = -(1 + \alpha_H)F_N\cos\delta \\ N_R = -(x_R + \alpha_H x_H)F_N\cos\delta \end{cases}$$

F_N 为舵上的法向力，可采用藤井公式计算：

$$F_N = \frac{1}{2}\rho\frac{6.13\lambda}{\lambda + 2.25}A_R U_R^2\sin\alpha_R$$

三、操纵运动预报

应用上述操纵运动数学模型及相关水动力的计算方法，编写计算机程序对古船进行操纵运动数值计算。由于船舶操纵运动回转圈是评价船舶操纵性好坏的主要指标，所以首先对本船回转运动进行计算，根据回转圈直径大小来判断船舶操纵回转性能的好坏以及能否在特定水域安全航行。

通过计算，得到本船操纵35°舵角回转运动时的相对回转直径为2.8。为检验计算结果的有效性，按照Schonher方法对本船35°舵角回转直径进行估算，其结果为3.08倍船长（图7-11），计算结果与回归方法结果具有一致性。不同舵角时操纵回转轨迹，如图7-12所示。

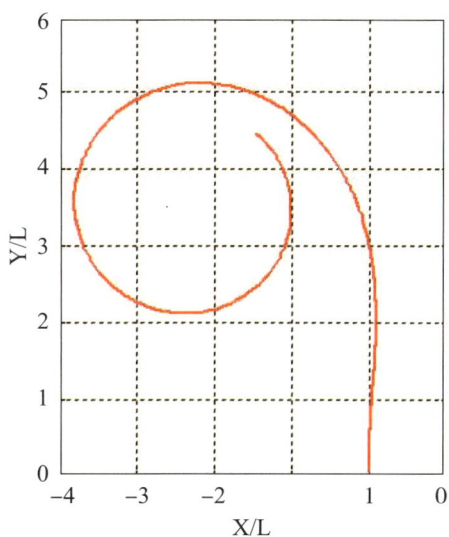

图7-11 35°操纵回转轨迹

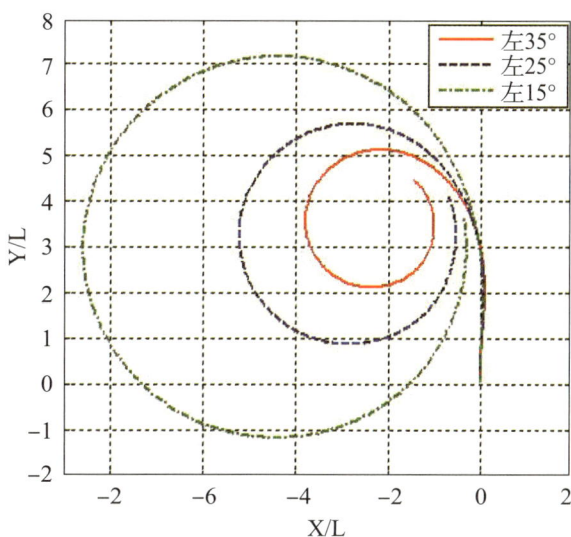

图7-12 不同舵角时操纵回转轨迹

从结果来看，古船由于长宽比较大，其回转性较好，相对回转直径约为3倍船长。实际古船操纵过程中，古船操纵性能受风速、风向及操帆人员的熟悉程度不同的影响。

第四节 耐波性的仿真分析

一、耐波性理论预报方法和模型

早期，在波浪上船舶运动的研究当中，仅是考虑了入射波作用在船体上而产生的干扰力，没有考虑船体本身及其运动对流场带来的影响，这部分波浪干扰力就是傅汝德−克雷洛夫力（Froude−Krylov Force），它只由入射波作用而产生。20世纪40年代，哈斯金德（Haskind）第一次在线性理论的范围内将流场中扰动部分的速度势分解为辐射速度势和绕射速度势，这一分解仍是目前处理船舶运动问题的主要方法。

船舶摇荡三维流体力的计算出现在20世纪70年代。正是由于计算机技术的高速发展，才为三维计算的实现创造了条件。这其中对低速或者无航速的船研究比较多，但对于中高速的船舶，限于计算的繁杂，仅有少数人做过实际计算。近几年来，波浪上船舶运动非线性化得到了人们的广泛关注。海上结构物受到的缓变波浪慢漂力及二阶定常波浪力（Slowly Varying Wave Drifting and Second Order Steady Forces）及由此引起的二阶力（Second Order Force）已经成为现今研究的重要问题。在时域中讨论船舶运动（包括线性的和非线性的）的研究方法自从1979年实现以来，受到越来越多学者的关注，也取得很大的进展。

由上可知，船舶在波浪上的运动理论发展时间并不长，但是用理论计算船舶在某一海况中的运动特征已具有相当的可靠性。

对于船舶在规则波的运动响应预报可用理论预报方法或耐波性水池的模型试验方法。理论预报方法是在线性化假设的基础上，把船舶在波浪中的运动看作是普通刚体的运动，建立了船舶在规则波中运动的六自由度耦合方程：

$$\sum_{k=1}^{6} = \left[(M_{jk}+A_{jk})\ddot{\eta}_k + B_{jk}\dot{\eta}_k + C_{jk}\eta_k \right] F_j e^{i\omega_e t}$$

$$j=1, \cdots, 6$$

常用的计算工具有切片理论方法和三维时域或频域面元法，可得到各运动模态的运动响应。本研究采用ANSYS−AWQA软件对郑和宝船进行耐波性计算。

二、郑和宝船所经海域及海浪资料分析

有关郑和宝船所经海域分析详见本章第二节所述，此处仅对海浪资料总结分析。由于南海及印度洋海浪的波、浪、流资料分布复杂，这里仅选取一般情况下风、浪、流数据对郑和宝船的耐波性进行分析。

对于规则波下，郑和宝船耐波性分析海浪资料选取如表7−16所示。

表7−16　海浪资料

有义波高/m	风速/（m/s）	流速/（m/s）	仿真频率/（rad/s）	频率增量/（rad/s）
3~5	8	3	0.3~1.2	0.3

三、基于ANSYS-AQWA的郑和宝船耐波性分析

ANSYS-AQWA作为ANSYS船舶与海洋工程行业专用仿真工具，用于计算船舶与海洋工程水动力学性能问题，其功能完备，可满足桅、桁、EPSOs、TLPs、半潜水系统、停泊系统、救生系统等各种海面浮动结构的水动力学设计、分析需求。

AQWA开发成功逾30年，经广泛的用户工程验证，功能完备、计算精度高、界面友好，涵盖一阶、二阶波浪力计算与输出，耐波性，稳性，系泊分析，下水分析，碰撞分析，气隙分析，缆索动力学分析等分析能力。在船舶与海洋工程领域影响广泛，世界四大船级社DNV（挪威船级社），LR（英国劳氏），CCS（中国船级社），ABS（美国船级社）都采用AQWA作为分析和验证的标准程序。

计算结果分析

结合郑和宝船航行路线海洋资料，进行在满载和空载状态下的船体耐波性计算。如表7-17所示，表中，浪向角90°是横浪，浪向角135°是首斜浪，浪向角180°是迎浪。

表7-17 各种工况

	航速/kn	波高/m	风速/（m/s）	频率/（rad/s）	流速/（m/s）	浪向角
满载	0	3	8	0.3—1.2	3	90°—180°
	3	4				
	5	5				
空载	0	3	8	0.3—1.2	3	90°—180°
	3	4				
	5	5				

由于计算工况数据量大，这里只选定两种典型的数据进行分析，如表7-18所示。

表7-18 计算采用工况

	航速/kn	波高/m	风速/（m/s）	频率/（rad/s）	流速/（m/s）	浪向角
满载	0	4	8	0.6/1.0	3	90°、135°、180°
	3					
	5					
空载	0	4	8	0.6/1.0	3	90°、135°、180°
	3					
	5					

几个典型的工况：

满载工况部分计算结果，如图7-13所示。

满载工况1.1如图（1）所示，船舶航速为0，波高4 m，频率0.6 rad/s，风速8 m/s，流速3 m/s，浪向角90°。

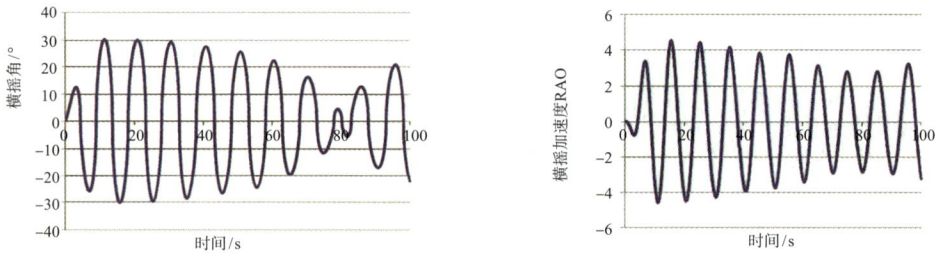

（1）满载工况1.1

满载工况1.2如图（2）所示，船舶航速为0，波高4 m，频率0.6 rad/s，风速8 m/s，流速3 m/s，浪向角135°。

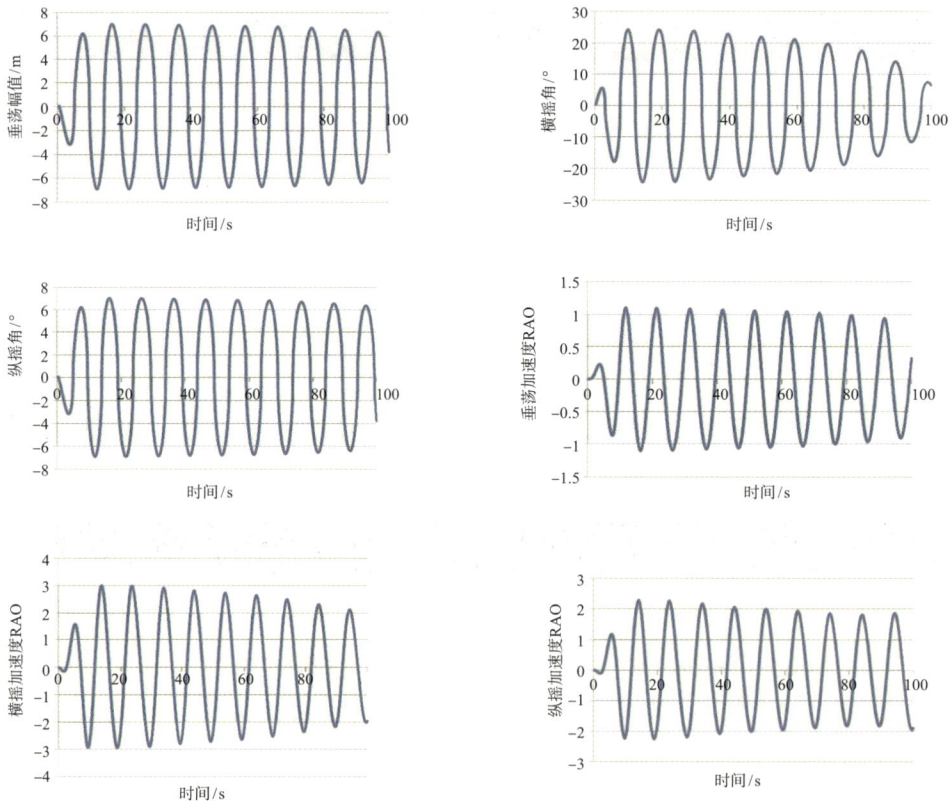

（2）满载工况1.2

满载工况1.18如图（3）所示，船舶航速为5 kn，波高4 m，频率1 rad/s，风速8 m/s，流速3 m/s，浪向角180°。

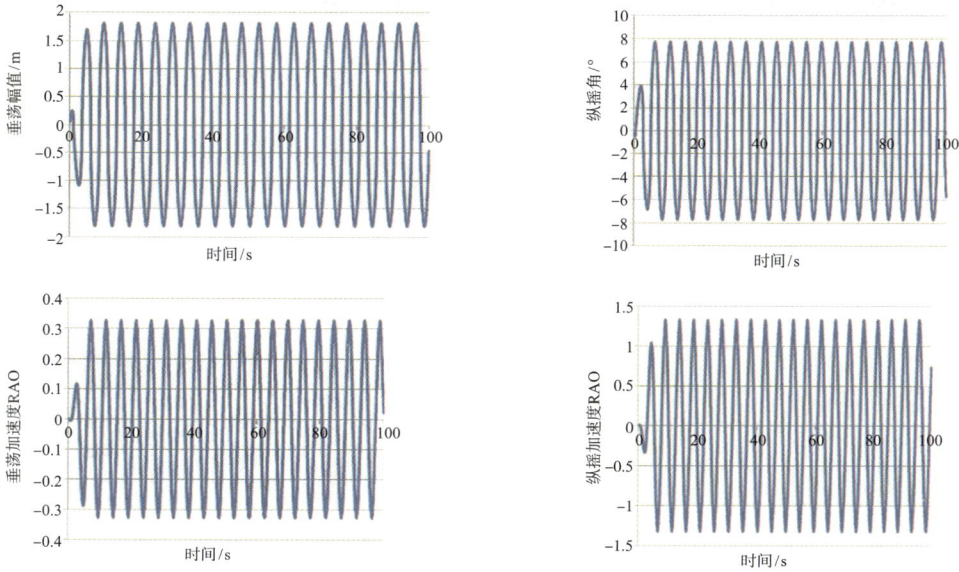

（3）满载工况1.18

图7-13　满载工况部分计算结果

综合以上数据分析，总结满载工况各状态下横摇、纵摇、垂荡及RAO值最大值情况，如表7-19所示。

表7-19　满载工况计算数据

工况及海浪条件			航速/kn	最大值		
				浪向角90°	浪向角135°	浪向角180°
满载	频率0.6 rad/s；波高4 m；风速8 m/s；流速3 m/s	横摇角/°	0.00	30.35	24.08	–
			3.00	30.35	27.95	–
			5.00	30.35	30.96	–
		垂荡幅值/m	0.00	–	7.01	6.24
			3.00	–	7.13	6.52
			5.00	–	7.24	6.88
		纵摇角/°	0.00	–	23.74	23.92
			3.00	–	22.25	25.59
			5.00	–	22.83	26.25

（续表）

工况及海浪条件			航速/kn	最大值		
				浪向角90°	浪向角135°	浪向角180°
满载	频率1.0 rad/s；波高4 m；风速8 m/s；流速3 m/s	横摇角/°	0.00	22.52	16.69	–
			3.00	22.54	9.69	–
			5.00	22.53	8.49	–
		垂荡幅值/m	0.00	–	3.83	2.36
			3.00	–	3.06	1.99
			5.00	–	2.89	1.82
满载	频率1.0 rad/s；波高4 m；风速8 m/s；流速3 m/s	纵摇角/°	0.00	–	13.89	10.23
			3.00	–	12.08	8.62
			5.00	–	11.19	7.76
满载	频率0.6 rad/s；波高4 m；风速8 m/s；流速3 m/s	横摇加速度RAO	0.00	4.59	3.00	–
			3.00	4.60	5.22	–
			5.00	4.62	6.51	–
		垂荡加速度RAO	0.00	–	1.10	0.87
			3.00	–	1.30	1.15
			5.00	–	1.46	1.43
		纵摇加速度RAO	0.00	–	2.29	2.87
			3.00	–	2.73	3.92
			5.00	–	6.51	4.62
满载	频率1 rad/s；波高4 m；风速8 m/s；流速3 m/s	横摇加速度RAO	0.00	7.06	3.72	–
			3.00	7.06	1.61	–
			5.00	7.06	1.40	–
		垂荡加速度RAO	0.00	–	0.89	0.35
			3.00	–	0.72	0.33
			5.00	–	0.73	0.33
		纵摇加速度RAO	0.00	–	2.64	1.46
			3.00	–	2.52	1.38
			5.00	–	2.46	1.33

由此可以看出，在风速、流速一定，波浪频率对横摇、纵摇、垂荡影响显著；波浪波高一定，低频时比高频对其船舶运动影响显著，纵摇上响应剧烈。在频率0.6 rad/s情况下，纵摇、垂荡及其RAO数据存在偏大，但符合船舶在规则波中耐波性特征；在频率1 rad/s情况下，横摇、纵摇、垂荡及RAO都符合相类似船舶耐波性特征。在规则波条件下，船舶耐波性计算结果符合实际情况。

空载工况部分计算结果，如图7-14所示。

空载工况1.1如图（1）所示，船舶航速V为0，波高4 m，频率0.6 rad/s，风速8 m/s，流速3 m/s，浪向角90°。

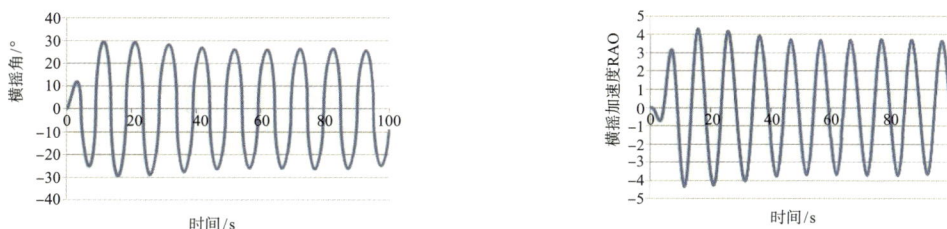

（1）空载工况1.1

空载工况1.2如图（2）所示，船舶航速V为0，波高4 m，频率0.6 rad/s，风速8 m/s，流速3 m/s，浪向角135°。

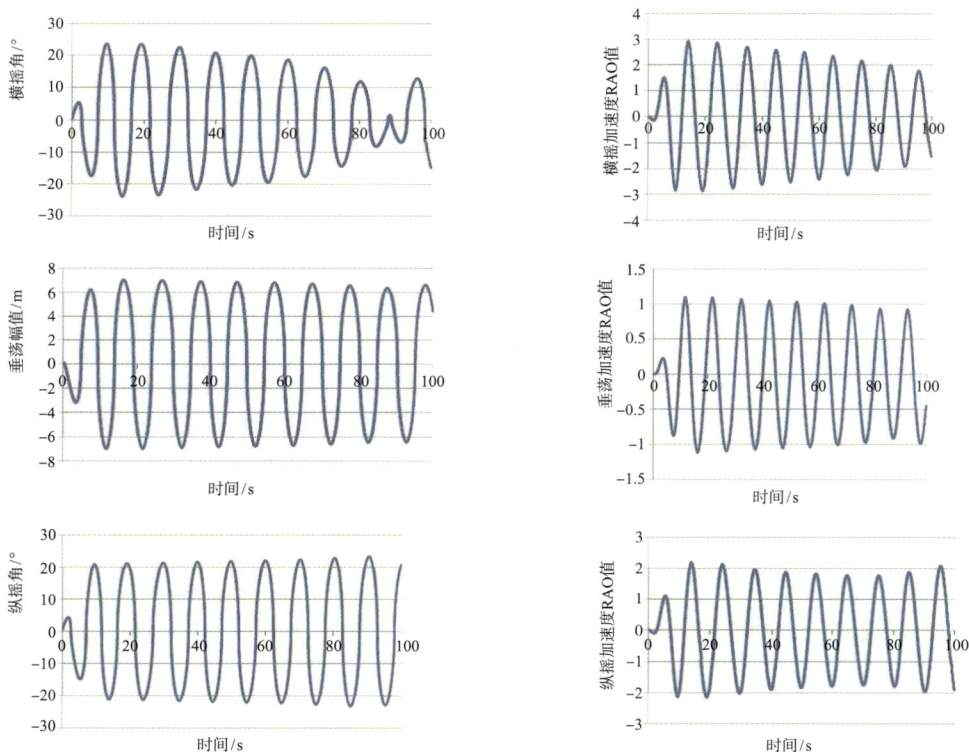

（2）空载工况1.2

空载工况1.18如图（3）所示，船舶航速为5 kn，波高4 m，频率1 rad/s，风速8 m/s，流速3 m/s，浪向角180°。

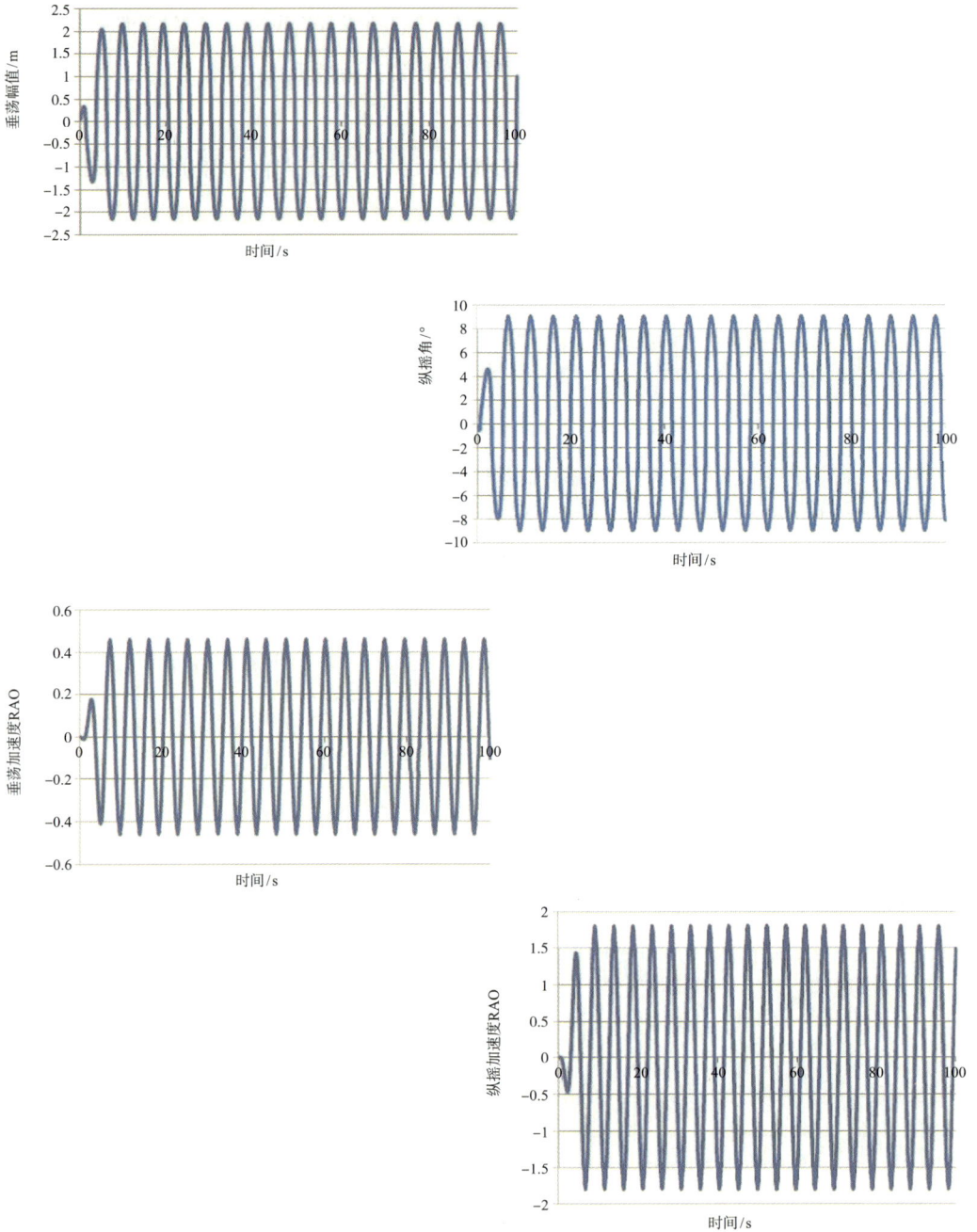

（3）空载工况1.18

图7-14 空载工况部分计算结果

综合以上数据分析，总结空载工况各状态下横摇、纵摇、垂荡及RAO值最大值情况，如表7-20所示。

表7-20　空载工况计算数据

工况及海浪条件			航速/kn	最大值		
				浪向角90°	浪向角135°	浪向角180°
空载	频率0.6 rad/s；波高4 m；风速8 m/s；流速3 m/s	横摇角/°	0.00	29.49	23.79	–
			3.00	29.50	27.14	–
			5.00	29.50	29.69	–
		垂荡幅度/m	0.00	–	7.04	6.36
			3.00	–	7.10	6.53
			5.00	–	7.13	6.78
		纵摇角/°	0.00	–	23.43	23.56
			3.00	–	21.52	24.88
			5.00	–	22.03	25.57
空载	频率1 rad/s；波高4 m；风速8 m/s；流速3 m/s	横摇角/°	0.00	24.60	24.22	–
			3.00	24.60	12.57	–
			5.00	24.60	11.18	–
		垂荡幅度/m	0.00	–	5.20	2.52
			3.00	–	3.46	2.33
			5.00	–	3.33	2.16
		纵摇角/°	0.00	–	15.37	11.75
			3.00	–	13.44	9.84
			5.00	–	12.36	9.04
空载	频率0.6 rad/s；波高4 m；风速8 m/s；流速3 m/s	横摇加速度 RAO	0.00	4.33	2.93	
			3.00	4.34	4.93	
			5.00	4.38	6.16	
		垂荡加速度 RAO	0.00	–	1.11	0.91
			3.00	–	1.29	1.15
			5.00	–	1.41	1.38

（续表）

工况及海浪条件		航速/kn	最大值		
			浪向角90°	浪向角135°	浪向角180°
空载	频率0.6 rad/s；波高4 m；风速8 m/s；流速3 m/s	纵摇加速度RAO	0.00	–	2.21	2.78
			3.00	–	3.49	3.71
			5.00	–	3.77	4.38
空载	频率1 rad/s；波高4 m；风速8 m/s；流速3 m/s	横摇加速度RAO	0.00	8.42	5.82	–
			3.00	8.41	2.73	–
			5.00	8.41	2.47	–
		垂荡加速度RAO	0.00	–	1.75	0.40
			3.00	–	0.92	0.45
			5.00	–	0.97	0.46
		纵摇加速度RAO	0.00	–	6.06	1.92
			3.00	–	3.10	1.80
			5.00	–	2.98	1.81

由此可以看出，在风速、流速一定，波浪频率对横摇、纵摇、垂荡影响显著；波浪波高一定，低频时比高频对其船舶运动影响显著，纵摇上响应剧烈。在频率0.6 rad/s情况下，纵摇、垂荡及其RAO数据存在偏大，但符合船舶在规则波中耐波性特征；在频率1 rad/s的情况下，横摇、纵摇、垂荡及RAO都符合相类似船舶耐波性特征。在规则波条件下，船舶耐波性计算结果符合实际情况。

第八章

郑和宝船配置舾装设备的有关考证及复原研究

第一节　郑和宝船舾装设备的有关文献记载

　　古文献中有不少已经明确记载了郑和宝船的舾装设备。譬如，在巩珍《西洋番国志》中写道："其所乘之宝舟，体势巍然，巨无与敌，蓬帆锚舵，非二三百人莫能举动。"[①]这是描述了宝船的舾装设备之大。祝允明在《前闻记》中有写到"舵工、班碇手……铁锚木艌搭材等匠"[②]，这是记载了下西洋的船队成员分类。在娄东刘家港天妃宫通番事迹碑和长乐南山寺天妃之神灵应碑上都有"而我之云帆高张，昼夜星驰"[③]的文字，这反映了郑和船队的气势威武。茅元仪《武备志》卷二四十载有"自宝船厂开船从龙江关出水直抵外国诸番图"，这描述了《郑和航海图》。在向达校注的《海道针经（甲）》中详细记载了下西洋时有"下经神文""指南正法""定罗经中针祝文""回针"等详细使用指南针的方法。张燮《东西洋考》中写有"上樯桅者为阿班，司椗者有头椗、二椗，司缭者有大缭、二缭，司舵者为舵工，亦二人更代。其司针者名火长……"[④]，这说明了郑和宝船各种舾装设备都有专人负责使用，同时也记载了用托测水深。

　　综上所述，下西洋宝船配备的主要舾装设备有舵、桅、帆等。

---

① 巩珍：《西洋番国志》，向达校注，中华书局，2004，第6页。
② 同上书，第56页。
③ 同上书，第53页。
④ 张燮：《东西洋考》，谢方点校，中华书局，2000，第170–179页。

第二节　有关设备的考证及郑和宝船舾装设备的复原

一、船舵

舵又称为柂、柁、舳、水关，它是能按照操驾人员需要，使船舶保持直航或改变航行方向的船舶操纵的主要设备。

船舶航行必须能控制方向，失去方向控制，轻则碰撞、搁浅，重则船毁人亡。舵就是用来掌握船舶航行方向的设备。船舶有时要朝某一方向直航，有时由于航道弯曲和避让、掉头等，需要灵活转向，如果风大浪大、水流急、多滩礁、船吨位大等，舵的重要性就更突显出来。古文献记载到船如果"舵失针（指南针）迷，如坐积薪而待燃"，可知舵对行船是多么重要。

文物和文献都证明，中国至少在东汉就发明使用了船尾舵，由于舵叶上出现了吊舵孔，可以认为，中国的船尾舵很早就是可升降的舵了。到了北宋，中国又发明使用了平衡舵，而且普遍地应用在内河船舶上，而当时的欧洲还没有舵。与非平衡舵比较，在相同情况下，平衡舵可以减小转舵所需力矩，操舵省力。在中国古代的南方，特别是广东一带，又发明使用了开有菱形孔的开孔舵，开孔舵对舵效影响很小，但却可减少操舵时所需转舵力矩。

从吴太守万震所著《南州异物志》可知，早在三国时期，中国古代木船的船帆已经是可转动便于操纵的帆了，可以利用"八面风"，这也得益于舵的发明，船舶即使在逆风情况下，调整好帆角，配合好舵，采用"之"字航行，也能到达目的地。这种高超的帆与舵配合技术，就是"看风使舵"的由来。

船尾舵是中国古代对船舶技术的一项重大发明，后传到了国外，公元10世纪阿拉伯地区开始使用，1180年欧洲开始使用，为发展世界造船业和航海事业做出了巨大的贡献。

船尾舵制造简单、成本低、使用安全可靠。直至今天，从小到几十吨，大到二三十多万吨的各国各类船舶的操纵设备，绝大多数仍然是用船尾舵，它应用最为广泛。

1. 文献文物考证

东汉刘熙《释名·释船》第二十五有："其尾曰柁，柁，拖也，在后见拖曳也，且弼正船使顺流不使他戾也。"[1]这是古文献（图8-1）对舵的专业描述。

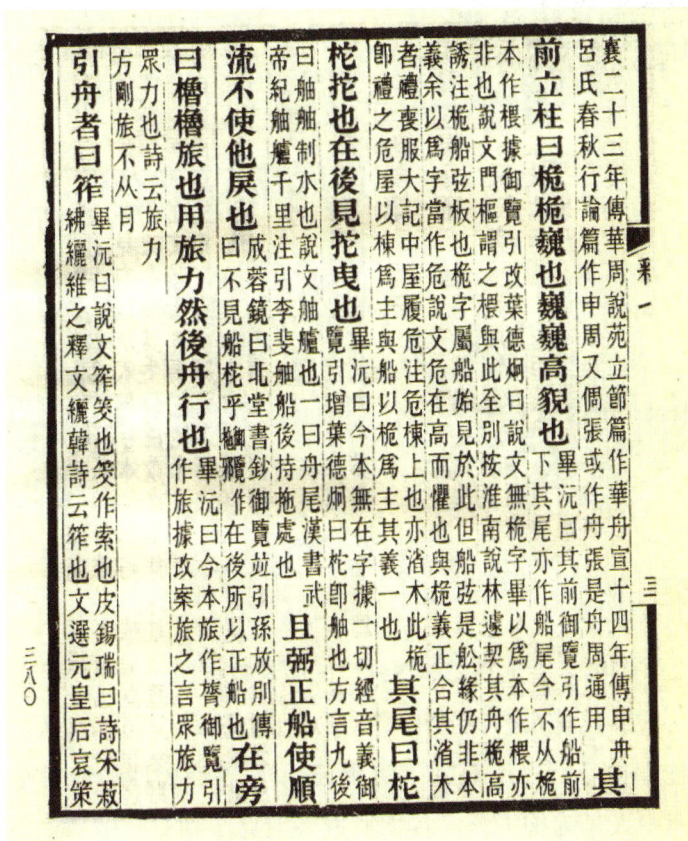

图8-1　东汉刘熙《释名·释船》对柁的解释

舵还有一些别名，如舳、柂和柁等。杨雄《方言》卷九中："舡后曰舳，好舳制水也。"郭璞《江赋》中有"凌波纵柂"；鲍照《芜城赋》中有"柂以漕渠"；南北朝梁顾野王《玉篇》中，称舵为柂。

北宋曾公亮《武经总要》中绘出了楼船、斗舰、走舸、海鹘战船的船尾舵[2]，如图8-2所示。

---

① 王先谦：《释名疏正补》，上海古籍出版社，1984，第380页。
② 《中国兵书集成》第3–5册，解放军出版社、辽沈书社，1988第482页。

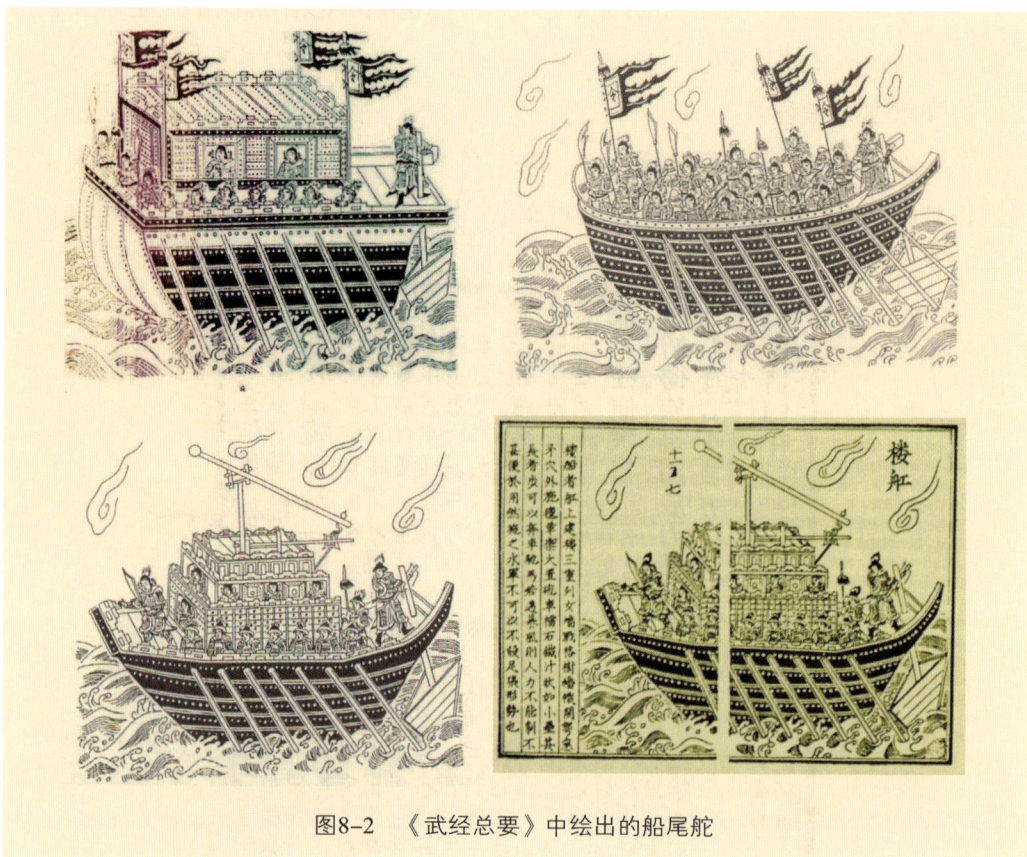

图8-2　《武经总要》中绘出的船尾舵

李昉等《太平御览》卷七六八—卷七七一[①]，舟部一——舟部四：《释名》曰，"舡尾曰柂，拖也，在后见拖曳且弼正舡不使他戾也"见图8-3所示；《孙放别传》曰，"……不见舡柂耶在后所以正舡"；《浔阳记》曰，"庐山西岭有甘泉，曾见一柂从山岭流下，此溪中人号为柂下溪，宣穆所遣人，见山湖中有败舸而后柂流下，信其不妄"。

南宋周去非《岭外代答》："钦州海山，有奇材二种，一曰紫荆木，……，一曰乌婪木，用以为大船之柂，极天下之妙也。……他产之柂，长不过三丈，以之持万斛之舟，犹可胜其任，以之持万斛之蕃舶，卒遇大风于深海，未有不中折者，唯钦产缜理坚密，长几五丈，虽有恶风怒涛，截然不动，……真凌波之至宝也。"[②]

---

① 李昉等：《太平御览》，中华书局，1985，第3418页。
② 周去非：《岭外代答校注》，杨武泉校注，中华书局，1999，第219—220页。

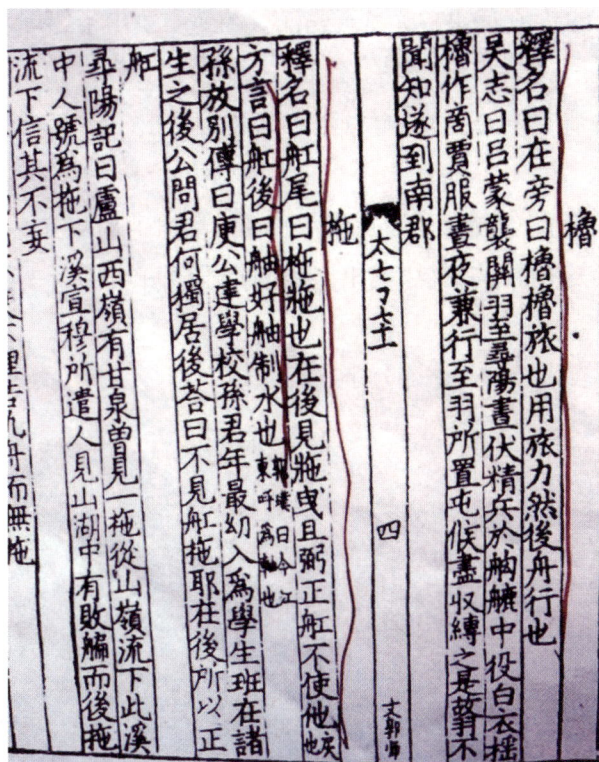

图8-3 宋李昉等《太平御览》中提到的柂

中国古代绘画作品表现船舵的内容也非常丰富。

唐代郑虔（685—764）绘画作品中绘出了船尾舵，如图8-4所示。

图8-4 唐代郑虔画作中的船尾舵

五代北宋郭忠恕（917—977）《雪霁江行图》中绘出了船尾舵，台北故宫博物院藏。

北宋张择端《清明上河图》（1111年）画卷中绘出了汴河船平衡舵，故宫博物院藏。

北宋王希孟《千里江山图》（1113年）画卷中绘出了平衡舵，故宫博物院藏。

宋代佚名《江天楼阁图轴》中绘出了船尾舵，如图8-5所示，南京博物院藏。

图8-5　《江天楼阁图轴》

日本长崎博物馆藏《长崎名胜图绘》、"海船图"、长崎美术博物馆藏"唐船图"、日本江户时代的船画"唐船之图"和《点石斋画报》等亦有描绘舵，如图8-6、8-7所示。

图8-6　明末清初福州造广东船（取自日本"唐船之图"）

图8-7　明末清初南京沙船（取自日本"唐船之图"）

大量船画绘出了中国船的船尾舵，上述的明清文献对船尾舵也都有记述，有的甚至很详细。

1955年，广州东郊东汉墓出土1艘陶船模，船尾有舵（完整），如图8-8所示，中国国家博物馆藏。

图8-8　广州东郊东汉墓出土的陶船模

1999年，安徽柳孜运河出土的唐代船有1个完整的船尾舵，如图8-9所示，安徽淮北市博物馆藏。

图8-9　安徽柳孜运河出土的唐代船有船尾舵

1978年，天津静海元谋口出土的宋代内河船上有完整的平衡舵，如图8-10所示。

图8-10　天津静海元谋口出土的宋代内河船

1974年，福建泉州湾出土的宋代海船有舵承座，福建省泉州海外交通史博物馆藏。

1979年，宁波东门口交邮工地出土的宋代海船有舵承座，宁波博物馆藏。

江苏太仓浏河城厢出土了元代长6米多的海船舵（不够完整），如图8-11所示，太仓博物馆藏。

图8-11　江苏太仓浏河城厢出土的元代海船舵

2010年，山东菏泽出土的元代运河船有完整的平衡舵，如图8-12所示。

图8-12　山东菏泽出土的元代运河船的平衡舵

1956年，山东梁山宋金河故道出土的明初军用运输船有舵承座和完整的舵，山东博物馆藏。

1957年，南京汉中门外中保村出土了明代长11.07米铁力木海船舵杆，如图8-13所示，中国国家博物馆藏。

图8-13　南京汉中门外中保村出土的明代的铁力木海船舵杆

1984年，山东蓬莱蓬莱水城出土了明代古战船有舵承座，蓬莱市登州博物馆藏。

1984年，山东蓬莱蓬莱水城出土了明永乐十年（1412年）六月有文字记载的长8.18米（二丈八尺）的紫檀木舵杆毛料一根，如图8-14所示。上有阴刻文字3行46个字："黄字三百十五号一根长二丈八尺厚一尺二寸舵头破心闪脚破开一尺五寸巴节三个永乐十年六月日进四百料。"蓬莱市登州博物馆藏。

图8-14　山东蓬莱蓬莱水城出土的紫檀木舵杆毛料

2003—2004年，江苏南京明代宝船厂遗址第六作塘出土了明代海船舵2个，舵杆完整，舵叶不完整，舵杆分别长10.06米和10.925米，如图8-15所示，南京市博物馆藏。

图8-15　南京明代宝船厂遗址第六作塘出土的明代海船舵

长江口古海船舵（可能为明代），舵杆为铁力木，杆长7.05米，古舵完整，上海中国航海博物馆藏。

山东长岛出土了海船舵（舵叶不完整，可能为清代），如图8-16所示，长岛县珍存。

图8-16　山东长岛出土的海船舵

2. 复原设计

复原的郑和宝船采用常规的非平衡海船舵，上有吊舵孔，操舵用舵牙关门棒（操舵柄），后断水梁（尾封板）上装有舵承座，配备有升降舵的绞车。在复原设计中，舵杆长度为22.5 m，舵杆在纵材处直径为1 m，下端直径为0.75 m；舵叶厚270 mm，舵叶面积约30 m²；舵牙关门棒（操舵柄）直径为0.5 m。如图8-17所示。

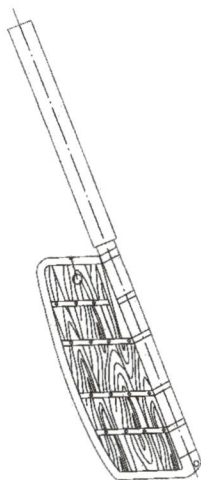

图8-17　复原设计郑和宝船的船舵图

二、帆

1. 文献文物考证

中国发明使用帆的历史很早，有的文献又称帆为"蓬"或"篷"，它是船舶航行当中的重要设备，有风可使用帆推船前进。从制造材料上分有布帆、席帆、蒲帆、栌头木叶制成的帆、竹篾编织成的帆；从帆型上可分为矩形帆、扇形帆。

《太平御览》舟部四中有关帆的记述如下：

《释名》曰：随风张慢曰帆。帆，泛也，舟疾泛泛然也。

《韵集》曰：帆，船张也。

《长沙耆旧传》曰：夏隆仕郡时，潘濬为南征太守。遣隆修书致礼，濬飞帆中游，力所不及。隆乃于岸边拔刀大呼，指濬为贼，因此被收。濬奇其以权变自通，解缚，赐以酒食。

181

《吴时外国传》曰：从加那调州乘大伯舶，张七帆，时风一月余日，乃入秦，大秦国也。

《南州异物志》曰：外徼人随舟大小，或作四帆，前后沓载之。有栌头木叶，如牖形，长丈余，织以为帆。其四帆不正，前向皆使邪移相聚，以取风吹。风后者激而相射，亦并得风力，若急则随宜增减之。邪张相取风气，而无高危之虑，故行不避迅风激波，所以能疾。

《永嘉记》云：郡有石帆，又有破石。传云古有神人，以破石半为帆，故名石帆。

《吴郡录·海记》曰：海虞县有穿山，下有洞穴，高十丈，广十余丈。山昔在海中，行侣举帆从穴中过。

陆景《典语》曰：孤特与水军一万，从风举帆，朝发海岛，暮至杏渚。

《世说》曰：顾长康作殷荆州佐，请假还东。尔时例不给布帆，顾苦求之，然乃发。至破冢，便遭风，大败。作笺与殷云："地名破冢而出，行人安稳，布帆无恙。"

……

郭璞《江赋》曰：鼓帆迅越，超张绝迥。倏忽数百，千里俄顷，飞廉无以希其踪，渠黄不能及其景。

孙绰《望海赋》曰：若乃惟馨陈祈，祝不愧言。或适于东，或归于西。商客齐畅，潮流往还。各资顺势，双帆同悬。倏如绣骅背驰，挐（奴加切。）如交集经轩。

由于帆极易损坏，难于存世，故尚未发现帆的文物出土，但是中国古画中绘出帆的画作是很多的。例如，敦煌第45窟唐代壁画，南宋李唐的《江山小景图》，宋佚名画家的《江帆山市图》，明仇英款的《清明上河图》。明代《南船记》《武备志》《天工开物》等书中，也有出现帆的图画，如图8-18所示。清代有《康熙南巡图》（图8-19）、《潞河督运图》（图8-20）等。

图8-21、图8-22、图8-23为航行于江河湖海的木帆船使用的船帆。

图8-18　明代的册封舟上的船帆

图8-19　清代《康熙南巡图》上的船帆

图8-20　清代江萱《潞河督运图》上的船帆

图8-21　广东船的扇形帆

图8-22　杭州钱塘江船的船帆

图8-23　广东阳江渔船的船帆

2. 复原设计

中国最早使用的帆可能是布帆，栌头木叶帆仅见于一个文献记载；席帆、蒲帆虽然也经常使用，但限于小船。后来大船用竹篾制成的帆或布帆，特别是明清时期应用较广。

元代黄道婆改进了织布机，降低了布匹的制作成本，而下西洋又是皇家船队，布帆比竹篾制成的硬帆自重轻，收放所占位置小，由于郑和宝船帆的面积很大，选取布帆是合乎情理的。复原设计的郑和宝船选用布帆。第1帆高度为15 m，帆面积为112 m²；第2、3帆高度为22 m，帆面积为287 m²；第4帆高度为30 m，帆面积为457 m²；第5帆高度为33.5 m，帆面积为609 m²；第6帆高度为30 m，帆面积为454 m²；第7、8帆高度为22 m，帆面积为284 m²；第9帆高度为15 m，帆面积为130 m²；另外小帆高7 m，帆面积为63 m²。如图8-24所示。

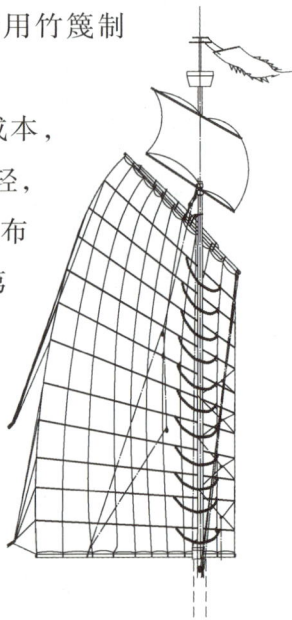

图8-24　复原设计郑和宝船的船帆

三、桅

1. 文献文物考证

桅主要用于挂帆，也可张挂航行信号标示用材等。自从人类使用帆以后就出现了桅杆。

桅，又名樯。东汉刘熙《释名·释船》："其前立柱曰桅，桅巍也，巍巍高貌也。①" 北宋沈括《梦溪笔谈》有可倒桅的记载:"正彦使人为其治桅,桅旧植船木上不可动,工人为之造转轴,教其起倒之法。"②

《宋史·丰稷传》:"从安焘使高丽,海中大风,樯折,舟几覆。"③明宋应星《天工开物》:"凡舟身将十丈者立桅必两,树中桅之位折中过前,二位头桅又前丈余""桅用端直杉木,长不足则接其表,铁箍逐寸包围"④。如图8-25所示。

图8-25 明代《武备志》开浪船的桅杆

明代何汝宾《兵录》、沈启《南船记》、李昭祥《龙江船厂志》、茅元仪《武备志》,以及《船政》等书籍都有关于桅及桅的用材的记载。

中国古画绘出桅的作品是很多的,例如敦煌第45窟唐代壁画、北宋《江天楼阁图》、郭忠恕的《雪霁江行图》(图8-26)、张择端的《清明上河图》、王希孟的《千里江山图》等及其后大量画作(图8-27)都绘出了桅。在近代的摄影作品中也常见到,如图8-28所示。

---

① 王先谦:《释名疏正补》,上海古籍出版社,1984,第380页。
② 沈括:《梦溪笔谈》,时代文艺出版社,2001,第233页。
③ 《二十五史》,中国文史出版社,2002,第5页。
④ 宋应星:《天工开物》,江苏广陵古籍刻印社,1997,第264、268页。

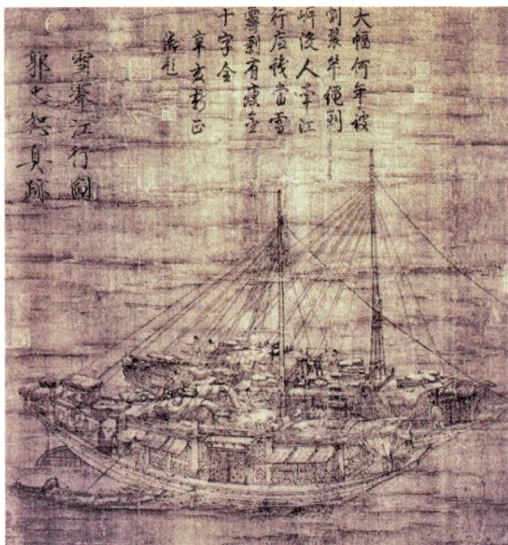

图8-26　北宋郭中恕《雪霁江行图》中可倒桅

图8-27　清代《康熙南巡图》中的桅

图8-28　近代天津码头上河北民船桅杆林立

出土文物也发现了古代木船上的桅座或者残桅（图8-29），如福建泉州出土的宋代海船、宁波出土的宋代海船（图8-30）、蓬莱出土的明代一号、二号古船（图8-31）、浙江象山明代古船、山东梁山出土的明初军用运输船等。

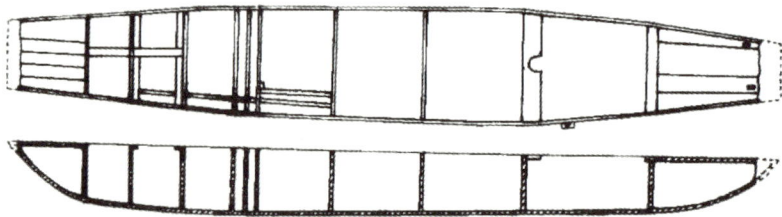

图8-29　1973年江苏如皋出土的唐代木船上有桅座

图8-30　宁波出土的宋代海船上的中桅桅座　　　图8-31　蓬莱二号古船上的桅座和舱壁

2. 复原设计

复原设计的郑和宝船中，全船从首自尾共有9根桅杆，依次编号为1—9桅。第1桅位于首楼中前部，桅杆高23.8 m，下端直径0.45 m，上端直径0.2 m；第2、3桅位置靠后一些，设在首楼左右两舷，桅杆高42.6 m，下端直径0.9 m，上端直径0.38 m；第4桅位于主甲板，桅杆高63 m，下端直径1 m，上端直径0.55 m；第5桅是主桅，设在船中靠前，桅杆高68.6 m，下端直径1.2 m，上端直径0.7 m；第6桅高63 m，下端直径1 m，上端直径0.55 m；第7、8桅高44.5 m，下端直径0.9 m，上端直径0.38 m；第9桅设在船尾靠左舷，桅杆高32.8 m，下端直径0.45 m，上端直径0.2 m。

四、锚与碇

1. 文献文物考证

船舶有行有止，停泊时靠系缆或抛锚下碇，郑和宝船遇浅水区域不能靠岸时需在深水抛锚下碇。例如，据巩珍《西洋番国志》记载："（宝船到爪哇国时）宝舡到彼，皆于海中驻泊，官军人等惟驾三板舡于各处来往。""蓬帆锚舵，非二三百人莫能举动。"

郑和宝船除配有大铁锚外，还应配有碇（或木石锚），据明王鸣鹤《登坛必究》记载，"沙船却不畏此北洋，可抛铁锚，南洋水深唯可下木椗"；茅元仪的《武备志》记有"北洋可抛铁锚，南洋水深，惟下木椗"。以

图8-32　锤锚图

此分析，郑和宝船同时配备了锚和碇。

明宋应星《天工开物》详细地记载了大铁锚制造的过程，并附有锤锚图[①]，如图8-32所示。

据《古今图书集成·经济汇编·考工典》卷第一七八卷舟楫部的"海船图考"记载："海舶广大，容载千余人，风帆十余道，约二千四百布为之，桅高二丈，铁锚重六千三百五十余斤，缆绳重一万四千三百余斤。"

人类最早是用栓系石块作碇石，后来将石头加工成石磉状或长条状作为碇石。早在汉代我国已经出现了有杆木锚，广州出土的东汉陶船模船首有有杆木锚（图8-33）就是实证。在福建等地已经出土了石碇或木石锚（图8-34）上的石条。目前，出土最早的金属锚是1975年吉林市江南公社容光大队出土的金代铁锚（图8-35）。元、明、清铁锚已经有大量出土。图8-36至图8-42为各地出土的锚和碇。

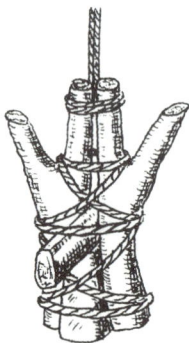

图8-33　东汉陶船模
首部有杆木锚

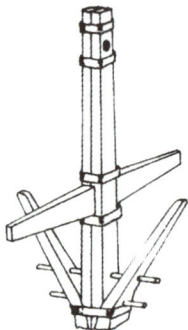

图8-34　福建法石乡出土的宋代
木石锚复原图

图8-35　1975年吉林市江南
公社容光大队出土的金代铁锚

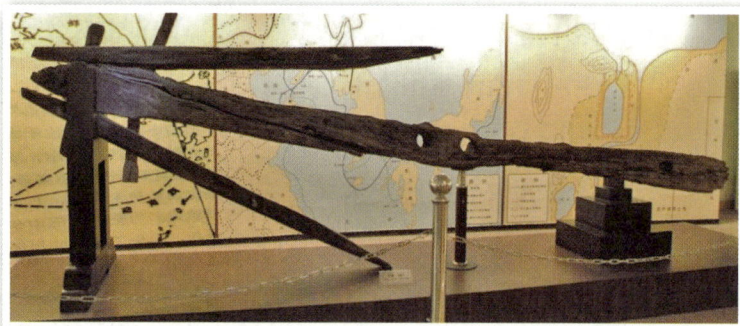

图8-36　蓬莱出土的木锚

---

① 宋应星：《天工开物》，江苏广陵古籍刻印社，1997，第268页。

图8-37　蓬莱出土的四爪锚

图8-38　蓬莱出土的四爪锚

图8-39　宝船厂遗址出土的明代铁锚

图8-40　烟台长岛县南长山出土的宋代石碇

Ⅰ式石碇   Ⅱ式4号碇

图8-41　蓬莱出土的石碇

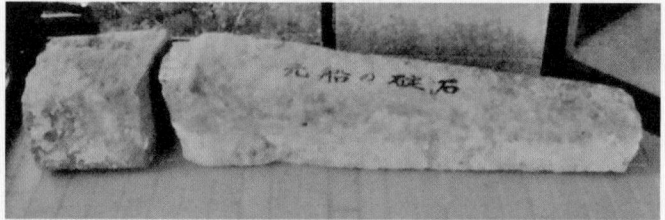

图8-42　日本出土的中国宋元时期船碇

2.复原设计

复原设计的郑和宝船配巨型四爪锚、石碇
（或木石锚），并配置起锚碇的绞车（绞盘）。
四爪锚长约5 m（图8-43），石碇长约9 m。

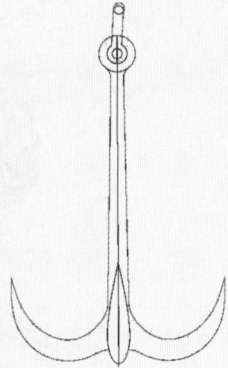

图8-43　复原设计的大宝船的锚

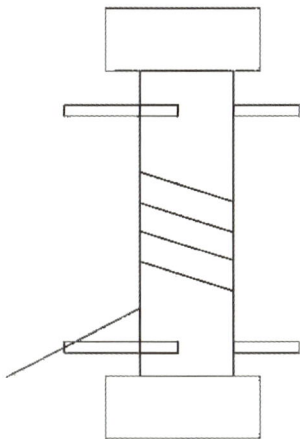

图8-44　复原设计的郑和宝船的绞车

五、其他设备

1. 绞车

绞车又称为辘轳、绞盘，是升降帆、锚、舵的重要设备。中国发明并使用辘轳很早，湖北省铜绿山出土了战国时期的辘轳轴，宋代的"三弓弩"也使用了辘轳[①]。

复原设计的郑和宝船更配有多个升降帆、锚、舵的绞车。其中，主帆绞关车关的中间直径350 mm，两头直径200 mm；首帆和尾帆绞关车关的中间直径330 mm，两头直径180 mm，车耳厚140 mm、宽360 mm、高5 300 mm；起锚绞关车关的中间直径330 mm，两头直径180 mm，车耳厚140 mm、宽360 mm、高5 400 mm；升降舵绞关车关的中间直径220 mm，两头直径180 mm，车耳厚140 mm、宽360 mm、高5 300 mm。如图8-44所示。

2. 观风向设备——五两

船舶在航行当中必须注意风向，特别是靠帆航行，因此中国古船上发明使用了观风向的设备。

五两是汉武帝在建造建章宫时首先使用，名为铜雀，后用在船上，称为五两。汉刘安《淮南子》记有："若綄之候风也"，许慎注："綄，候风扇也，楚人谓之五两。綄音桓。"

明何汝宾《兵书》写道："凡候风法，以鸡羽重八两，建五重旗，取羽系其巅，立军营中。"明茅元仪《武备志》中亦有记载，如图8-45所示。郭璞《江赋》载有：

图8-45　明代《武备志》中苍山船的观
风向设备

"气氛棂于清旭，觇五两之动静。"（收入宋李昉等《太平御览·舟部四》）

---

① 《中国古代兵器图说》，天津古籍出版社，2003，第258–261页。

唐李白《送崔氏昆弟之金陵》有"扁舟敬亭下，五两先飘扬"的诗句。

宋徐兢出使高丽，他在《宣和奉使高丽图经》中也写道："立竿以鸟羽候风所向，谓之五两。"

郑和船队远洋航行船上配备观风向设备是必然的。

复原设计的郑和宝船主桅上配有五两。

3. 测深锤与托

水深的多少直接影响船舶能否航行通过，同时水底土质情况直接影响是否适合抛锚。

托是用绳子将测深锤（图8-46、图8-47）拴住，每隔一托长度（《东西洋考》卷九："《方言》谓，长如两手分开者为一托。"[①]）系一布条，将测深锤丢入水中，然后再拉上绳子就可计算出水深。

图8-46　南京出土的明代测深锤　　　　　　　　图8-47　清代的测深锤

《海国闻见录》记有："用绳驼探水，深浅若干。驼底带蜡油，以粘探沙泥。"测深锤底部涂有蜡油，接触海底看泥沙黏结情况，决定是否适合抛锚还是下碇。

复原设计的郑和宝船配明代测深锤2只。

4. 罗盘

中国发明指南设备很早，相传黄帝大战蚩尤迷路靠指南设备才摆脱险境，汉代发明了指南车，到了北宋已经出现了几种不同的指南设备。

据沈括《梦溪笔谈》记载："方家以磁石磨针锋，则能指南，然常微偏东，不全南也。水浮多荡摇，指爪及碗唇上皆可为之，运转尤速，但坚滑易坠，不若缕悬最

---

① 张燮：《东西洋考》，谢方点校，中华书局，2000，第170-179页。

为善。"书中还记载了缕悬式，虽然缕悬式沈括认为最好，但后世广为应用的则是水浮针法。成书于宋宣和元年（1119年）的《萍洲可谈》记有："舟师识地理，夜则观星，昼则观日，阴晦则观指南针。或以十丈绳钩取海底泥嗅之，便知所至。"宣和六年（1124年）徐兢的《宣和奉使高丽图经》记有："是夜，洋中不可住，维视星斗前迈，若晦冥则用指南浮针，以揆南北。"[1]

明巩珍在《西洋番国志》记有："皆斫木为盘，书刻干支之字，浮针于水，指向行舟。"[2]《两种海道针经》载："（下针法）安罗经，下指南，须从乾宫下。盖乾宫者乃二十四向之首，夫乾者天之性情，故下针必以是为先。庶针定向，不至浮沉。"指南针对于船舶海上航行非常重要，《西洋朝贡典录》记有："谚曰：'上怕七洲，下怕昆仑，针迷舵失，人船莫存'。"明代文献也载有："舵失针迷，如坐积薪而待燃。"因此，每次出航使用指南针之前先祷念"祝针神文"。

复原的郑和宝船配水浮式指南针2个，如图8-48所示。

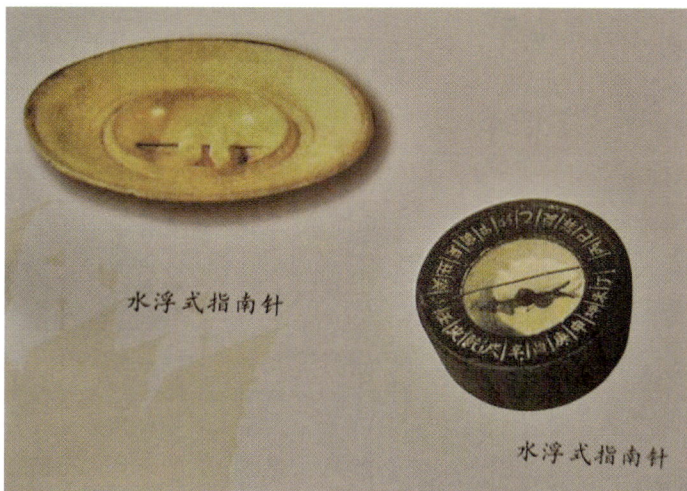

图8-48　复原的水浮式指南针

5. 焚香计时

中国早在周朝就发明了滴漏计时，元代詹希元发明了沙漏，明代下西洋时主要以焚香计时，也可能配有沙漏，时间单位以"更"来计算。

复原设计的郑和宝船配香炉、沙漏各2只。

---

① 徐兢：《宣和奉使高丽图经》卷三十四，半洋焦条，影印本，故宫博物院，1931。
② 巩珍：《西洋番国志》，向达校注，中华书局，2004，第5页。

6.《郑和航海图》

《郑和航海图》是世界上最早最详尽的连接亚非海上航行海图，原名为《自宝船厂开船从龙江关出水直抵外国诸番图》。如图8-49所示，载于明茅元仪的《武备志》[①]。

图8-49　《郑和航海图》（部分）

复原设计的郑和宝船配航海图一套。

7. 过洋牵星图

过洋牵星图是郑和下西洋时天文航海的观测图。明茅元仪在《武备志》中有部分记载。如图8-50所示。

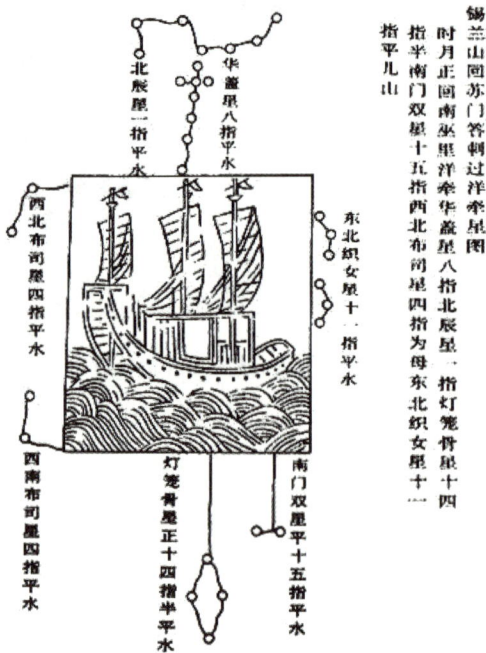

图8-50　过洋牵星图（锡兰山回苏门答腊）

[①] 茅元仪：《武备志》第二十二册，华世出版社，1984，第10180—10223页。

复原设计的郑和宝船配过洋牵星图1套。

8. 牵星板

牵星板是过洋牵星时使用的观测工具，共12块，如图8-51所示。

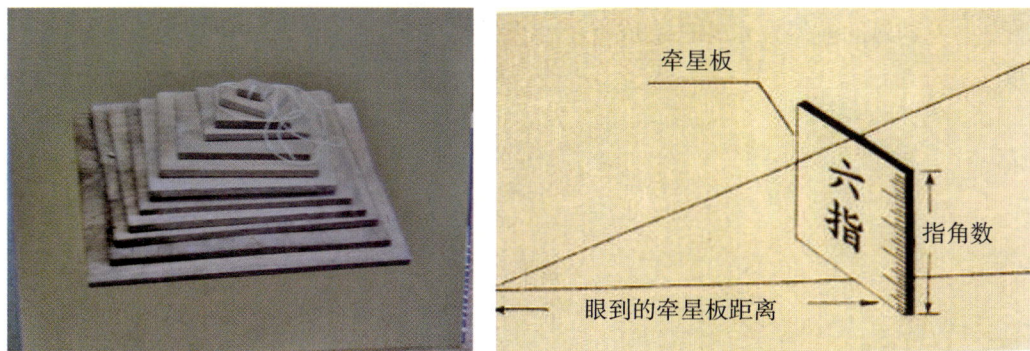

（1）过洋牵星术用的牵星板（12块）　　　　　（2）牵星板的使用示意图

图8-51　牵星板及其使用

复原设计的郑和宝船配牵星板2套。如图8-52所示，牵星板用优质的乌木制成，共12块正方形木板。最大的1块每边长约24 cm，以下每块边长递减2 cm，最小的1块每边长约2 cm。

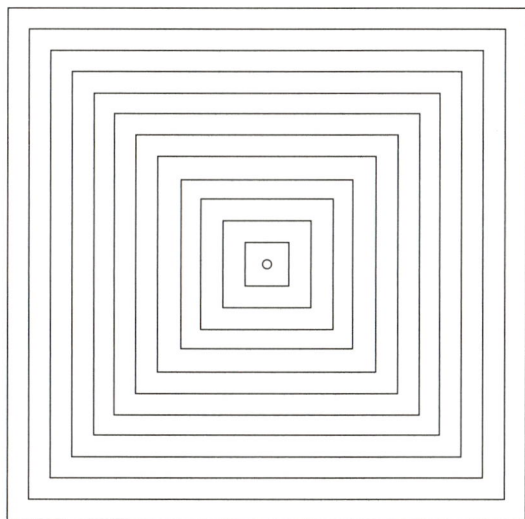

图8-52　复原设计的郑和宝船的牵星板图（俯视图）

　　复原设计的郑和宝船上，罗盘、《郑和航海图》、过洋牵星图、牵星板、焚香计时香炉均放置于针房。

　　综上所述，郑和宝船之所以在下西洋航行时能够安全往返，不仅因为先进的造船工艺造就了它坚固的船体结构，同样重要的是它还配备有上述诸多舾装设备，再加上古人娴熟的航海技术，这才成就了伟大的郑和远航。

COMPASS

中国船级社上海规范研究所

船舶几何形体输入、邦金曲线计算

SRH10（Ver.0201）

标　　识：

船　　名：郑和宝船

图　　号：WUT801-100-07

签　　名：

日　　期：

主要参数

垂线间长：106.669 m

型　　宽：48.000 m

型　　深：16.000 m

设计吃水：8.000 m

设计纵倾：0.000 m

单位定义

长度单位：米［m］

重量单位：吨［t］

角度单位：度［deg］

坐标轴定义

X轴：向右为正

Y轴：向首为正

Z轴：向上为正

纵倾：尾倾为正

横倾：右倾为正

甲板

甲板数据

纵向位置/m	甲板边线 垂向/m	（右舷） 横向/m	甲板中心线 高度/m	甲板边线 垂向/m	（左舷） 横向/m
0.000	17.680	19.220	0.000	17.680	−19.220
10.666	16.814	21.992	0.000	16.814	−21.992
21.333	16.301	24.089	0.000	16.301	−24.089
31.998	16.015	25.327	0.000	16.015	−25.327
42.665	16.000	25.470	0.000	16.000	−25.470
53.331	16.000	25.162	0.000	16.000	−25.162
63.999	16.050	23.868	0.000	16.050	−23.868
74.666	16.358	21.073	0.000	16.358	−21.073
85.331	16.962	17.259	0.000	16.962	−17.259
95.999	17.877	13.291	0.000	17.877	−13.291
106.669	19.188	8.802	0.000	19.188	−8.802

横剖面面积（包括船壳板板厚）　（单位：m²）

纵向位置/m	距基线高度/m															
	1.000	2.000	3.000	4.000	5.000	6.000	7.000	8.000	9.000	10.000	11.000	12.000	14.000	16.000	18.000	19.309
0.000	1.2	2.8	4.7	7.7	13.3	22.7	37.5	56.4	79.5	105.8	134.9	166.0	233.9	306.8	380.4	385.1
10.666	1.2	2.9	8.0	17.0	32.0	51.8	77.1	106.3	139.6	175.6	213.9	253.8	336.9	422.7	480.2	480.2
21.333	4.0	13.0	29.2	51.1	79.5	112.1	148.9	188.2	230.1	273.6	318.5	364.3	457.9	553.1	596.4	596.4
31.998	5.7	19.1	42.2	72.8	110.4	151.7	196.1	242.2	289.9	338.3	387.5	437.2	537.5	638.3	672.6	672.6
42.665	6.2	20.8	46.3	79.7	120.1	164.3	211.4	259.7	309.0	359.0	409.4	460.1	561.9	663.6	697.6	697.6
53.331	6.2	20.8	46.1	78.9	118.7	161.9	207.8	255.1	303.5	352.6	402.2	452.1	552.5	652.9	685.7	685.7
63.999	5.2	17.4	39.2	68.1	104.0	143.4	185.7	229.0	273.6	319.1	365.4	412.0	506.1	600.9	631.4	631.4
74.666	3.8	12.1	27.5	49.0	77.1	108.8	143.4	179.6	217.1	255.6	295.1	335.1	416.6	499.7	534.1	534.1
85.331	2.2	6.4	15.1	28.1	46.3	67.7	92.2	118.4	146.3	175.5	205.8	237.0	301.8	368.8	412.3	412.3
95.999	1.0	2.2	5.2	10.1	18.0	28.0	40.6	55.0	71.4	89.3	108.7	129.5	174.5	222.9	273.8	276.2
106.669	1.0	2.0	3.0	4.1	5.5	7.4	9.9	13.3	18.1	24.6	32.8	42.5	66.4	94.9	126.8	148.6

横剖面距基线的面积矩（包括船壳板板厚）　　　　　　　　　　　　　　　　　　　　　（单位：m³）

纵向位置/m	距基线高度/m															
	1.000	2.000	3.000	4.000	5.000	6.000	7.000	8.000	9.000	10.000	11.000	12.000	14.000	16.000	18.000	19.309
0.000	0.7	3.0	8.1	18.4	44.5	96.3	194.4	335.2	533.9	782.5	1 089.7	1 446.6	2 329.6	3 423.8	4 673.8	4 758.1
10.666	0.7	3.4	16.9	48.6	117.5	225.9	392.4	610.6	895.8	1 236.2	1 641.3	2 097.9	3 179.0	4 466.6	5 424.8	5 424.8
21.333	3.0	16.8	59.0	135.4	265.4	443.5	684.9	978.4	1 337.0	1 748.3	2 222.2	2 746.4	3 963.1	5 392.0	6 106.0	6 106.0
31.998	4.3	24.8	85.1	191.7	363.4	588.7	880.3	1224.0	1 631.3	2 089.4	2 608.7	3 177.4	4 481.4	5 993.4	6 555.1	6 555.1
42.665	4.7	27.1	93.7	209.6	394.5	635.5	944.2	1304.2	1 726.3	2 198.3	2 730.4	3 310.9	4634.7	6 159.9	6 717.8	6 717.8
53.331	4.7	27.1	93.0	207.3	388.9	624.7	925.9	1278.1	1 692.4	2 156.6	2 680.1	3 251.5	4556.0	6 061.4	6 600.1	6 600.1
63.999	3.9	22.6	79.5	180.3	344.1	559.5	836.6	1159.8	1 541.2	1 971.3	2 459.3	2 993.3	4 216.1	5 638.2	6 138.0	6 138.0
74.666	2.8	15.6	55.9	131.0	259.5	432.4	659.6	929.0	1 250.6	1 614.5	2 030.8	2 489.4	3 548.6	4 795.4	5 360.4	5 360.4
85.331	1.5	8.0	30.9	76.1	159.6	277.0	437.7	632.9	872.1	1 147.7	1 468.1	1 825.4	2 668.1	3 673.1	4 396.7	4 396.7
95.999	0.6	2.3	10.2	27.8	63.7	118.8	201.6	309.1	449.5	618.5	824.3	1 061.6	1 647.3	2 374.4	3 239.8	3 282.3
106.669	0.6	2.0	4.6	8.4	14.9	25.1	42.0	66.9	108.5	169.8	257.4	368.4	679.2	1 108.2	1 650.9	2 056.4

COMPASS

中国船级社上海规范研究所

静水力计算

SRH10（Ver.0201）

标　　识：

船　　名：郑和宝船

图　　号：WUT801-100-06

签　　名：

日　　期：

主要参数

垂线间长：106.669 m

型　　宽：　48.000 m

型　　深：　16.000 m

设计吃水：　8.000 m

设计纵倾：　0.000 m

单位定义

长度单位：米［m］

重量单位：吨［t］

角度单位：度［deg］

坐标轴定义

X轴：向右为正

Y轴：向首为正

Z轴：向上为正

纵倾：尾倾为正

横倾：右倾为正

PEFERENCES

DEFINITION OFGLOBAL ORIGIN：

LONGITUDINAI： A.P.

TRANSVERSE： 中心线

VERTICAL： 基线

OUTPUT REFERENCE POINT（RFP）， DISTANCE FROM GLOBAL ORIGIN：

LONGITUDINAI： 53.334 m 船舶

TRANSVERSE： 0.000 m 中心线

VERTTCAL： 0.000 m 基线

DRAUGHT EXTREME（AT Lbp/2 AB/OVE RFP）

VERTTCAL： 0.000 m

ABBREVIATIONS

1 DRAUGHT EXTREME：Extreme draught at midships.

2 DRAUGHT RFP：Draught above output reference point at midships.

3 DISPL TOTAL SW：Total displacement in seavater.

4 DISOL TOTAL FW：Total displacement in freshrater.

5 DISPL MLD：Moulded volume of displacement.

6 LCF FWD OF RFP：Long. centre of flotation forward of output reference point

7 TCF STB OF RFP：Transv. centre of flotation to atarboard of output reference point

8 LCB FWD OF RFP：Long. centre of buoyancy forward of output reference point.

9 TCB STB OF RFP：Transv. centre of buoyancy to starboard of output reference point

10 VCB ABOVE RFP：Vert. centre of buoyancy above output reference point.

11 HMT：Position of transverse metacentre above output reference point.

12 HML：Position of longitudinal metacentre above output reference point.

13 IT：Transv. moment of inertia about neutral axis.

14 IL/1000：Long. moment of inertia about neutral axis.（Div. by 1000）

17 TPM SW：Force to change draught one cm in seawater.

18 VPDT：Volumetric increase per degree trim about output reference point.

19 VPDH：Volumetric increase per degree heel about output reference point.

20 DPDT SW：Increase in displacement per degree trim about output reference point.

21 DPDH SW：Increase in displacement per degree heel about output reference point.

22 WPA：Waterplant area.

23 WETSURF：Projected wetted surface.

24 CB：Block coefficient=Displacement moulded/（Lbp*Draught（RFP）*Br. mld）

25 CP：Prismatic coefficient=CB/CM

26 CM：Max section coefficient=Area at max section/（Draught（RFP）*Br. mld）

27 CW：Waterplant area coefficient=Water plane area/（Lbp*Br. mld）

28 DISPL TOTAL SW：As item 3 for various trim values.

29 KMT：As item 11 for various trim values.

30 LCB FWD OF RFP：As item 8 for various trim values.

HYDROSTATICS	TRIM BY STERN	0.000 m		ANGLE OF HEEL	0.0 deg
1 DRAUGHT EXTREME m	1.000	1.500	2.000	2.500	3.000	3.500
2 DRAUGHT REP m	1.000	1.500	2.000	2.500	3.000	3.500
3 DISPL TOTAL SW t	370.0	750.6	1 273.8	1 965.7	2 827.9	3 857.9
4 DISPL TOTAL FW t	361.0	732.3	1 242.7	1 917.8	2 758.9	3 763.8
5 DISPL MLD m³	361.0	732.3	1 242.7	1 917.8	2 758.9	3 763.8
6 LCF FWD RFP m	−3.850	−4.086	−3.961	−3.850	−3.729	−3.786
7 TCF STB OF RFP m	0.000	0.000	0.000	0.000	0.000	0.000
8 LCB FWD OF RFP m	−3.281	−3.640	−3.804	−3.837	−3.824	−3.797
9 TCB STB OF RFP m	0.000	0.000	0.000	0.000	0.000	0.000
10 VCB ABOVE RFP m	0.617	0.945	1.281	1.626	1.971	2.314
11 KMT m	11.084	16.512	22.964	29.423	35.792	39.469
12 KML m	747.1	482.8	409.4	355.9	311.5	279.8
13 IT m⁴	3 779	11 399	26 946	53 309	93 310	139 843
14 IL/1000 m⁴	269.5	352.8	507.2	679.5	854.1	1 044.3
15 MCT SW t⁴ m/cm	25.89	33.90	48.73	65.29	82.07	100.34
17 TPM SW t/cm	6.307	8.914	12.143	15.535	18.965	22.113
22 WPA m²	615.3	869.7	1 184.7	1 515.6	1 850.2	2 157.4
23 WETSURF m²	701.5	999.0	1 342.7	1 698.8	2 058.5	2389.4
24 CB	0.070 5	0.095 3	0.121 4	0.149 8	0.179 6	0.210 0
25 CP	0.595 0	0.569 8	0.560 1	0.561 0	0.564 7	0.570 1
26 CM	0.118 5	0.167 3	0.216 7	0.267 1	0.318 1	0.368 4
27 CW	0.120 2	0.169 9	0.231 4	0.296 0	0.361 4	0.421 4

（续表）

	HYDROSTATICS	TRIM BY STERN	0.000 m		ANGLE OF HEEL		0.0 deg
1	DRAUGHT EXTREME m	4.000	4.500	5.000	5.500	6.000	6.5000
2	DRAUGHT REP m	4.000	4.500	5.000	5.500	6.000	6.500
3	DISPL TOTAL SW t	5 035.1	6 353.6	7 809.1	9 362.9	11 005.8	12 737.0
4	DISPL TOTAL FW t	4 912.3	6 198.6	7 618.6	9 134.6	10 737.4	12 426.3
5	DISPL MLD m^3	4 912.3	6 198.6	7 618.6	9 134.6	10 737.4	12 426.3
6	LCF FWD RFP m	−3.852	−3.892	−4.016	−4.256	−4.471	−4.665
7	TCF STB OF RFP m	0.000	0.000	0.000	0.000	0.000	0.000
8	LCB FWD OF RFP m	−3.804	−3.818	−3.839	−3.889	−3.960	−4.043
9	TCB STB OF RFP m	0.000	0.000	0.000	0.000	0.000	0.000
10	VCB ABOVE RFP m	2.651	2.984	3.314	3.635	3.951	4.264
11	KMT m	41.121	43.036	43.315	41.504	40.404	39.412
12	KML m	255.3	234.8	216.1	199.2	185.7	173.9
13	IT m^4	188 972	248 268	304 753	345 910	391 407	436 763
14	IL/1000 m^4	1 240.9	1 436.9	1 620.8	1 786.3	1 951.5	2 108.5
15	MCT SW t^4 m/cm	119.24	138.08	155.75	171.65	187.52	202.61
17	TPM SW t/cm	24.958	27.782	30.188	31.968	33.747	35.395
22	WPA m^2	2 434.9	2 710.4	2 945.2	3 118.8	3 292.4	3 453.2
23	WETSURF m^2	2 690.3	2 989.2	3 251.0	3 457.1	3 663.2	3 859.5
24	CB	0.239 9	0.269 0	0.297 6	0.324 4	0.349 5	0.373 4
25	CP	0.578 1	0.586 8	0.595 6	0.604 2	0.612 8	0.621 1
26	CM	0.414 9	0.458 4	0.499 7	0.536 8	0.570 4	0.601 1
27	CW	0.475 6	0.529 4	0.575 2	0.609 1	0.643 0	0.674 4

（续表）

	HYDROSTATICS	TRIM BY STERN	0.000 m		ANGLE OF HEEL	0.0 deg	
1	DRAUGHT EXTREME m	7.000	7.500	8.000	8.500	9.000	9.500
2	DRAUGHT REP m	7.000	7.500	8.000	8.500	9.000	9.500
3	DISPL TOTAL SW t	14 534.8	16 388.8	18 298.9	20 258.0	22 258.8	24 301.3
4	DISPL TOTAL FW t	14 180.3	15 989.1	17 852.6	19 763.9	21 715.9	23 708.5
5	DISPL MLD m³	14 180.3	15 989.1	17 852.6	19 763.9	21 715.9	23 708.5
6	LCF FWD RFP m	−4.850	−5.023	−5.187	−5.235	−5.281	−5.326
7	TCF STB OF RFP m	0.000	0.000	0.000	0.000	0.000	0.000
8	LCB FWD OF RFP m	−4.132	−4.223	−4.315	−4.402	−4.479	−4.548
9	TCB STB OF RFP m	0.000	0.000	0.000	0.000	0.000	0.000
10	VCB ABOVE RFP m	4.572	4.875	5.175	5.473	5.767	6.060
11	KMT m	37.442	35.990	34.924	33.576	32.522	31.698
12	KML m	162.1	152.4	144.2	136.3	129.6	123.9
13	IT m⁴	466105	497510	531094	555431	580994	607830
14	IL/1000 m⁴	2233.4	2358.2	2482.7	2586.1	2689.4	2792.8
15	MCT SW t⁴ m/cm	214.62	226.60	238.57	248.50	258.43	268.36
17	TPM SW t/cm	36.518	37.641	38.764	39.598	40.433	41.267
22	WPA m²	3562.7	3672.3	3781.8	3863.2	3944.7	4026.1
23	WETSURF m²	4 016.5	4 173.5	4 330.5	4 468.3	4 606.2	4 744.1
24	CB	0.395 6	0.416 4	0.435 8	0.454 1	0.471 3	0.487 4
25	CP	0.629 2	0.637 0	0.644 6	0.651 9	0.658 9	0.665 7
26	CM	0.628 8	0.653 7	0.676 2	0.696 6	0.715 2	0.732 2
27	CW	0.695 8	0.717 2	0.738 6	0.754 5	0.770 4	0.786 3

（续表）

	HYDROSTATICS	TRIM BY STERN	0.000 m		ANGLE OF HEEL	0.0 deg	
1	DRAUGHT EXTREME m	10.000	10.500	11.000	11.500	12.000	12.500
2	DRAUGHT REP m	10.000	10.500	11.000	11.500	12.000	12.500
3	DISPL TOTAL SW t	26 381.0	28 488.6	30 623.8	32 785.1	34 966.4	37 166.5
4	DISPL TOTAL FW t	25 737.5	27 793.7	29 876.9	31 985.5	34 113.6	36 260.0
5	DISPL MLD m^3	25 737.5	27 793.7	29 876.9	31 985.5	34 113.6	36 260.0
6	LCF FWD RFP m	−5.316	−5.294	−5.272	−5.239	−5.193	−5.141
7	TCF STB OF RFP m	0.000	0.000	0.000	0.000	0.000	0.000
8	LCB FWD OF RFP m	−4.609	−4.661	−4.704	−4.741	−4.770	−4.794
9	TCB STB OF RFP m	0.000	0.000	0.000	0.000	0.000	0.000
10	VCB ABOVE RFP m	6.351	6.639	6.926	7.211	7.494	7.776
11	KMT m	30.715	29.837	29.116	28.390	27.699	27.113
12	KML m	118.0	112.7	108.1	103.8	99.7	96.1
13	IT m^4	627 076	644 733	662 965	677 425	689 240	701 173
14	IL/1000 m^4	2 873.2	2 947.8	3 022.4	3 088.1	3 146.9	3 204.2
15	MCT SW t^4 m/cm	276.09	283.26	290.43	296.74	302.39	307.90
17	TPM SW t/cm	41.876	42.428	42.981	43.433	43.815	44.190
22	WPA m^2	4 085.5	4 139.4	4 193.2	4 237.4	4 274.6	4 311.2
23	WETSURF m^2	4869.5	4 991.8	5 114.2	5 232.6	5 348.3	5 463.4
24	CB	0.502 7	0.517 0	0.530 5	0.543 2	0.555 2	0.566 6
25	CP	0.672 2	0.678 4	0.684 2	0.689 8	0.695 1	0.700 2
26	CM	0.747 8	0.762 1	0.775 3	0.787 5	0.798 7	0.809 2
27	CW	0.797 9	0.808 4	0.819 0	0.827 6	0.834 9	0.842 0

（续表）

HYDROSTATICB	TRIM BY STERN	0.000 m		ANGLE OF HEEL	0.0 deg
1 DRAUGHT EXTREME m	13.000	13.500	14.000		
2 DRAUGHT REP m	13.000	13.500	14.000		
3 DISPL TOTAL SW t	39 385.0	41 617.3	43 861.4		
4 DISPL TOTAL FW t	38 424.4	40 602.2	42 791.6		
5 DISPL MLD m³	38 424.4	40 602.2	42 791.6		
6 LCF FWD RFP m	−5.100	−5.050	−4.996		
7 TCF STB OF RFP m	0.000	0.000	0.000		
8 LCB FWD OF RFP m	−4.812	−4.826	−4.836		
9 TCB STB OF RFP m	0.000	0.000	0.000		
10 VCB ABOVE RFP m	8.056	8.335	8.612		
11 KMT m	26.584	26.053	25.596		
12 KML m	92.8	89.5	86.5		
13 IT m⁴	711 926	719 389	726 784		
14 IL/1000 m⁴	3 255.7	3 294.4	3 332.5		
15 MCT SW t⁴ m/cm	312.84	316.56	320.23		
17 TPM SW t/cm	44.524	44.764	45.000		
22 WPA m²	4 343.8	4367.2	4390.2		
23 WETSURF m²	5 577.2	5 687.9	5 798.4		
24 CB	0.577 3	0.587 4	0.597 0		
25 CP	0.705 0	0.709 6	0.713 9		
26 CM	0.818 8	0.827 8	0.836 2		
27 CW	0.848 4	0.853 0	0.857 5		

COMPASS

中国船级社上海规范研究所

横交曲线计算

SRH12（Ver.0201）

标　　识：

船　　名：郑和宝船

图　　号：WUT801-100-08

签　　名：

日　　期：

主要参数

垂线间长：106.669 m

型　　宽：　48.000 m

型　　深：　16.000 m

设计吃水：　 8.000 m

设计纵倾：　 0.000 m

单位定义

长度单位：米［m］

重量单位：吨［t］

角度单位：度［deg］

坐标轴定义

X轴：向右为正

Y轴：向首为正

Z轴：向上为正

纵倾：尾倾为正

横倾：右倾为正

REFERENCES

DEFINITION OF GLOBAL ORIGIN：

LONGITUDINAL： A.P.

TRANSVERSE： 中心线

VERTICAL： 基线

OUTPUT REFERENCE POINT（RFP），DISTANCE FROM GLOBAL ORIGIN：

LONGITUDINAL： 53.334 m 船舯

TRANSVERSE： 0.000 m 中心线

VERTICAL： 0.000 m 基线

ABBREVIATIONS

BASELINE： Longitudinal co-ord. axis through output reference point.

DRAUGHT AT L/2： Draught at midship above RFP.

DRAUGHT EXTREME： Draught at midships above the extreme draught datum point.

NORMAL DRAUGHT： Draught at perpendiculars measured normal to base line,multiplied by the cosine of the angle of heel.

DISPL TOTAL SW： Total displacement in sea water.

DISPL TOTAL FW： Total displacement in sea water.

DISPL TOTAL： Total volumetric displacement.

DISPL MLD： Moulded volume of displacement.

LCF FWD OF REP： Long,centre of flotation forward of output reference point.

TCB FROM RFP： Transv,centre of buoyancy to starboard of output reference point.

LCB FWD OF RFP： Long, centre of buoyancy forward of output reference point.

LCB FWD OF REP： Long, centre of buoyancy forward of output reference point.

VCB ABOVE RFP： Vert,centre of buoyancy above output reference point.

KMT ABOVE RFP： Position of transverse initial metacentre above output reference point.

DFLP： Down-flooding point.

MS： Stability lever about initial metacentre.

PN：Stability lever about a given point P on a vertical axis through initial centre of buoyancy.

AREA UNDER CURVE：Integral of MS of PN curve from 0 to given angle of heel.

NOTES

CALCULATION OF STABILITY LEVERS ARE BASED ON MOULDED LINES.

LIST OF DOWN-FLOODING POINTS

NOTE：DOWN-FLOODING POINTS ARE DEFINED RELATIVE TO THE OUTPUT REFERENCE POINT

Point No	TRANSV/m	LONG/m	VERTICAL/m
1	23.386	19.512	17.600

CALCULATIONS OF CROSS CURVES OF STABILITY—FREE TO TRIM

SPECIFIC GRAVITY OF SEA WATER：1.025 t/m^3

INITIAL CONDITION

DRAUGHT AT Lbp/2　m： 4.000

TRIM BY BTERN　deg： 0.0

DISPL TOTAl SW　t： 5 035.1

DISPL TOTAL FW　t： 4 912.3

DISPL TOTAL　m^3： 4 912.3

DISPL MLD　m^3： 4 912.3

WATERPLANE AREA　m^2： 2 434.9

LCF FWD RFP　m： −3.852

TCB FROM REP　m： 0.000

TCB FWD RFP　m： −3.804

VCB ABOVE RFP　m： 2.651

KMT ABOVE RFP　m： 41.121

LEVER PN CALC：0.000 m　ABOVE RFP：0.000 m　TO STARBOARD OF REP

LEVER MS CALC：41.121 m　ABOVE REP：0.000 m　TO STARBOARD OF REP

HEEL ANGLE /deg	NORMAL DRAUGHT		STABILITY LEVER		AREA UNDER CURVE		MINIMUM FREEBOARD/m DFLP	
	AT AP/m	AT FP/m	MS/m	PN/m	MS /m^4·rad	PN /m^4·rad		
10.0	−2.336	9.050	−0.314	6.827	−0.227 0	0.3977	9.978	1
20.0	−20.348	24.058	−1.781	12.283	−3.1219	−0.6420	6.917	1
30.0	−251.234	250.767	−4.055	16.506	−30.6165	−25.1074	4.494	1
40.0	26.853	−32.658	−7.764	18.667	−70.5957	−60.9753	2.487	1
50.0	−43.576	31.814	−12.533	18.967	−67.0692	−53.3804	0.790	1
60.0	−5.319	−12.323	−17.518	18.094	−6.1397	14.4206	−0.808	1
70.0	−26.227	2.990	−22.198	16.452	−66.3617	−39.3051	−2.272	1
80.0	29.553	−57.825	−26.329	14.167	−57.5625	−23.5824	−3.620	1

	DECK-CORNER	DOWNFLOODING POINTS（DFLP）1
ANGLE OF FLOODING/deg	35.9	54.9

INITIAL CONDITION

DRAUGHT AT Lbp/2　m：　　　　5.000

TRIM BY BTERN　deg：　　　　0.0

DISPL TOTAl SW　t：　　　　7 809.1

DISPL TOTAL FW　t：　　　　7 618.6

DISPL TOTAL　m^3：　　　　7 618.6

DISPL MLD　m^3：　　　　7 618.6

WATERPLANE AREA　m^2：　　2 945.2

LCF FWD RFP　m：　　　　−4.016

TCB FROM REP　m：　　　　0.000

TCB FWD RFP　m：　　　　−3.839

VCB ABOVE RFP　m：　　　　3.314

KMT ABOVE RFP　m：　　　　43.315

LEVER PN CALC：0.000 m　ABOVE RFP：0.000 m　TO STARBOARD OF REP

LEVER MS CALC：43.315 m ABOVE REP：0.000 m　TO STARBOARD OF REP

HEEL ANGLE /deg	NORMAL DRAUGHT		STABILITY LEVER		AREA UNDER CURVE		MINIMUM FREEBOARD/m DFLP	
	AT AP/m	AT FP/m	MS/m	PN/m	MS /m^4·rad	PN /m^4·rad		
10.0	−2.616	11.507	−0.840	6.681	−0.391 4	0.266 7	8.904	1
20.0	−25.875	31.938	−3.264	11.550	−5.175 2	−2.563 0	−5.799	1
30.0	−114.420	116.546	−6.273	15.385	−23.739 3	−17.936 3	3.095	1
40.0	29.672	−32.315	−10.117	17.726	−72.314 1	−62.180 3	0.899	1
50.0	−36.720	28.712	−15.072	18.110	−69.989 2	−54.516 6	−1.113	1
60.0	1.046	−14.476	−20.112	17.400	−8.226 0	13.431 4	−2.957	1
70.0	−17.852	−0.714	−24.817	15.886	−67.825 2	−39.324 9	−4.653	1
80.0	84.458	−107.700	−28.887	13.769	−51.400 6	−15.607 3	−6.144	1

	DECK-CORNER	DOWNFLOODING POINTS （DFLP） 1
ANGLE OF FLOODING/deg	30.7	44.4

INITIAL CONDITION

DRAUGHT AT Lbp/2　m：　　　　6.000

TRIM BY BTERN　deg：　　　　0.0

DISPL TOTAl SW　t：　　　　11 005.8

DISPL TOTAL FW　t：　　　　10 737.4

DISPL TOTAL　m^3：　　　　10 737.4

DISPL MLD　m^3：　　　　10 737.4

WATERPLANE AREA　m^2：　　3 292.4

LCF FWD RFP　m：　　　　−4.471

TCB FROM REP　m：　　　　0.000

TCB FWD RFP　m：　　　　−3.960

VCB ABOVE RFP　m：　　　3.951

KMT ABOVE RFP　m：　　　40.404

LEVER PN CALC：0.000 m　ABOVE RFP：0.000 m　TO STARBOARD OF REP

LEVER MS CALC：40.404 m　ABOVE REP：0.000 m　TO STARBOARD OF REP

HEEL ANGLE /deg	NORMAL DRAUGHT		STABILITY LEVER		AREA UNDER CURVE		MINIMUM FREEBOARD/m	DFLP
	AT AP/m	AT FP/m	MS/m	PN/m	MS /m⁴·rad	PN/ m⁴·rad		
10.0	−3.160	14.220	−0.592	6.424	−0.502 0	0.111 8	7.837	1
20.0	−28.937	37.362	−2.755	11.064	−5.749 3	−3.312 6	4.652	1
30.0	−127.193	131.816	−5.647	14.555	−22.963 2	−17.550 0	1.866	1
40.0	50.933	−50.589	−9.377	16.594	−61.169 9	−51.717 2	−0.705	1
50.0	−33.822	29.617	−13.796	17.155	−64.0524	−49.619 6	−3.018	1
60.0	7.119	−16.186	−18.389	16.602	−7.822 0	12.380 1	−5.174	1
70.0	−3.850	−9.996	−22.658	15.310	−62.122 7	−35.537 6	−7.136	1
80.0	−5.509	−12.806	−26.368	13.422	−15.078 6	18.309 4	−8.840	1

	DECK–CORNER	DOWNFLOODING POINTS （DFLP）1
ANGLE OF FLOODING/deg	26.8	37.2

INITIAL CONDITION

DRAUGHT AT Lbp/2 m： 7.000
TRIM BY BTERN deg： 0.0
DISPL TOTAl SW t： 14 534.8
DISPL TOTAL FW t： 14 180.3
DISPL TOTAL m³： 14 180.3
DISPL MLD m³： 14 180.3
WATERPLANE AREA m²： 3 562.7
LCF FWD RFP m： −4.850
TCB FROM REP m： 0.000
TCB FWD RFP m： −4.132
VCB ABOVE RFP m： 4.572
KMT ABOVE RFP m： 37.442
LEVER PN CALC：0.000 m ABOVE RFP：0.000 m TO STARBOARD OF REP
LEVER MS CALC：37.442 m ABOVE REP：0.000 m TO STARBOARD OF REP

217

HEEL ANGLE /deg	NORMAL DRAUGHT		STABILITY LEVER		AREA UNDER CURVE		MINIMUM FREEBOARD/m DFLP	
	AT AP/ m	AT FP/ m	MS/m	PN/m	MS /m^4·rad	PN /m^4·rad		
10.0	−2.832	16.031	−0.381	6.120	−0.518 5	0.050 3	6.775	1
20.0	−29.937	40.701	−2.135	10.671	−5.646 1	−3.388 1	3.499	1
30.0	−116.851	124.025	−4.866	13.855	−19.889 8	−14.873 6	0.579	1
40.0	109.448	−106.195	−8.512	15.555	−46.569 1	−37.809 4	−2.302	1
50.0	2.348	−3.159	−12.560	16.122	−61.892 1	−48.5175	−5.030	1
60.0	357.663	−362.700	−16.622	15.803	−28.986 1	−10.265 3	−7.515	1
70.0	−97.129	87.816	−20.481	14.703	−21.246 7	3.3891	−9.733	1
80.0	−3.237	−10.208	−23.835	13.038	−52.222 9	−21.283 0	−11.626	1

	DECK-CORNER	DOWNFLOODING POINTS （DFLP）1
ANGLE OF FLOODING/deg	23.1	32

INITIAL CONDITION

DRAUGHT AT Lbp/2　m:　　　　8.000

TRIM BY BTERN　deg:　　　　0.0

DISPL TOTAl SW　t:　　　　18 298.9

DISPL TOTAL FW　t:　　　　17 852.6

DISPL TOTAL　m^3:　　　　17 852.6

DISPL MLD　m^3:　　　　17 852.6

WATERPLANE AREA　m^2:　　3 781.8

LCF FWD RFP　m:　　　　−5.187

TCB FROM REP　m:　　　　0.000

TCB FWD RFP　m:　　　　−4.315

VCB ABOVE RFP　m:　　　5.175

KMT ABOVE RFP　m:　　　34.924

LEVER PN CALC：0.000 m　ABOVE RFP：0.000 m　TO STARBOARD OF REP

LEVER MS CALC：34.924 m　ABOVE REP：0.000 m　TO STARBOARD OF REP

HEEL ANGLE /deg	NORMAL DRAUGHT		STABILITY LEVER		AREA UNDER CURVE		MINIMUM FREEBOARD/m DFLP	
	AT AP/ m	AT FP/ m	MS/m	PN/m	MS /m$^4 \cdot$ rad	PN /m$^4 \cdot$ rad		
10.0	−1.270	16.565	−0.253	5.812	−0.418 9	0.111 7	5.722	1
20.0	−26.853	39.902	−1.612	10.333	−4.665 3	−2.559 1	2.342	1
30.0	−95.528	105.316	−4.268	13.194	−16.096 3	−11.417 3	−0.761	1
40.0	299.813	−293.577	−7.824	14.624	−34.706 6	−26.536 0	−3.897	1
50.0	39.908	−37.329	−11.603	15.151	−51.095 1	−38.619 8	−7.017	1
60.0	−9.203	8.083	−15.317	14.928	−53.442 4	−35.980 4	−9.867	1
70.0	9.850	−14.730	−18.750	14.068	−9.260 9	13.718 4	−12.356	1
80.0	21.971	−30.648	−21.756	12.638	−14.070 2	14.789 2	−14.450	1

	DECK-CORNER	DOWNFLOODING POINTS （DFLP） 1
ANGLE OF FLOODING/deg	19.7	27.5

INITIAL CONDITION

DRAUGHT AT Lbp/2　m：　　　9.000

TRIM BY BTERN　deg：　　　0.0

DISPL TOTAl SW　t：　　　22 258.8

DISPL TOTAL FW　t：　　　21 715.9

DISPL TOTAL　m^3：　　　21 715.9

DISPL MLD　m^3：　　　21 715.9

WATERPLANE AREA　m^2：　　3 944.7

LCF FWD RFP　m：　　　−5.281

TCB FROM REP　m：　　　0.000

TCB FWD RFP　m：　　　−4.479

VCB ABOVE RFP　m：　　　5.767

KMT ABOVE RFP　m：　　　32.522

LEVER PN CALC：0.000 m　ABOVE RFP：0.000 m　TO STARBOARD OF REP

LEVER MS CALC：32.522 m　ABOVE REP：0.000 m　TO STARBOARD OF REP

HEEL ANGLE /deg	NORMAL DRAUGHT		STABILITY LEVER		AREA UNDER CURVE		MINIMUM FREEBOARD/m	DFLP
	AT AP/ m	AT FP/ m	MS/m	PN/m	MS /m⁴·rad	PN /m⁴·rad		
10.0	1.076	16.284	−0.140	5.508	−0.273 2	0.220 8	4.675	1
20.0	−20.955	36.272	−1.164	9.959	−3.267 4	−1.306 1	1.169	1
30.0	−58.860	71.368	−3.739	12.521	−10.122 6	−5.765 5	−2.217	1
40.0	−161.860	171.254	−7.117	13.768	−19.037 9	−11.429 3	−5.643	1
50.0	227.475	−221.374	−10.672	14.241	−32.245 7	−20.6286	−8.999	1
60.0	36.342	−33.588	−14.083	14.081	−44.807 2	−28.5464	−12.172	1
70.0	−3.558	2.954	−17.162	13.398	−45.5735	−24.175 0	−14.980	1
80.0	−8.837	4.840	−19.809	12.218	−11.259 9	15.614 3	−17.260	1

	DECK-CORNER	DOWNFLOODING POINTS（DFLP）1
ANGLE OF FLOODING/deg	16.8	23.4

INITIAL CONDITION

DRAUGHT AT Lbp/2　m：　10.000
TRIM BY BTERN　deg：　0.0
DISPL TOTAl SW　t：　26 381.0
DISPL TOTAL FW　t：　25 737.5
DISPL TOTAL　m³：　25 737.5
DISPL MLD　m³：　25 737.5
WATERPLANE AREA　m²：　4 085.5
LCF FWD RFP　m：　−5.316
TCB FROM REP　m：　0.000
TCB FWD RFP　m：　−4.609
VCB ABOVE RFP　m：　6.351
KMT ABOVE RFP　m：　30.715
LEVER PN CALC：0.000 m　ABOVE RFP：0.000 m　TO STARBOARD OF REP
LEVER MS CALC：30.715 m　ABOVE REP：0.000 m　TO STARBOARD OF REP

220

HEEL ANGLE /deg	NORMAL DRAUGHT		STABILITY LEVER		AREA UNDER CURVE		MINIMUM FREEBOARD/m DFLP	
	AT AP /m	AT FP/m	MS/m	PN/m	MS /$m^4 \cdot$ rad	PN /$m^4 \cdot$ rad		
10.0	3.732	15.677	−0.101	5.233	−0.155 6	0.310 8	3.633	1
20.0	−13.386	31.017	−1.023	9.483	−1.943 0	−0.090 6	−0.044	1
30.0	−28.877	44.235	−3.560	11.797	−4.648 5	−0.533 4	−3.787	1
40.0	−35.514	48.260	−6.765	12.978	−6.271 1	0.914 9	−7.561	1
50.0	−40.312	50.188	−10.097	13.432	−7.943 9	3.028 0	−11.188	1
60.0	−44.205	51.011	−13.269	13.331	−9.823 4	5.534 2	−14.542	1
70.0	−79.378	83.018	−16.112	12.751	−15.074 3	5.135 7	−17.502	1
80.0	12.878	−12.382	−18.485	11.764	−37.884 8	−12.503 2	−19.997	1

	DECK-CORNER	DOWNFLOODING POINTS （DFLP） 1
ANGLE OF FLOODING/deg	14	19.8

INITIAL CONDITION

DRAUGHT AT Lbp/2　m：　　　　11.000

TRIM BY BTERN　deg：　　　　0.0

DISPL TOTAl SW　t：　　　　30623.8

DISPL TOTAL FW　t：　　　　29 876.9

DISPL TOTAL　m^3：　　　　29 876.9

DISPL MLD　m^3：　　　　29 876.9

WATERPLANE AREA　m^2：　　　4 193.2

LCF FWD RFP　m：　　　　−5.272

TCB FROM REP　m：　　　　0.000

TCB FWD RFP　m：　　　　−4.704

VCB ABOVE RFP　m：　　　　6.926

KMT ABOVE RFP　m：　　　　29.116

LEVER PN CALC：0.000 m　ABOVE RFP：0.000 m　TO STARBOARD OF REP

LEVER MS CALC：29.116 m　ABOVE REP：0.000 m　TO STARBOARD OF REP

HEEL ANGLE /deg	NORMAL DRAUGHT		STABILITY LEVER		AREA UNDER CURVE		MINIMUM FREEBOARD/m DFLP	
	AT AP/ m	AT FP/ m	MS/m	PN/m	MS /m⁴·rad	PN /m⁴·rad		
10.0	6.270	15.168	−0.067	4.989	−0.079 9	0.362 4	2.602	1
20.0	−4.009	24.034	−1.056	8.902	−0.799 0	0.956 9	−1.321	1
30.0	−4.386	22.731	−3.537	11.021	−1.130 0	2.770 8	−5.477	1
40.0	0.397	15.918	−6.554	12.162	−1.554 6	5.257 2	−9.623	1
50.0	6.857	7.060	−9.636	12.668	−2.751 3	7.649 3	−13.559	1
60.0	12.813	−1.609	−12.549	12.666	−4.848 7	9.709 3	−17.133	1
70.0	20.318	−12.075	−15.142	12.218	−7.763 6	11.394 2	−20.224	4
80.0	−18.239	23.359	−17.299	11.374	−33.5927	−9.5326	−22.738	1

	DECK-CORNER	DOWNFLOODING POINTS （DFLP） 1
ANGLE OF FLOODING/deg	11.4	16.6

INITIAL CONDITION

DRAUGHT AT Lbp/2   m: 12.000

TRIM BY BTERN   deg: 0.0

DISPL TOTAl SW   t: 34 966.4

DISPL TOTAL FW   t: 34 113.6

DISPL TOTAL   m³: 34 113.6

DISPL MLD   m³: 34 113.6

WATERPLANE AREA   m²: 4274.6

LCF FWD RFP   m: −5.193

TCB FROM REP   m: 0.000

TCB FWD RFP   m: −4.770

VCB ABOVE RFP   m: 7.494

KMT ABOVE RFP   m: 27.699

LEVER PN CALC：0.000 m   ABOVE RFP：0.000 m   TO STARBOARD OF REP

LEVER MS CALC：27.699 m   ABOVE REP：0.000 m   TO STARBOARD OF REP

HEEL ANGLE /deg	NORMAL DRAUGHT		STABILITY LEVER		AREA UNDER CURVE		MINIMUM FREEBOARD/m DFLP	
	AT AP/ m	AT FP/ m	MS/m	PN/m	MS /m^4·rad	PN /m^4·rad		
10.0	8.583	14.878	−0.034	4.776	−0.036 2	0.384 6	1.576	1
20.0	7.198	15.343	−1.247	8.227	−0.144 6	1.525 8	−2.685	1
30.0	17.582	3.938	−3.667	10.182	−0.664 7	3.046 2	−7.286	1
40.0	32.005	−11.889	−6.479	11.325	−2.804 3	3.675 9	−11.831	1
50.0	58.793	−40.540	−9.306	11.912	−7.443 8	2.450 5	−16.094	1
60.0	−249.696	265.644	−11.949	12.038	−23.261 8	−9.512 5	−19.917	1
70.0	3.505	9.729	−14.278	11.751	−33.465 8	−15.240 7	−23.170	1
80.0	8.411	1.788	−16.193	11.085	−9.606 6	13.282 2	−25.751	1

	DECK-CORNER	DOWNFLOODING POINTS （DFLP） 1
ANGLE OF FLOODING/deg	9.1	13.6